"十二五"职业教育
国家规划教材修订版

高等职业教育在线开放课程
新形态一体化教材

高等职业教育财经商贸类专业
职业能力与素质养成系列教材

微观经济学与宏观经济学

（第七版）

缪代文　编著

高等教育出版社·北京

内容提要

本书是"十二五"职业教育国家规划教材修订版,也是高等职业教育财经商贸类专业通识课程职业能力与素质养成系列教材之一。

本书是适应我国"十三五"国民经济和社会发展规划纲要要求,在第六版的基础上修订、增删、编写而成的。本次修订根据高职学生学习特点增加"画龙点睛""学无止境""本章简评"等栏目,注重将课程思政融入经济学专业知识,突出思想性、先进性、时代性,并在绪论增加"为什么要学习西方经济学?",在全书之后增加结束语,注重贯彻知识传授、能力提升和价值引领。

本书的特点如下:

(1)偏重经济学常识的介绍和经济学基本技能的训练。遵循"必需、够用"原则,用"供求模型"统领微观经济学和宏观经济学,以均衡为核心,以价格和收入的决定与变动为主线,以学生为本,从知识点分析大处着眼,从具体案例剖析着手,充分体现和凝聚教学实践经验。在资源的选择运用上,案例精挑细选,表达简明扼要,内容够用适度,知识侧重运用,手段新颖,呈现多样。本书特色突出体现为生动有趣、通俗易懂、逻辑清晰、体系完整,兼顾理论性与实用性。

(2)围绕经济学基本知识点设计导入了漫画、动画、视频、微课、案例、交互式测验等丰富资源,帮助读者实现"互联网+"式移动学习、分散学习和自主学习。主教材升级为新形态一体化教材后,读者可以方便地实现线上线下混合式学习。利用智慧职教在线开放课程"经济学基础",可便捷地获取与主教材配套的多种丰富的数字化教学资源,或通过扫描书中的二维码,即扫即学,变被动学习为主动学习。

本书适用于高等职业院校、应用型本科、成人高校、民办高校财经商贸类专业及其他相关专业学生使用,也可供五年制高职学生使用,并可作为应用性、技能型人才培养的教材。资源具体获取方式请见书后"郑重声明"页的资源服务提示。

图书在版编目(CIP)数据

微观经济学与宏观经济学 / 缪代文编著. -- 7版. -- 北京:高等教育出版社,2021.8(2022.9重印)
ISBN 978-7-04-056438-9

Ⅰ.①微… Ⅱ.①缪… Ⅲ.①微观经济学-高等职业教育-教材②宏观经济学-高等职业教育-教材 Ⅳ.①F01

中国版本图书馆CIP数据核字(2021)第135581号

微观经济学与宏观经济学(第七版)
WEIGUAN JINGJIXUE YU HONGGUAN JINGJIXUE

| 策划编辑 | 梁 木 | 责任编辑 | 梁 木 | 封面设计 | 王 洋 | 版式设计 | 徐艳妮 |
| 责任校对 | 张 薇 | 责任印制 | 朱 琦 | | | | |

出版发行	高等教育出版社	网 址	http://www.hep.edu.cn
社 址	北京市西城区德外大街4号		http://www.hep.com.cn
邮政编码	100120	网上订购	http://www.hepmall.com.cn
印 刷	三河市骏杰印刷有限公司		http://www.hepmall.com
开 本	787mm×1092mm 1/16		http://www.hepmall.cn
印 张	20.5	版 次	2000年8月第1版
字 数	400千字		2021年8月第7版
购书热线	010-58581118	印 次	2022年9月第2次印刷
咨询电话	400-810-0598	定 价	46.80元

本书如有缺页、倒页、脱页等质量问题,请到所购图书销售部门联系调换
版权所有 侵权必究
物 料 号 56438-A0

"智慧职教"服务指南

"智慧职教"（www.icve.com.cn）是由高等教育出版社建设和运营的职业教育数字教学资源共建共享平台和在线课程教学服务平台，与教材配套课程相关的部分包括资源库平台、职教云平台和App等。用户通过平台注册，登录即可使用该平台。

● 资源库平台：为学习者提供本教材配套课程及资源的浏览服务。

登录"智慧职教"平台，在首页搜索框中搜索"经济学基础"，找到对应作者主持的课程，加入课程参加学习，即可浏览课程资源。

● 职教云平台：帮助任课教师对本教材配套课程进行引用、修改，再发布为个性化课程（SPOC）。

1. 登录职教云平台，在首页单击"新增课程"按钮，根据提示设置要构建的个性化课程的基本信息。

2. 进入课程编辑页面设置教学班级后，在"教学管理"的"教学设计"中"导入"教材配套课程，可根据教学需要进行修改，再发布为个性化课程。

● App：帮助任课教师和学生基于新构建的个性化课程开展线上线下混合式、智能化教与学。

1. 在应用市场搜索"智慧职教icve" App，下载安装。

2. 登录App，任课教师指导学生加入个性化课程，并利用App提供的各类功能，开展课前、课中、课后的教学互动，构建智慧课堂。

"智慧职教"使用帮助及常见问题解答请访问 help.icve.com.cn。

经济学基础

主持人：缪代文

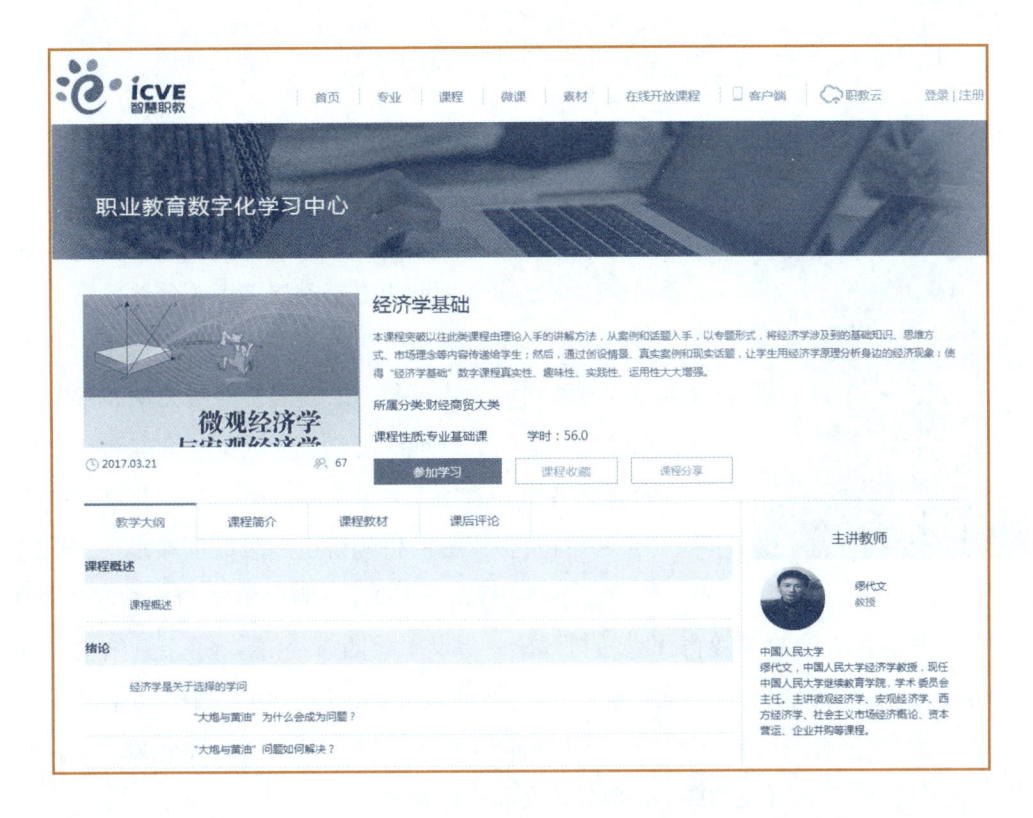

主编简介

缪代文，中国人民大学经济学教授、继续教育学院学术委员会主任。研究领域为宏观经济、微观经济、资本运营、公司并购、投资银行、热点与宏观经济形势分析、大数据与全球经济。主讲课程有宏观经济分析方法、并购方略、企业资本运营、管理经济学、大数据与全球经济分析等。为北京大学、清华大学、中国人民大学、北京师范大学、中国银行及多家券商机构讲授高级培训课程。公开出版《资本运营》《并购方略》《微观经济学与宏观经济学》（2002年教育部普通高等教育优秀教材评比一等奖）、《西方经济学》《金融结构与运行》《市场经济》《现代西方经济学》（优秀科研成果奖）等著作与教材36余部。在《学术评论》《经济理论与经济管理》《经济问题探索》《中国证券报》《金融时报》等国家级报刊公开发表论文202篇，部分论文和著作获奖。

第七版前言

《微观经济学与宏观经济学》作为普通高等教育"十五""十一五"国家级规划教材及"十二五"职业教育国家规划教材,曾获得教育部"全国普通高等学校优秀教材评比一等奖"和教育部"普通高等教育精品教材"称号,教材的鲜明特色是在注重科学性与系统性的同时,突出应用性和针对性,围绕应用诠释理论原理,用"供求模型"统领微观经济学和宏观经济学,以均衡为核心,以价格和收入的决定和变动为主线,简明扼要地介绍经济学常识。

本次第七版修订内容主要包括以下几个方面:

第一,根据教育部《国家职业教育改革实施方案》(职教20条)对教材的要求,结合近三年的社会经济形势变化以及课程思政教育和"互联网+"对该门课程提出的新要求,对教材主体内容进行相关更新和修订。修订中突出思想性、先进性、科学性、适用性和时代性。在课程思政建设方面,为了实现知识传授、能力提升和价值引领相融合的培养目标,本次修订在绪论中增加了"为什么要学习西方经济学?",每章增加了"画龙点睛""学无止境""本章简评"栏目,全书最后新增了"结束语",对西方经济学的理论及实践进行全面、辩证、系统、科学地梳理与介绍,既阐述西方经济理论的前提和内在逻辑,又说明西方市场运行面临的失业、通货膨胀、经济周期波动难题及政策后果,帮助读者全方位、多维度、整体地认识西方市场经济制度的优劣及局限性,使课程思政教育自然地融入西方经济学专业教学内容,让学生潜移默化地理解新时代社会主义市场经济制度的优越性和精髓,树立对中国特色社会主义市场经济和马克思主义经济理论的自信,保持正确的价值判断。

第二,基于经济学基础在线开放课程的数字化资源,择取本书作者近几年设计与创作的优质资源(微课、视频、动画、案例、交互式测试题和漫画)导入主教材,在教材边白处标注,使主教材与数字化资源融为一体,升级为新形态一体化教材。学生能充分利用碎片化时间,学习不受场地环境限制。丰富的数字化资源满足了学习者自主学习、移动学习,以及交互式测验的需求,教学资源的丰富和立体化,也为教师提供了线上线下、混合多样的教学手段,使教学不再枯燥单调,而是变得生动有趣、立体丰富。

第三，适应时代变化，在教材修订中充分体现作者近几年在经济学数字资源和课程建设方面的成果。从2010年开始，由缪代文负责的经济学数字课程主创团队启动经济学课程总体设计和基础资源建设（包括课程标准、课程设计、教学设计），一边进行课程建设，一边参与新形态一体化教材建设，把微课、视频、动画、漫画、PPT、实训、测验等方式慢慢融入教学过程。这次修订重新对课程内容进行再建设、再调整，提出教材修订原则和技术实现方式。主创团队坚持原有的"注重基本技能的训练和基本原理的运用"的"双基"原则，教材突出"均衡原理"，采用案例和问题前置，通过问题解释概念，围绕应用讲原理，重点放在"理论应用"上。教材从关键概念和重要知识点入手，保留"引导案例""问题、目标、要点""知识点、能力点、注意点"。重要知识点和能力点除了通过"例题""案例分析""例题讲解""原理运用""案例与实践""即问即答""重点提示"讲深讲透外，主创团队还通过增加微课、视频、动画、漫画、交互式自测等在线学习资源形式进一步巩固和加深原理理解。通过对经济学知识点的学习，读者能够运用经济方法和经济模型分析实际的经济问题，更好地把握错综复杂、令人眼花缭乱的经济世界。

本书第七版的特色概括如下：

（1）在结构上，合理性与灵活性并重，保持了"微观经济学与宏观经济学"课程整体上的连贯性和逻辑性。本书突出"供求均衡模型"，对供求原理的介绍深入浅出，并且贯穿微观经济学和宏观经济学的全部内容。在价格的决定与变动、收入的决定与变动、就业的决定与变动中反复运用"供求均衡模型"，通过学习和理论再运用，初学者可以熟练掌握供求均衡原理，从而在经济生活中运用经济方法和经济模型进行实际的经济问题分析，也能够进一步理解诸如稀缺、价格、GDP、CPI、PPI、消费需求、投资需求、外汇储备、人民币升值贬值、准备金、市盈率、汇率等专有概念。作者的目标是把微观经济学与宏观经济学结合起来，融知识、方法、技能于一体，能为专业培养目标服务，建设全面、准确、简洁而又符合中国学生逻辑思维习惯的精品教材。

（2）在形式上，结构开放，载体多元，内容可选，可读性强。本书通过多种方式阐释经济学原理，如文字、函数、公式、几何图形、脑图、PPT、微课、视频、动画、图片等多样化的教学手段，可以适合不同的学习者。教学从具象入手，避免抽象数学推导，克服大学新生的恐惧和畏难情绪，增强其学习热情和信心。问题和案例将学生置于理论和实践的场景中，教师从经济实践入手，将情景代入课堂讲解，增进学生学习兴趣，使教学活动与学习过程融合，使学生理解概念原理的理论含义和实践意义。教学活动中PPT、视频、动画、图片、曲线、图表、公式、插图、函数、框图、案例等数字化教学资源的运用与配合以及抽象理论的可视化尝试将显著提高教学效果和学习效率。

（3）在效果上，本书不断再版，质量高，选用广泛，育人成效显著，反映良好。教材配合实践教学活动的设计，帮助学生理论联系实际，实现理论与实践一体化。经济学虽然是一门理论课，但其政策性和实践性很强，纯粹通过课堂讲授使学生知识和能力大幅度提升非常困难，因此，在教学过程中要特别强调实践教学。通过实践教学达到两个方面的效果：① 认知效果。让学生了解经济学基本方法、基本概念、基本原理。② 能力提升。通过实践教学提升学生理解和应用市场经济基本常识的能力。引导案例、问题、目标、要点指明学习目标和学习要求，也为学生设置了学习场景，便于学生理论联系实际，把抽象概念还原为具体现实。再通过各章情境化的实践教学，可以实现本课程学习从理论到实践，从抽象到具体，变知识为能力的跨越。

本书第七版的修订目标是充分展示和检验教学成果，推进经济学理论素质教育，为培养高素质技术技能型人才打基础、搭平台。这也是尝试采用现代信息技术对抽象经济理论进行的一次理论画像，最终要完成抽象原理的直观化、通俗化、可视化、立体化。修订过程中，主编参阅了一些国内外最新的经济学优秀教材、专著和相关材料，在此向有关作者、译者致以谢意并在参考文献中列出。经济学是发展变化最迅速的学科之一，新模型、新理论、新知识、新形式、新技术不断涌现的同时，原有的曾经被普遍接受的理论又一次次地被人们重新评判、分析和检验，经济学就是在这样不断反复创新中成长的，不管是学生还是研究人员、教师都必须积极学习、不断进步以跟上经济学的发展变化。作为一名经济学工作者，作者愿以积极的态度，不断学习进步，敬请读者提出批评和建议，使本书不断完善。

缪代文
中国人民大学
2021 年 5 月

第一版前言

世纪回眸，千年展望，我们最强烈的感受是：中华民族前程似锦，任重而道远。世纪之交的中国经济发生了深刻的变化——每个人都能聆听到市场经济的脚步声。

本书根据教育部《高职高专教育西方经济学课程教学基本要求》和必需、够用的原则，确定编写内容、结构和要求，宗旨是为学生"提供"市场经济基础知识，满足社会经济发展和经济运行对应用型人才的"需求"。

作为基础理论的经济学，经过二百多年的发展演变，形成我们今天熟悉的两大块：马克思主义政治经济学和西方经济学。从产生与形成过程考察，西方经济学本质上属于资产阶级庸俗经济学，但其中对资本主义运行的基础——市场机制的经验性总结，在理论内容上对我们存在有用之处。微观经济学和宏观经济学是西方经济学的主要内容，本书所讨论"经济学"的内容、对象、原理都是在微观经济学和宏观经济学的范围之内。

本书共14章。第一章，"经济学导论"，介绍经济学的对象和内容；第二至第八章，介绍供求理论、消费与生产理论、成本理论、市场理论、分配理论、外部性及公共选择理论，这部分基本上属于微观经济学的内容；第九至第十四章，介绍国民生产总值及总供求理论、凯恩斯的收入决定理论、失业与通货膨胀理论、经济增长与经济周期理论、宏观经济政策、开放经济理论，这部分基本上属于宏观经济学的内容。

本书带★号的章节，教师和学生可根据专业、学时等具体情况决定取舍。

需要特别指出的是，对微观经济学和宏观经济学的分析和评价是非常重要的，也是必需的。但是，由于每章后附的小结、思考题、案例分析和练习题占去了一定篇幅，所以，为了在有限的空间里提供更有效的内容，我们不得不把分析评价工作留给读者。

参加本教材编写的是全国各地有丰富教学科研经验的教授和副教授，具体分工如下：缪代文：第一、二、八、九章；曾亚强：第四、十一章；秦瑞齐：第三、六章；林吉双：第五、十四章；袁健红：第十二、十三章；李爱莲：第七、十章。

全书由缪代文主编,姚开健主审。由于编者水平有限,书中不当之处甚至错误之处在所难免,希望读者批评指正。

缪代文	邮件地址:
二〇〇〇年三月	miao1999@vip.sina.com
北京,中国人民大学	miao1999@ruc.edu.cn

目 录

绪论 ·· 1
    绪论简评 ·· 33
    绪论小结 ·· 33
    讨论及思考题 ·· 34
    练习题或案例题 ·· 34

第一章　需求、供给与均衡价格 ·· 37
    第一节　需求理论 ·· 39
    第二节　供给理论 ·· 47
    第三节　均衡理论及其运用 ·· 54
    第四节　弹性理论及其运用 ·· 67
    第五节　供求均衡理论的运用——收入分配 ································ 78
    本章简评 ·· 84
    本章小结 ·· 85
    讨论及思考题 ·· 85
    练习题或案例题 ·· 86

第二章　消费者行为分析 ·· 89
    第一节　效用论 ·· 91
    第二节　序数效用 ·· 99
    本章简评 ·· 107
    本章小结 ·· 108

I

讨论及思考题 ……………………………………………………… 108
　　练习题或案例题 …………………………………………………… 109

第三章　厂商理论 ……………………………………………………… 111
　第一节　厂商的生产活动：投入与产出 ………………………………… 113
　第二节　成本分析 ……………………………………………………… 120
　第三节　成本、收益、利润和产量 …………………………………… 131
　本章简评 ………………………………………………………………… 134
　本章小结 ………………………………………………………………… 135
　讨论及思考题 …………………………………………………………… 135
　练习题或案例题 ………………………………………………………… 136

第四章　市场理论：竞争与垄断 …………………………………… 137
　第一节　市场类型 ……………………………………………………… 139
　第二节　完全竞争市场 ………………………………………………… 142
　第三节　垄断市场 ……………………………………………………… 147
　第四节　垄断竞争市场 ………………………………………………… 151
　第五节　寡头垄断市场 ………………………………………………… 152
　第六节　不同市场类型的经济效率比较 ……………………………… 160
　本章简评 ………………………………………………………………… 163
　本章小结 ………………………………………………………………… 163
　讨论及思考题 …………………………………………………………… 163
　练习题或案例题 ………………………………………………………… 164

第五章　外部性和公共物品 …………………………………………… 165
　第一节　外部性 ………………………………………………………… 167
　第二节　公共物品 ……………………………………………………… 173
　第三节　市场失灵与微观经济政策 …………………………………… 179
　本章简评 ………………………………………………………………… 182
　本章小结 ………………………………………………………………… 182
　讨论及思考题 …………………………………………………………… 183
　练习题或案例题 ………………………………………………………… 183

第六章　国内生产总值、总需求和总供给 ············ 185

第一节　宏观经济变量 ············ 188
第二节　总需求与总供给 ············ 193
第三节　总供求均衡与国内生产总值的决定 ············ 197
本章简评 ············ 204
本章小结 ············ 204
讨论及思考题 ············ 205
练习题或案例题 ············ 205

第七章　凯恩斯的国民收入决定理论 ············ 207

第一节　总需求的构成 ············ 209
第二节　总需求与国民收入的决定 ············ 216
第三节　总需求变动引起国民收入的变动 ············ 217
第四节　国民收入的注入与漏出 ············ 218
第五节　乘数原理 ············ 219
第六节　不同的理论和相异的政策 ············ 223
本章简评 ············ 225
本章小结 ············ 225
讨论及思考题 ············ 226
练习题或案例题 ············ 226

第八章　失业和通货膨胀 ············ 227

第一节　失业及其原因 ············ 229
第二节　通货膨胀 ············ 238
本章简评 ············ 247
本章小结 ············ 248
讨论及思考题 ············ 248
练习题或案例题 ············ 248

第九章　经济周期、经济增长和开放经济 ············ 251

第一节　经济周期及成因 ············ 253
第二节　经济增长模型 ············ 254

第三节	开放经济中的国民收入均衡	259
第四节	比较优势理论与国际贸易的成因	265
第五节	国际收支	267
本章简评		270
本章小结		270
讨论及思考题		271
练习题或案例题		271

第十章　宏观经济政策 273

第一节	财政政策	275
第二节	货币政策	282
第三节	经济中的自动稳定因素	288
第四节	财政政策与货币政策的配合——相机抉择	290
第五节	供给管理政策	294
本章简评		300
本章小结		300
讨论及思考题		300
练习题或案例题		301

结束语 303

参考文献 309

经济学就是顾此失彼，就是理性选择："弃最小的彼而顾此"

绪论

⊢ 关键概念

- ⊙ 资源
- ⊙ 稀缺
- ⊙ 选择
- ⊙ 经济学
- ⊙ 生产可能性曲线
- ⊙ 机会成本
- ⊙ 资源配置问题
- ⊙ 资源利用
- ⊙ 市场经济体制

> **资源：**
> 用于满足人类需要的有形物品和无形物品。经济学讲的资源是经济资源——只有付出代价（成本）才能获取的稀缺资源。

一、经济学是关于选择的学问

经济学的门槛并不高，你只要踏着"稀缺性"这一台阶就可以一步走进经济学的世界。

什么是经济学？如何从资源的"稀缺性"引出选择并推导出经济学？经济学要解决什么问题？请先看下面的案例。

案例分析

"大炮与黄油"

经济学家们爱谈论"大炮与黄油"问题。"大炮"代表军用品，是国家安全必不可少的；"黄油"代表民用品，是提高一国国民生活水平所必需的。假定一个社会用其全部资源（资本、劳动、土地、企业家才能）来生产"大炮与黄油"。"大炮与黄油"的问题可以引出经济学的定义。

任何一个国家都希望有无限多的民用品和军用品，这就是需要的无限性和多样性。但是，生产它们所必需的资源是稀缺的。稀缺性是指任何一个社会用于生产"大炮与黄油"的资源总是有限的，所有社会都会面临稀缺性问题。因此，任何一个社会都要决定生产多少"大炮与黄油"。在资源既定的情况下，"多"生产一单位"大炮"，就要"少"生产若干单位"黄油"。权衡"得失""取舍"，做出"选择"，就是社会所面临的资源配置问题或选择问题。经济学研究一个社会如何配置自己的稀缺资源，简单来讲，经济学是选择的学问。

"大炮与黄油"的问题概括了经济学的内容。各个社会都要解决"大炮与黄油"的问题。第二次世界大战时期，希特勒叫嚣"要大炮不要黄油"，实行国民经济军事化。第二次世界大战后，苏联为了实现霸权，同美国对抗，把有限的资源用于"大炮"——军事装备与火箭的生产等，这就使人民生活水平低下，长期缺乏"黄油"——匈牙利经济学家科尔奈称之为"短缺经济"。第二次世界大战中，美国作为"民主的兵工厂"（当时美国总统罗斯福的名言），向反法西斯国家提供武器，也把相当多的资源用于生产"大炮"。"大炮"增加，"黄油"减少，因此，美国战时对许多物品实行管

微课：
欲望无限与资源稀缺

> 制。无论出于什么目的而更多地生产"大炮",都要求经济的集中决策——希特勒的法西斯独裁、苏联的计划经济或者美国的战时经济管制。这些偏向计划经济的体制虽然可以集中资源不计成本地达到某种目的,但代价是"黄油"(民用品)减少,人民生活水平下降。
>
> 在正常的经济中,政府与市场共同决定"大炮与黄油"的生产,以使社会福利达到最大。整个经济学都是在解决"大炮与黄油"的选择问题。

通过以上案例,我们可以解释经济学及其相关概念,并且说明经济学要解决的问题。

(一)"大炮与黄油"为什么会成为问题?

"大炮与黄油"之所以成为问题,是因为大炮与黄油不可兼得,希特勒和苏联"要大炮不要黄油"是因为生产军用品和民用品的资源是稀缺的。资源之所以稀缺,是因为欲望是无限的,大炮与黄油都想要。

稀缺是指相对于人类多样无限的需要而言,满足需要的资源是有限的。稀缺性是对社会资源有限性状态的一种描述。学习中要注意区分短缺与稀缺。短缺是就供给与需求的关系而言,供求均衡了,短缺就不存在了。稀缺相对于人类无限多样化的需要,是一个恒久存在的、人类不得不始终面对的问题。

> **稀缺:**
> 相对于人类多样无限的需要而言,满足需要的资源是有限的。

(二)"大炮与黄油"问题如何解决?

"大炮与黄油"问题本质上是资源稀缺问题。资源稀缺问题必须通过选择来解决。选择就是要解决欲望无限与资源稀缺的矛盾。

选择是指资源配置,即资源不同用途和不同产品及劳务组合的选择,以便更好地满足人类的需要。相对于无穷多样的、不断产生的需要,我们在一定时期内用来满足需要的资源和手段却是有限的,这样就产生了如何满足需要、满足哪些需要的问题,即产生了选择问题。选择问题的核心是如何有效地、合理地配置稀缺资源。

> **选择:**
> 资源配置,即如何利用既定的资源去生产量多质优的经济物品,以便更好地满足人类的需要。

绪论

经济学：研究稀缺资源配置与利用的科学。

所以，经济学是研究稀缺资源配置的学问。换句话说，经济学是选择的学问。选择的前提是基于既有的稀缺资源，选择的必要性是欲望无限，选择的可能性是资源的多用途性，选择的过程是资源配置，选择的结果是不同产品及劳务的不同组合。经济学要解决的基本问题就是由资源的稀缺性引发的"生产什么，怎样生产，为谁生产"这三大基本问题。

动画：经济学是关于选择的学问

※ 经济学

经济学虽然只有200多年的历史，但却是近代发展最迅速的科学，被经济学泰斗萨缪尔森称为"最古老的艺术、最新颖的科学"。它作为社会科学王冠上的明珠，成为众多精英追逐的人类智慧。

画龙点睛

经济学为什么被称为"经济学"？

经济学研究稀缺资源的配置与利用，通过选择来解决欲望无限与资源稀缺的矛盾。那么，经济学为什么被称为"经济学"？为什么它研究资源的合理优化配置？

经济就是有效、效率、最快、最省，经济学讲效率，合理有效地配置资源的前提是使资源配置有效率。实现有效率地配置资源就是"最大"和"最小"，即成本既定下的效用或收益最大化，或者效用或收益既定下的成本最小化。如果全社会能有效率地配置资源，宏观上就能实现社会主义的富强文明，实现社会主义的繁荣昌盛、人民的幸福安康。

二、表示资源配置的两个经济模型

为了进一步理解和掌握经济学的含义，我们介绍两个非常重要的经济模型：生产可能性曲线和市场运行图。

（一）生产可能性曲线及其意义

1. 生产可能性曲线

资源配置意味着选择或取舍，这可以用生产可能性曲线图来表示。生产可能性曲线是指一个社会用其全部资源和当时的技术所能生产的各种产品和劳务的最大数量的组合。

> **生产可能性曲线：**
> 一个社会用其全部资源和当时的技术所能生产的各种产品和劳务的最大数量的组合。

由于整个社会的经济资源是有限的，当这些经济资源都被充分利用时，增加一定量的一种产品的生产，就必须放弃一定量的另一种产品的生产。对社会稀缺资源的选择（资源配置可能）形成了一系列产品间的不同产量的组合，所有这些不同产量的组合就构成了社会生产的可能性曲线。下面我们举例说明生产可能性曲线的含义。

假设一个社会把其全部资源用于A和B两种产品的生产，那么生产可能性曲线可用图0-1表示。

图0-1中的生产可能性曲线（a、b、c、d、e、f的连线）表示一个社会在资源有限、技术一定的情况下（稀缺性假设）所能生产的A产品和B产品的不同产量组合，它规定了在既有资源约束下所能达到的产量组合曲线。如果选择b点，则社会得到的B产品多于A产品；如果选择e点，则A产品增加，同时必须放弃部分B产品。在曲线上的任意一点都表示全部资源被利用时，社会可接受并得到的产量组合（选择性假设）。曲线以外（h点）是产量达不到和不能成立的，因为没有足够的资源；曲线以内（g点）虽可以达到，但没有有效利用资源。

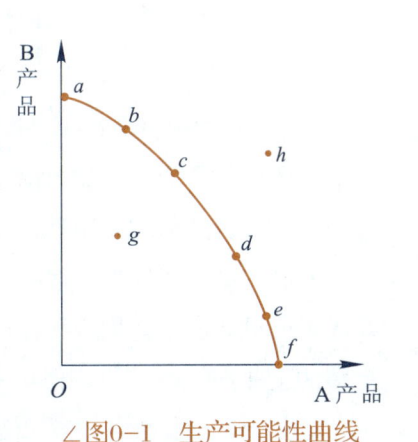

∠图0-1　生产可能性曲线

动画：生产可能性曲线

2. 生产可能性曲线的意义

（1）生产可能性曲线是经济学的核心知识点。

① 稀缺性：之所以无法选择曲线以外的组合（如 h 点）是因为生产能力有限，即资源稀缺使然。

② 选择性（生产可能性）：曲线上各种组合的存在意味着可能的多种产品选择与替代。

③ 权衡取舍：选择并不完全是非此即彼，更多的情况是多和少的权衡，增加一种商品必然会减少另外一种商品的数量。

（2）生产可能性曲线说明了不同的资源配置取向。

选择涉及用稀缺资源"生产什么、生产多少"这一经济学最基本的问题。如果所有的资源都用在生产奢侈品上，生活必需品则为零；反之，奢侈品则为零。如果资源既用于生产奢侈品，又用于生产生活必需品，则二者的不同组合就是 AB 线上的所有组合点。例如，图 0-2 中，C 点表示奢侈品多于必需品的组合，而 D 点表示奢侈品少于必需品的组合。

AB 曲线上的不同组合代表了不同的选择或资源配置取向：经济不发达、总收入偏低、温饱型人均收入水平的国家，多为 D 点选择；经济较富裕的国家多为 C 点选择。

动画：
必需品与奢侈品的不同组合与选择

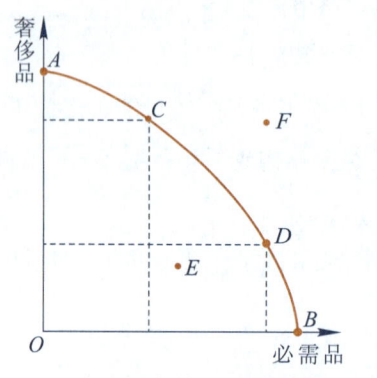

∠图 0-2　必需品与奢侈品的不同组合及选择

（3）生产可能性曲线可以说明选择的机会成本。

选择是有成本的，选择的代价就是机会成本。生产可能性曲线向下倾斜并呈凸形表明当全部资源都被利用时，要想获得更多一些的奢侈品，就必须牺牲或放弃越来越多的必需品。即随着奢侈品生产的增长，其选择成本或机会成本也越来越大。选择成本或机会成本递增规律在许多重要的选择中都存在，例如，政府发现本国需要更多的工业产品时，为获得更多工业品而必须放弃越来越多的农产品。换句话说，为得到更多工业品而不得不支付越来越高的成本。企业发现技术升级越来越困难，需要支付的各项费用越来越高。个人在实现物质需要和精神需要时也存在这种交替关系。**机会成本**是经济学中一个非常重要的概念，它是资源有限性的函数，是直接由选择问题引申出来的概念。机会成

机会成本：
做出一项决策时所放弃的另外多项决策中潜在收益最高的那一项决策的潜在收益。

本的含义是做出一项决策时所放弃的另外多项决策中的潜在收益最高的那一项决策的潜在收益。例如，某人有10万元资金，开商店可获利3.5万元，存银行可获利2万元，买国债可获利1.8万元，投资房地产可获利3.7万元，如果最后他选择了开商店，则开商店的机会成本就是3.7万元。

> **即问即答**
>
> ### 机 会 成 本
>
> 齐国有家人嫁女儿，面对东、西两家的同时求婚。东家男子丑陋但富裕，西家男子俊美但贫穷，父母犹豫不决，让女儿选择嫁给谁。女儿说："在东家吃饭，在西家住宿。"请问这种不付出代价或机会成本的选择成立吗？（答：不成立。鱼和熊掌不可兼得，选择总是要付出代价的，生活中要学会放弃。）

> **案例分析**
>
> ### 边际机会成本递增规律
>
> 假设你的英语成绩是90分，经济学成绩也是90分，你的学习时间是固定的。你想使英语成绩从90分提高为91分、92分、93分、94分、95分，就得把更多时间投在英语上而减少或放弃经济学的学习时间和成绩，这样与之对应的经济学成绩是89分、87分、83分、77分、68分，即你每增加1分的英语成绩所需放弃的经济学成绩或机会成本分别是1分、2分、4分、6分、9分。
>
> 如图0-3所示，当你把英语成绩从90分提高到95分时，增加的总机会成本是经济学降低22（90-68）分；当你把英语成绩从94分提高到95分时，增加的最后1分的机会成本（或边际机会成本）是经济学降低9（77-68）分。
>
> ∠图0-3　边际机会成本递增规律

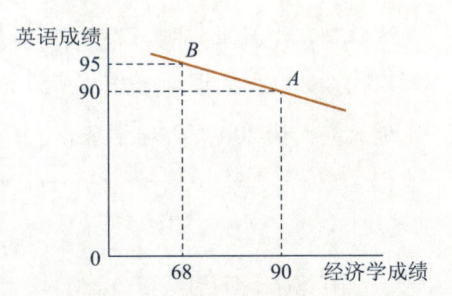

绪论

> **案例分析**
>
> ### 时间分配的经济学
>
> 某人一天用于学习工作和消遣的时间总共16小时，假设他的学习工作时间为X，消遣时间为Y，则他的时间分配的生产可能性函数为：$Y=16-X$。周一至周五每天的时间分配组合选择A点；周六周日则选择B点组合。选择B点组合时，为新增加6小时消遣时间而放弃6小时的学习工作时间就是周末消遣时间增加的机会成本。图0-4曲线代表他的机会集合，曲线上任意组合点意味着可能的不同的选择。
>
> ∠图0-4　时间分配的经济学

> **即问即答**
>
> ### 琳达的生产可能性曲线
>
> 琳达1小时可以读80页经济学著作，她还可以1小时读100页心理学著作。她每天学习8小时。①请画出琳达阅读经济学和心理学著作的生产可能性曲线。②琳达阅读160页经济学著作的机会成本是什么？（答：设琳达读经济学书Y页，读心理学著作X页，两者是线性减函数关系，$Y=640-0.8X$，可作线性生产可能性曲线图；琳达阅读160页经济学著作花两小时，两小时可以阅读200页心理学著作。所以，琳达阅读160页经济学著作的机会成本是她放弃阅读200页心理学著作。）

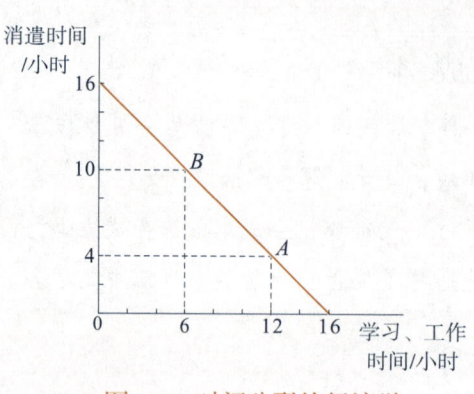

（二）市场运行图

比较资源配置的两种基本方式——计划经济体制和市场经济体制会发现，由于计划经济体制运行所需要的各种条件尚不具备，如它不能解决诸如信息、动力、失衡、配置成本、条块分割和政企不分等问题，因此，当今世界绝大多数的国家都选择了市场经济体制。市场经济体制是指以市场为基础的、通过市场竞争性价格机制配置稀缺资源的体制。

市场是指交易的场所或接触点。市场由两个方面组成：一是生产要素市场（劳动市场、资本市场、房地产市场、信息市场、企业家市场、技术市场等）；二是最终产品市场（商品及劳务市场）。

假定公众是要素的供应者和商品的需求者，而厂商（企业）是要素的需求者和商品的供应者，那么公众与厂商两个部门的相互关系，既可以说明国民经济的运行、循环，也可以说明市场经济的运行。

如图0-5所示，在产品市场上，购买方公众追求效用最大化，供应方厂商追求利润最大化。公众到产品市场上购买消费品，供给这些物品的是图右方的厂商。图上方圆形的产品市场上形成两条交叉的曲线：需求曲线和供给曲线。产品市场上的供求相等意味着：社会能以最优的方式（最低的生产费用）使用资源来使消费者得到最大的满足（最大的效用）。

在要素市场上，为了进行生产，厂商在生产要素市场上进行购买，形成对生产要素的需求曲线。为了取得收入，公众在要素市场上出卖生产要素。在这一市场的供求相等或供求曲线相交的交叉点意味着各种生产要素（劳动、资本、土地）都得到了它们生产上的贡献的报酬。

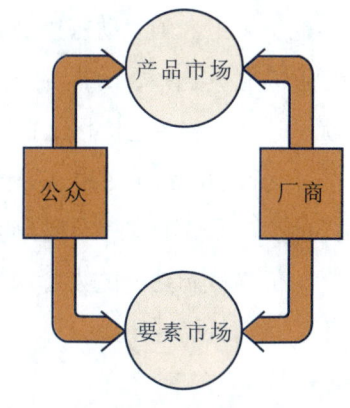

图0-5 市场运行图

市场运行表现为实物和收入的两种循环：

（1）逆时针实物循环。公众供应要素（劳动、资本、土地等）→要素市场→厂商得到要素后生产产品并供应→产品市场→公众得到商品……

（2）顺时针收入循环。厂商支付工资、租金、利润等收入→要素市场→公众得到收入并到产品市场购买商品→产品市场→收入流回到厂商……

三、价格的作用与资源配置

（一）市场经济运转靠什么？

市场经济依靠价格运转，价格是个指挥棒，解决了资源配置的三大基本问题：生产什么？如何生产？为谁生产？

绪论

资源配置问题：
　　由资源的稀缺性和选择性引发的生产什么、如何生产、为谁生产这三大基本问题。

微课：
资源配置

生产什么？价格传递稀缺信息，不同的价格或者价格涨跌可以帮助人们分辨各种资源和产品的稀缺性。用于生产某种产品的资源多一些，用于生产另一种产品的资源就会少一些。把稀缺资源投入到价格高、社会更需要的产品上就是合理的。要素价格的变动引导要素的流动与组合，指引社会生产什么，正是由于价格吸引，劳动、土地、资本和企业家才能流向相对价格高的行业和产品。

　　如何生产？不同的生产方法和资源组合是可以相互替代的。同样的产品可以有不同的资源组合（劳动密集型方法或资本技术密集型方法）。劳动密集型与资本密集型生产方式的选择，不同生产要素的比例，多用劳动还是多用资本，何种投入比例最优，这些都要经过价格比较、成本核算之后才能做出决定。

　　为谁生产？相对收入高低是如何形成的？这是由要素供求状况和资源稀缺程度决定的，产品分配依靠市场竞争实现，价高者得。

　　价格机制功能的发挥决定着资源配置效率的高低，价格这只神奇的"看不见的手"指挥着经济社会运行。

（二）价格机制是怎样实现资源配置的？

1. 供求状况决定价格波动并引起资源投入量的变化

　　当某种商品供不应求时，卖方相对于买方占有优势，形成"卖方市场格局"，买者竞争、竞相抬价，市场价格上升，价格上升既影响供给量又影响需求量：价格上升激励企业扩大生产、增加产品供给量；同时，价格上升抑制和减少需求量。最终，供不应求状况得到缓解直至消失，形成供求均衡，价格也趋于稳定。

　　当某种商品供过于求时，买方相对于卖方占有优势，形成"买方市场格局"，卖者竞争、压价抛售，市场价格下降，价格下降既影响供给量又影响需求量：价格下降使得企业减少产品供给量；同时，价格下降刺激需求量上升。最终，供过于求状况得到缓解直至消失，形成供求均衡，价格也趋于稳定。

　　所以，供求失衡会通过价格变化达到均衡，竞争压力会通过价格变化来释放。资源配置状态或结果表现为供求均衡且价格趋于稳定。

2. 价格变动引起资源在不同部门或产品间的流动

　　（1）价格变化。所有非价格因素（收入、偏好、预期、政策、政治、文化、习惯、成本、技术、相对价格、自然气候等）的改变都会对需求或者供给产生影响并通过这种影响作用于价格。

例如，"欧洲千年极寒之说"影响需求，欧洲出现囤积燃气、煤气、石油和煤炭行为，拉动能源价格步步攀升，煤炭生产企业扩大生产、增加产量以致矿难频频发生；美国页岩油气田的开发，大幅度拉低了世界能源价格，使得原油价格持续低迷。

（2）资源流动。由非价格因素引起的供给或者需求变动影响其价格变动。某物品价格高了，表示该物品和要素相对不足，价格指引卖方申请贷款、增加投资、招聘员工、采购配件、租用场地、开拓市场，增加销量，稀缺得以缓解；某物品和要素价格低了，表示该物品和要素相对过剩，价格指引卖方减少投资，过剩得以化解。

具体来讲，工资、利息、利润的变动引导劳动、资本、企业家在不同部门、行业和地区间的流进流出，租金的变动引起土地用途的变化。所以，价格最终决定了资金在各部门间的流进流出，决定了社会资源的配置，使生产者扩大规模并使其他部门的厂商把资源（资金、人力、物力）投入该种商品的生产。

一切物体的运动无不是受到地球吸引力的作用。要素和产品的流通无不是受到价格机制的作用。价格高低反映了要素和产品的稀缺程度。

（3）"看不见的手"。价格变化引起供给量同方向变动而引起需求量反方向变动。没有集中的计划，它的运转不用语言传达指令，像精密的工作系统、无色的指挥灯、无声的语言，价格机制通过一系列供求、价格、竞争的联系，把数以万计的陌生人联系在一起，依靠分工、合作、交换，解决了数以万计的、关系复杂的问题。任何一个大城市，人口成百万上千万，每天要消费难以计数的粮食、果品、肉类、蔬菜，每天有成千上万的人去购买电器、衣物、日用品，这就需要有物流、收入流、资金流及人员流动，如此庞大而复杂的经济流程是如何进行的？这一切，都是在没有任何人设计、指导和计划下自行完成的，经济的"自然秩序"是价格机制这只神奇的"看不见的手"创造出来的。

微课：神奇的价格

（三）价格机制的四大功能

价格机制为何如此神奇？在市场经济中，价格有四个方面的功能：

1. 传递信息的功能

价格指引卖家生产什么、生产多少、怎样生产、卖给谁。价格变化告诉生产者投入或撤出资金、扩大或缩小生产规模。价格指引买家货比三家，增加或减少需求。

如果取消了价格，政府、企业、居民就不可能快速、准确、低成本地知道供求的变动，没有真实而快捷的信息，社会就不可能有效地配置资源。只有竞争性价格才能综合地传递收入、偏好、人口、技术、成本、预期以及宏观政策等变动的信息，这些信息如果通过价格以外的途径去全面收集、捕捉、分析是非常困难的。对生产者和消费者而言，他们恐怕不知道价格涨跌的原因，他们也不需要知道价格为什么涨跌，他们只要了解价格变化趋势并做出相应反应就够了。

以股市价格变动为例。经济学家至今还不完全清楚究竟是什么因素直接导致股市的波动，这恐怕是因为影响股价涨落的因素太复杂、太微妙了。但是在规范化的市场中，股价的波动传递着一个重要的综合性信息：股市行情看涨，说明投资者信心足、预期乐观、国内外经济政治环境较好；股市行情看跌，说明投资者对前景悲观、经济政治环境变化微妙。所以，股市价格（股票价格指数及成交额）被视为一国经济状况的"晴雨表"，它传递的信息是综合性的，有重要的参考价值，对厂商或居民而言，知道股价涨了或跌了就足够了。

如果没有价格信号，如何判断一个企业的盈亏以及它是在创造财富还是在消灭、浪费财富？

如果没有价格信号，靠什么反映人们复杂多变的偏好、需求以及满足需求的物品的稀缺程度？

如果没有价格信号，如何决定投入劳动、资本、土地要素的配置比例？

如果没有价格信号，如何决定用汽车、火车、轮船还是飞机运送煤炭？

如果没有价格信号，如何决定上班是挤公共汽车还是乘出租汽车？

没有价格体系和价格机制，人们的经济活动和经济行为就会失去方向，无法做出选择。

有了价格体系和价格机制，人们就能进行核算、选择和替代，提高效率。

2. 配置资源的功能

市场经济中，哪个部门或企业商品价格上升，意味着它的生产者可以获得较多的利润，它就有能力得到较多贷款和投资，社会资源就会流进这个部门或企业；反之，哪个部门商品价格下降，资源就会从该部门或企业退出，流到市场价格高、利润高的部门或企业中去。当某部门资源投入过多、产品供过于求时，其市场价格就会下降，利润减少；反之，当某部门资源投入过少、产品供不应求时，其市场价格就会上升，利润增加。资源在价格变动引导下在部门间的流进流出使得社会资源得到调整，最终实现资源的合理配置。

3. 促进竞争的功能

产品和要素供给者都会对价格变化做出反应，价格可提供生产动力（激励）并促使企业间展开竞争：价格上涨，生产者就会扩大规模。当供给量增加并超过市场需求量时，价格开始下降，这又会迫使生产者努力降低成本、采用新技术、提高产品质量；当该行业竞争激烈，供给量大量增加，价格继续下降时，生产该商品的部分生产者就会把资金抽出投向别的行业。激烈的竞争使商品越来越丰富，最终达到要素或资源的合理配置。

4. 收入分配的功能

市场中，一个人收入的多少取决于他拥有的生产资源（土地、生产工具、劳动力、资金、技术专利、企业家才能等）以及这些资源的市场供求决定的价格。某种资源或要素市场价格的涨跌实际上影响拥有该种资源或要素的人的收入，进而相对地降低或增加了其他要素所有者的收入。所有要素市场价格都平衡地或同比例地涨落，一般不会影响人们的相对收入；各种要素市场价格非平衡或不同比例的变动，会引起人们相对收入的变化。

物价总水平的变化也会影响人们的收入分配。以物价上涨为例，它会减少债权人、工薪阶层、现金持有者、出租人、退休金领取者、固定收入阶层和抚恤金领取者的实际收入，而相对地增加债务人、雇主、持有黄金者、不动产和实物拥有者、承租承包者的实际收入。所以，价格变动引起人们相对收入水平的变化，从而起着利益分配的作用。

案例分析

价格管制不能增加有效供给

价格能够从供给和需求两个方向影响资源配置并达到均衡。而非价格手段只能从一个方向影响资源配置并始终失衡，例如，在春运火车票价管制背景下，人们会通过提前抢订、等待排队、申请配额、跑关系走后门等非价格手段去竞争低价车票，获胜者能够得到黑市价与管制价的差额（无主财产），非价格手段产生的衍生竞争行为不会增加火车客运服务而只会消耗和浪费社会资源，只能影响需求量（低价格产生大量不能变现的需求）但不能激励供给量增加，供求始终处于失衡状态，于是"黄牛"、黑市交易禁而不绝，"野火烧不尽，春风吹又生"。

四、经济学的表达方式和十大原理

（一）经济学的表达方式

经济学运用诸如供给、需求、弹性、均衡价格、边际成本、边际收益、国民生产总值、充分就业等术语来描述经济问题和经济学原理。经济学还运用假设、图形、公式、代数等工具来理解、解释现实并简化经济生活。

许多对经济学感兴趣的人常常因为其特殊的表达方式产生畏惧。有的经济学著作中存在把经济问题复杂化、数学化、公式化、神秘化的倾向，使得初学者对其望而却步，这也招来一些有识之士的批评。其实，只要没有数学分析，每个人都可以成为经济学家。这听起来有些偏颇，但并非毫无道理。经济学可运用四种表达方式：文字、图形、方程式和表格。选择哪一种，取决于个人的偏好。文字是一种二维表达，是思想和精神完整和精彩的表达形式；而几何图形、图表和函数的表达精细、准确、简洁，其直观性、精确性、哲理性适合课堂教学的要求，是人对文字内涵进行的抽象转换。大多数教材采用图文形式，图文兼用正是当今知识爆炸、生活多变的产物。经济学不像量子力学那样要求有深厚的数学技术，领悟经济学的美妙只需要简单的逻辑推理，只要你愿意动脑筋，努力思考就行了。但是，熟悉大多数经济学家的语言又是必需的，它的价值是能够为你提供一种关于你所生活的世界的新的、有用的思考方式。面对繁杂无序、冲突顽固的现象和力量，经济学提供了一个扎扎实实的观念体系。

（二）经济学的十大原理

正如你不能在一夜之间成为一个数学家、心理学家或律师一样，学会像经济学家一样思考也需要一些时间。为了尽可能缩短读者掌握经济学的时间（时间是稀缺资源之一），我们用通俗、生动的语言介绍在整个经济学中反复出现的一些重要原理，如权衡取舍原理、机会成本原理、边际决策原理、激励反应原理、比较优势原理、"看不见的手"原理、"看得见的手"原理、生产率差异原理、通货膨胀与失业短期交替关系原理、边际收益递减原理，它们是经济分析的基础。一旦熟悉和掌握了经济学方法和术语之后，你应该学会像经济学家一样去思考。

1. 权衡取舍原理（Trade-offs）

权衡取舍是指在资源既定的情况下，人们得到一些东西的时候必须放弃另一些东西，多生产甲产品，必须以少生产乙产品为代价。"天下没有免费的午餐""有得必有失""甘蔗没有两头甜""鱼和熊掌不可兼得"等，这些谚语表达的都是资源约束下的权衡取舍。权衡取舍一般存在两种情况：一种是"有与无"的选择。例如，看电影或者上课，与张先生结婚或与赵先生结婚，要熊掌或者鱼。另一种是"多与少"的选择，多工作少休息或者少工作多休息。经济生活中，人们面临广泛的"多与少"的权衡取舍：① 学习经济学的时间多了，在会计学、营销心理学、管理学上花的时间就少了；新增加5个小时的学习时间，就要放弃本来可用于睡眠、骑车、看电视、打零工的时间。② 是打工挣钱储蓄货币，还是干自己喜欢的事储蓄健康和快乐感受。③ 一国资源更多地用于大炮生产（军需品）还是更多地用于黄油（民用品）生产。④ 任何社会都需要在效率与平等之间进行权衡取舍，但过度地强调平等，就会牺牲效率、降低工作激励。

2. 机会成本原理（The cost of something is what you give up to get it）

权衡或选择时要考虑成本。上大学的成本是多少？明星如何计算自己的成本与收益？经济学讲机会成本。机会成本又称选择成本，是指做出一项选择时所放弃的其他可供选择的资源运用带来的潜在收益。通常而言，为了得到某种东西而必须放弃另一样东西，被放弃的东西，经济学家称为机会成本。我们可以举出许多例子：① 上大学除交纳学费、书费外，实际上还存在时间成本——把这段时间用于工作可以挣到工薪（比如每年2万元），4年8万元是上大学的机会成本；② 体育明星（足球、排球、网球）从事职业运动，一年能赚上百万元甚至更多，他们认识到上大学的机会成本极高，所以他们都是在退役以后再去上大学。

微课： 机会成本原理

※ 机会成本

3. 边际决策原理（Rational people think at the margin）

边际决策是指人们经常要对现有行动计划进行增量调整，这种增量调整被称为边际决策或边际变动。例如：①当人口骤增而此时粮食又歉收时，农业问题就成为边际问题，需要放在突出的位置；当温饱问题基本解决而农业劳动生产率大幅度提高时，农业问题可能让位给交通问题、电力问题、环境保护问题……②贫困年代，肥胖是富态，而富裕年代，肥胖则是病态，减肥成为时尚。③消费者和生产者几乎无时无刻不在考虑边际量，以便做出更好的决策。只有一种行动的边际收益大于边际成本，理性"经济人"才会采取该项行动。

※ 边际决策

案例分析

在边际上决策

一个航空公司的边际问题是决定对等退票的乘客收取多高的价格。假设每个座位的平均成本是500美元。航空公司的票价可以低于500美元吗？可以，因为航空公司考虑的是边际成本而非平均成本。飞机即将起飞时仍有10个空位。在登机口等退票的乘客愿意支付300美元买一张票（边际收益为300美元）。航空公司应该卖给他票吗？当然应该。飞机有空位，多增加一位乘客的边际成本是一包花生米、一杯咖啡、一罐饮料（边际成本为20美元）。只要乘客的支付意愿大于边际成本，让他登机就是合算的、理性的。

经济学的"边际革命"是数学方法的革命，是从常量数学方法转向应用变量数学（微积分）方法。英国的杰文斯认为，经济学是快乐和痛苦的微积分。

当自变量发生微小变动时，一个或多个因变量就随之变动，这就是边际分析，它用于变动趋势分析。经济学运用边际分析法时，要把追加的支出和追加的收入相比较，二者相等时为临界点。边际分析法是经济学的基本研究方法之一，不仅在理论上，而且在实际工作中也起着相当大的作用，是开启经济决策王国大门的钥匙。

4. 激励反应原理（Incentives）

激励反应实际上就是利益原则，即人们会对激励做出反应，人们会比较成本与收益从而做出决策。所以，当成本或收益变动时，人们的行为也会改变。例如：① 可以用需求定理和供给定理来说明激励反应原理。某种商品价格上升时，意味着购买者成本上升，人们会做出减少购买而选择其他替代品的抉择；反之，当价格下降时，人们对该商品的购买会增加。同样，该商品的生产者也会根据价格的升降做出相应抉择，因为价格的升降意味着出售商品的收益的增减。② 经济学家发现，广泛地提高税率反而会减少政府的财政收入，因为税率提高降低了对生产者的激励，从而其生产活动减少。罗纳德·里根描述过征税的激励反应：第二次世界大战期间拍电影，演员赚过大钱，但战时附加所得税达90%，演员只要拍四部电影收入就达到最高税率——90%，所以，演员们拍完四部电影就停止工作，并到乡下度假。高税率引起少工作，低税率引起多工作。所以，1980年，里根当选总统施政计划的重要内容之一就是减税，这一激励政策被称为里根经济学——供给学派的经济学观点。③ 埃及有很多"烂尾楼"，之所以"烂"，是因为能看见墙

※ 激励反应

面没有粉刷或顶楼没有封顶。这些烂尾楼的下面几层，早就有人入住，有的已经住了一二十年。房间里面装修完好，水、电、煤气俱全。除了从墙面、顶层看上去，这房子好像尚未完工之外，一切正常。为什么埃及人造房子留个烂尾巴？原因是为了避税。埃及房子建成之后要缴纳土地税、市政税、原始税、治安税等。但是如果房子没有建造完成，就不缴税。于是，埃及许多私宅就处于"没有建造完成"的状态，所以出现了很多"烂尾楼"。"上有政策，下有对策。"埃及政府对老百姓的避税"对策"，无可奈何。

5. 比较优势原理（Trade can make everyone better off）

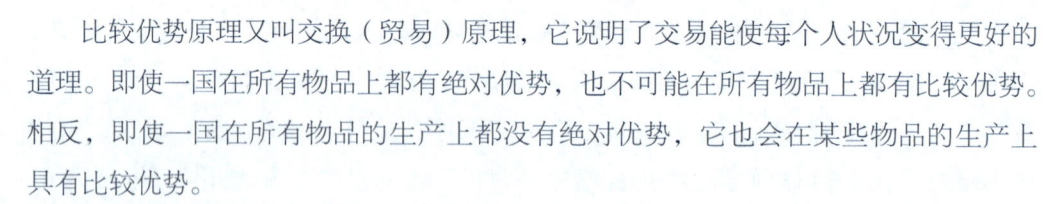

比较优势原理又叫交换（贸易）原理，它说明了交易能使每个人状况变得更好的道理。即使一国在所有物品上都有绝对优势，也不可能在所有物品上都有比较优势。相反，即使一国在所有物品的生产上都没有绝对优势，它也会在某些物品的生产上具有比较优势。

按照比较优势进行分工的两个国家间贸易可以使每个国家的状况都变得更好，即双赢。贸易促使人们专门从事自己最擅长的活动，并享有更多的各种各样的物品和劳务。任何个人、企业、单位和社会即使没有绝对优势，但仍然存在比较优势——比较优势永远存在。例如，姚明应该打球，玛丽应该打字，为什么呢？

玛丽打球挣取的年收入是10万元，打字挣取的年收入是15万元，打球和打字肯定都不如姚明（姚明有绝对优势，玛丽只有绝对劣势）。但是，玛丽打字挣到每元钱的机会成本（放弃/得到=10万元/15万元=0.67元）小于她打球的机会成本（打球每元钱的机会成本为15万元/10万元=1.5元）。假如玛丽打球特别差，没有关系，她不要自卑，不要气馁，抬起头、挺起胸，向前走，社会需要她，市场需要她，她给社会带来服务，社会必然回报她相应的幸福。因为，玛丽打球越差意味着她打字的机会成本就越低。例如，玛丽打球只挣0.01万元钱，反过来玛丽打字单位的机会成本就是0.01万元/15万元=0.000 67元。玛丽打字的机会成本越低，玛丽的比较优势就越大。

同样，假如姚明打球挣取的年收入是12 000万元，打字挣取的年收入是120万元，打球和打字肯定都超过玛丽（绝对优势），但他打字挣到每元钱的机会成本即放弃/得到=12 000万元/120万元=100元，大大超过他打球的机会成本（打球每元钱的机会成本为120万元/12 000万元=0.01元）。姚明打字挣到每元钱的机会成本很高（100元），姚明显然应该选择机会成本低的（0.01元）、有比较优势的工作——打球。

市场经济中，每个人都应该做自己有比较优势的工作。你为市场提供了服务、产

微课：
比较优势
原理

品、效用，为别人创造了财富、提供了幸福，市场才会给你回报，才会奖励你、肯定你。你的收益、盈利和利润是市场对你创造财富、制造幸福无声的赞美、表扬、奖励，指示你扩大规模、勇往直前；你的损失、亏损、破产是市场对你浪费和消灭财富，制造痛苦的无声谴责、批评、惩罚，让你改弦易辙、迷途知返。你的比较优势通过市场交换实现，市场是理性的——它不管你说，它只看你做的。

6. "看不见的手"原理（Markets are usually a good way to organize economic activity）

"看不见的手"原理是指家庭或企业受价格这只"看不见的手"指引，决定购买什么、购买多少、何时购买，决定生产什么、生产多少、如何生产、为谁生产，他们时刻关注着价格，不知不觉地考虑他们行动的收益与成本。结果，价格指引这些个别决策者通过市场在大多数情况下实现了整个社会福利的最大化。

※ 看不见的手

"看不见的手"原理最早由经济学家亚当·斯密提出。17世纪和18世纪是资本主义形成和发展的初期阶段，生产规模还相对狭小，经济自由竞争还受到各种限制。英国资产阶级古典经济学家亚当·斯密在其1776年出版的名著《国民财富的性质和原因的研究》（简称《国富论》）中对经济自由竞争、自由贸易进行了详尽的阐述，斯密表述了使他欣喜若狂的伟大发现（著名经济学家萨缪尔森把这一发现与牛顿的伟大发现相提并论）：动机良好的法令和干预手段，不能帮助经济制度运转，非计划的、利己的润滑油会使经济齿轮奇迹般地正常运转，市场这只"看不见的手"会解决一切。每个人既不打算促进公共利益，也不知道他所增进的公共福利为多少。他所追求的仅仅是他个人的利益。在这个场合，像在其他许多场合一样，他受一只

微课：
"看不见的手"原理

绪论

"看不见的手"引导他去促进一种目标,而这种目标绝不是他所追求的东西,由于他追逐自己的利益,他经常促进了社会利益,其效果要比他真正想促进社会利益时所得到的效果更大。

后来的经济学家发现,这是人们对市场经济描绘中最经典、最清楚的一段文字。斯密的思想反映了资本主义的时代精神以及处于上升阶段的资产阶级的利益。斯密把个人利己行为与社会经济福利统一起来,由此得出价格调节经济是一种正常的自然秩序,这使人们时刻警惕干预主义被滥用。

> **案例分析**
>
> ### "看不见的手"原理
>
> (1)假设早上七点钟你出门去早市,边走边听新闻:美国发现了"超级病毒"。到了早市你惊奇地发现,大蒜价格上涨了15%,而菜农从来没有听说过"超级病毒";第二天,你去早市,发现大蒜价格下跌了10%,回来上网更加惊讶地发现:世界卫生组织声明"超级病毒"是误传。
>
> (2)当你下班回家路上看到大蒜价格从18.40元/千克下降到16.56元/千克,嫌贵没买,小贩甩下一句话:"北京找不到比我卖得更低的了。"回家上网一搜,你会发现全北京的所有菜市场大蒜价格都是16.56元/千克,这就是市场机制奇妙、神速传递信息的功能。

7. "看得见的手"原理(Government can sometimes improve market outcomes)

国防、秩序、和平

熨平还是加大经济波动?

政府最重要的任务是:制定规则充当裁判

※ 看得见的手

"看得见的手"原理是指在"看不见的手"失灵的领域和时期，政府干预或宏观调控就不可避免，政府干预有时可以改善市场结果。

> **学无止境**
>
> ### 市场失灵与政府的作用
>
> 市场失灵是指市场本身不能解决资源有效配置的情况。市场失灵包括：①失业和经济周期。尽管在100多年前马克思就科学地说明了经济自发性、盲目性导致的危机和失业，后来的西方学者直到20世纪30年代才承认失业是一个普遍现象，并且用有效需求不足、三大心理规律说明失业的原因。凯恩斯提出宏观财政政策和货币政策刺激总需求措施并在第二次世界大战盛行一时。凯恩斯主义（干预主义）又叫需求管理。②公共产品领域（国防、路灯、公路、公共设施、基础研究、广播电视、教育卫生、医疗保险等）具有的非竞争性和非排他性，使市场机制无能为力，需要政府出面提供这些产品或采取措施保护公平竞争、限制垄断。③外部性问题。外部性包括有益外部性（新发明、播种疫苗、教育投资、助人为乐等）和有害外部性（环境污染、汽车尾气、噪声释放等）。解决有益外部性需要政府的奖励和专利保护以及慈善机构和社会公益团体参与，解决有害外部性靠政府制定法律、法规、税收政策或权利界定。④平等问题。市场配置会导致贫富悬殊和两极分化，需要政府采取公共政策，消减或缓释残酷的市场竞争后果，如累进所得税、社会救济、福利再分配等政策增进社会经济福利，但前提是不降低社会经济效率，争取把社会"经济馅饼"做大。
>
> "看得见的手"的作用必须建立在市场基础上，在市场失灵的领域发生作用。由于信息不完全、政策程序等原因，政府干预可以改善市场结果。

微课："看得见的手"原理

8. 生产率差异原理（The standard of living depends on a country's production）

生产率是指一国生产物品和劳务的能力。生产率高低用一个生产者一个小时所生产的物品和劳务量来衡量。各国生产率不同导致各国人均收入和生活水平的差别。在那些生产率较高的国家，人们会拥有更多的电视机、汽车、营养、医疗保健、教育和更长的预期寿命；那些生产率较低的国家，大多数人必须忍受贫困的生活。2019年，IMF（国际货币基金组织）对世界各国人均GDP进行了排名，排在前10名的国家（卢森堡、瑞士、挪威、爱尔兰、卡塔尔、冰岛、美国、新加坡、丹麦、澳大利亚）人均GDP 53 873美元；排在后10名的国家人均GDP不到729美元。

9. 通货膨胀与失业短期交替关系原理（A short-run trade-off between inflation and unemployment）

通货膨胀是指一国经济中物价总水平的持续上升。货币量的迅速增长、货币流通速度加快和生产率的大幅度下降都会导致通货膨胀。失业是指存在没有工作但仍在积极寻找工作的成年人。许多国家都遇到通货膨胀与失业交替出现的问题，即通货膨胀率与失业率此消彼长：失业率高，通货膨胀率低；失业率低，通货膨胀率高。经济学家菲利普斯把这种交替关系画成一条凹形曲线——菲利普斯曲线。虽然这条曲线存在很多争议，但大多数经济学家认为，通货膨胀与失业之间存在短期交替关系。

10. 边际收益递减原理（The law of diminishing marginal returns）

收益递减是一条被广泛观察到的经验性规律，它的内容是当保持其他投入不变时，连续增加同一单位的某种投入所增加的收益（或产量）越来越少，又称边际收益递减规律。收益递减的原因是：随着某一种投入，如劳动的更多单位增加到固定数量的土地、机器和其他生产要素上，劳动可使用的其他要素越来越少。土地变得更加拥挤，机器超负荷运转，所投入的劳动也变得较不重要了。

边际收益递减的另一面是边际成本递增。在短期内，当把可变生产要素用于不变的生产要素时就表现出收益递减的倾向，这就意味着边际成本有上升的倾向。如果最初存在收益递增，那么，边际成本就下降，但在一定时间后，边际收益递减和边际成本递增总会出现。成本的呈"∪"形变化规律和收益的呈"∩"形变化规律对企业和厂商来讲意义深远。

微课："边际收益递减"原理

五、经济学的基本定律、基本内容和基本问题

（一）经济学的基本定律

100多年来，经济学卓有成效地运用现代数学工具或统计方法，极大地推动了数学的发展，现代数学中的线性规划、数理统计、非线性动态分析、控制论、博弈论

等，都从经济学中汲取了丰厚的养分。但是，经济学的成功和荣耀并不仅仅是数学工具的运用，其成功在更大程度上得益于它的简洁。

有人曾经嘲笑经济学家，说经济学的全部内容可以在两个星期内掌握。我国著名学者汪丁丁评论说：一门可以在两个星期内掌握的科学，一定是简练到优美地步的学问，其基本定律一定如此有效以至于根本用不到更多的假设和辅助定理，就足以解释整个世界了。

通俗地讲，经济学的基本定律是理性经济人都无一例外地追求"给定条件下的收益最大化"。理性经济人追求给定成本（价格、收入或付出）下的收益最大化，具体化为效用最大化、产量最大化、利润最大化。支撑经济学的"最大化分析"可以浓缩为一个公式：$MU_i/P_i=\lambda$。MU_i为每增加一单位i商品消费给消费者带来的效用（即边际效用），P_i为i种商品的价格，λ为一常数。在边际效用递减的情况下，$MU_i/P_i=\lambda$是消费理论中的消费者均衡条件（原则）或消费者效用最大化公式。$i=1，2，3，\cdots，n$，代表不同的商品，它的展开式为：$MU_1/P_1=MU_2/P_2=\cdots=MU_n/P_n=\lambda$。例如，消费者选择两种商品X和Y，当$MU_X/P_X$大于$MU_Y/P_Y$时，他会增加X商品或减少Y商品，直到每单位货币得到的不同商品的边际效用相等，即$MU_X/P_X=MU_Y/P_Y$。

我们可以根据$MU_i/P_i=\lambda$推出其他一些重要的微观经济学中的理论或定理。

（1）需求定理。$MU_i/P_i=\lambda$公式中，如果MU_i不变，P_i下降，人们会增加商品i的消费，反之则减少商品i，即其他条件不变时，价格变化引起需求量朝相反方向变化，得到需求定理。

（2）供给定理。把公式$MU_i/P_i=\lambda$换成$MR_i/C_i=\lambda$，边际收益与成本之比，假定C_i不变，MR_i上升，供给增加，反之减少，得到供给定理（其他条件不变时，供给量随价格或收益同方向变动）。

（3）要素最优组合的条件。如果把MU_i看作投入i种要素获得的边际收益（MR_i），把P_i看作投入要素支付的成本（C_i），固定投入不变且边际收益递减规律存在时，生产者实现收益最大化和要素最优配置的条件是$MR_i/C_i=\lambda$。

（4）分工和交易原理。我们还能从$MU_i/P_i=\lambda$得到交易、分工和贸易原理。不同消费者对不同商品而言，边际效用（MU_i）是不同的，这就产生了交换的必要。不同国家的资源禀赋不同，成本（C_i）不同，就产生了分工和贸易。

（5）寻租理论。不完全竞争市场中"寻租"和"设租"的理论基础也是基于$MR_i/C_i=\lambda$公式中成本（C_i）与收益（MR_i）的比较分析。

（6）外部性和公共产品理论。成本（C_i）收取上的困难以及收益（MR_i）分配上的不对称产生了搭便车、外部性、公共产品等市场失灵问题。

总之，经济学中的重要原理都是从经济理性、"给定条件下的最大化"，也就是 $MU_i/P_i=\lambda$ 这个公式中推演出来的，经济学在预设的简洁性和逻辑一致性上达到了炉火纯青的地步。

（二）经济学的基本内容和基本问题

经济学包括两个方面的基本内容：微观经济学和宏观经济学。

1. 微观经济学与资源配置问题

微观经济学要解决的是资源配置问题。资源配置涉及三个基本问题：

第一，生产什么。由于资源有限，人们必须做出抉择：用于生产某种产品的资源多一些，用于生产另一种产品的资源就会少一些。

第二，怎样生产。不同的生产方法和资源组合是可以相互替代的。生产同样的产品可以有不同的资源组合（劳动密集型方法或资本技术密集型方法）。

第三，为谁生产。产品如何分配，根据什么原则、机制进行分配。

2. 宏观经济学与资源利用问题

出现失业，意味着资源的闲置。所以，经济学不仅研究资源配置，还研究资源利用。所谓资源利用是指人类如何更好地利用现有的稀缺资源，使其生产出更多物品。资源利用也涉及三大基本问题：

> **资源利用：**
> 人类社会如何更好地利用现有的稀缺资源，使之生产出更多的物品。

第一，失业问题。为什么资源得不到充分利用？如何解决失业难题，以实现充分就业？

第二，经济波动问题。国民收入增长为什么会出现波动？

第三，通货膨胀问题。如何正确对待通货膨胀？

由此可见，稀缺性不仅引起了资源配置问题，而且引起了资源利用问题。主流经济学认为，经济学是研究稀缺资源配置和利用的学问。

（三）解决经济学基本问题的基本经济体制

经济体制是指资源配置和利用中所采取的经济决策方式和经济运行方式。资源配置与利用中的六大基本问题的解决，依靠三种方式或三种经济体制：习惯传统体制、市场经济体制和计划经济体制。习惯传统体制时间最长，经历了几千年，而市场经济体制和计划经济体制则只有几百年的历史。现代社会经济中，普遍通过市场经济体制和计划经济体制这两种基本的经济体制来实现资源配置与利用。==市场经济体制==，即主要通过市场来解决资源配置与利用问题。生产什么？如何生产？为谁生产？价格解决一切，跟着市场需求和价格走，企业使用成本最低的技术和成本组合；要素价格决定人们收入的高低，产品的分配取决于人们的货币选票；资源的高效利用、经济波动和通货膨胀也主要通过价格的调节与刺激和间接经济手段来实现。计划经济体制，即主要通过计划来解决以上问题，中央集中的指令性计划决定生产什么（军需物资或民用消费品数量及比例）、如何生产（生产要素统一调拨，按计划产、供、销"一条龙"）、为谁生产（产品分配由自上而下的组织及制度决定，计划中心起着支配作用）。大多数国家采取的经济体制是一种市场经济体制与计划经济体制有机结合的混合经济体制。

> **市场经济体制：**
> 通过市场配置社会资源的经济形式，是竞争性价格、市场供求、市场体系等一系列市场要素及其相互关系的总和。

即问即答

资源配置和利用的方式

在家庭、大学、食品行业和军队里是怎样解决三个基本经济问题的？（答：家庭内通常是习惯和传统起作用，大学和食品行业主要受市场机制支配，军队靠计划指令。）

六、经济学的基本方法和基本工具

（一）规范方法和实证方法

规范方法是以一定的价值判断（伦理学意义上的好或坏）为基础，提出某些标准作为分析处理问题和制定政策的依据。它回答"该做什么""应该是什么"，其分析结论往往无法通过经验事实来检验。用规范方法分析失业、通胀、财政政策、增长、发展等经济问题和经济现象，叫规范经济学。

经济学规范研究重在考察行为的后果，判断它们的好坏善恶，分析这些后果是否可以变得更好。一旦涉及价值判断等规范问题，不存在确定的答案是非常正常的：政府应该实施就业优先还是物价稳定优先政策？效率重要还是公平重要？是否应该向富人课税以帮助穷人？政府应该为每个家庭提供住房吗？政府的适当规模是什么？这些问题对于不同阶层、不同背景和立场的人，回答是不一样的。最终它是由偏好博弈和政治选择来解决的。经济学家们的众说纷纭和喜好争论令人印象深刻，有人甚至揶揄经济学家们：如果让任何一个职业的全体成员组成一个枪毙犯人的行刑队，只有经济学家们会围成一个圆圈。经济学家之间的意见分歧也主要是在规范经济学领域和宏观经济学领域。

> **即问即答**
>
> ### 规 范 方 法
>
> 政府应该为每个家庭提供廉价住房、实现"居者有其屋"和"安居乐业"的社会理想吗？（答：这是一个规范经济学命题，没有统一的答案，它是由偏好和政治选择决定的。）

实证方法是排斥价值判断、描述经济过程的分析方法。它研究现象间的联系，预测经济行为的后果，回答"是什么"，对诸如"状态""可选择的政策""实施某方案的后果"等方面进行描述、解释。用实证方法分析失业、通胀、财政政策、增长、发展等经济问题和经济现象，叫实证经济学。微观经济学与宏观经济学都把社会经济制度作为既定不变量，不分析社会经济制度变动对经济的影响。在用实证方法研究的许多问题上，经济学家已经取得一致意见。如租金控制的影响、最低工资、关税以及汇率的作用和政府支出，只有在货币的作用和通货膨胀问题上，还存在分歧。

实证分析一般借助经验数据和数量模型做出预测，然后用事实来验证预测。

> **即问即答**
>
> ### 实 证 方 法
>
> 要想保持9%的经济增长率，就必须使原材料和能源产业发展保持16%的增长率。这是规范经济学命题还是实证经济学命题？（答：实证经济学命题。）

（二）学习经济学要注意的问题

1. 前提条件

经济学研究任何现象都是有前提、有条件的，任何结论都是在一定条件下成立的。不能离开假设条件去把定律一般化、绝对化。

2. 防止主观性

经济学有"理性经济人假定"，即每一个经济主体都是理性的，都从自身利益出发追求利益最大化。但是，学习经济学、研究经济问题和经济现象，不能从自身角度和自身立场出发，不能具有主观性。管理学可以研究企业如何追求垄断、维持垄断，而经济学研究的是反垄断，追求提高效率。

人们很容易变成自己知识、成见、偏见、感情和利益的俘虏。西方学者认为，经济问题容易引起个人感情和偏见，而某些偏见又都是披上薄薄一层合理化外衣的特殊经济利益，我们应对自己的主观性和没有明确表达出的假设条件事先有所警惕。

3. 防止合成推理谬误

根据微观简单地推导出宏观，由局部而到整体，从个体而推延至全体，就是合成推理谬误。例如，先验地认为"市场交换中每个人都专注于斤斤计较、讨价还价将很难实现社会互利和经济发展"，就犯了合成推理的错误。事实上，某一原因对个体来说是对的，对整体来说则不一定如此。

微课：合成谬误

> **知识点问答**
>
> **什么是合成推理谬误？举例说明合成推理谬误**
>
> 以下例子都是正确的陈述，如果你认为不对，就犯了合成推理的错误：
> - 某企业的工人或某行业的工人会从提高的工资中获得好处，但所有工业企业的工人并不能从类似的工资提高中获得好处。
> - 即使所有的农民努力干活而大自然又给予合作以至于获得一次大丰收，农业总收入也很可能要下降。
> - 在经济萧条时，个人多储蓄一些，反而会减少整个社会的储蓄总额。
> - 税收能增加政府收入，但也可能减少政府财政收入和国民收入。

> - 大规模的广告能增加产品销售量,但当该行业所有公司都大搞广告攻势时,不一定能取得类似销量增加的好处。
> - 开车上下班比骑自行车或乘公共汽车节省时间,但如果所有的人都驾车上下班,情况恰好相反。
> - 个人、地方和部门能从关税保护中得到好处,但国家和消费者不一定能从中获益。
> - 对个人来说是妥善的行为,对整个国家来说有时却是愚蠢的事情。
> - 每个人都踮脚尖看庆祝游行并不能看得更清楚,但某一个人这样做可以看得更清楚一些。
>
> 在经济学领域,可以肯定的是:对于个人来说是对的东西,对整个社会来说并不总是对的;反之,对大家来说是对的东西,对某个人来说可能是十分错误的。

记住,经济学家在考察、分析、描述经济现象时,离不开定义、假设、假说、检验这几大实证方法的基本环节。其中,检验环节就像判断一种药物是否具有有效性、安全性、稳定性,必须经过细胞实验、动物实验、双盲试验才能证明一样严谨。而概念定义、确定假设、形成假说、检验假说的过程,也就是理论形成的过程。理论往往比感觉更可靠。

(三)经济学研究的基本工具

1. 供求分析

供求分析是指在分析经济现象或考虑经济问题时,总是要从供给和需求这两个方面来考虑,供求的作用总是要反映在价格上。

2. 成本—收益分析

成本—收益分析是指人们做出每一项决策都会比较成本与收益。当成本或收益变动时,人们的行为也会改变。给定成本下争取最大收益,或者给定收益下使得成本最小,这是理性人或经济人的行为原则。成本—收益分析要求对未来行动有预期目标,通过评估各种条件下的行为的实际效果,争取以最小的成本取得最大的收益。经济学的成本—收益分析方法与其他学科的成本—收益分析的最大不同,是经济学的总成本中包含了选择成本或机会成本。例如,对于一个小学生来说,上学读书的机会成本不高,但是,随着年龄、学识、职位、责任和薪酬的增长,尤其是他取得高收益工作机会的增加，他上学读书的机会成本就会越来越大。

3. 边际分析

边际分析是指当自变量发生微小变动时，因变量就随之变动。人们不仅会比较总成本与总收益，还会比较边际成本与边际收益。

即问即答

边际分析

如果年收入5万元，纳税20%，5万元以上的部分税率为50%，请计算一个有6万元年收入的人的平均税率和边际税率。（答：当收入总额为6万元时，平均税率=(5×20%+1×50%)/6=25%；边际税率=50%。）

原理运用

边 际 分 析

边际的概念植根于高等数学的一阶导数和偏导数的概念。常常用到的边际的概念如边际成本、边际收益、边际利润、边际效用、边际消费、边际储蓄等。边际分析是马歇尔200多年前创立的，它告诉我们，人们在做决策的时候，除了应用绝对量作决策参数外，更应该运用增量参数进行决策。

边际分析是对新出现的情况进行分析，即属于现状分析。这显然不同于总量分析和平均分析，总量分析和平均分析实际上是过去分析，是过去所有的量或过去所有的量的比。在现实社会中，由于各种因素经常变化，用过去的量或过去的平均值概括现状和推断今后的情况是不可靠的，而用边际分析则更有利于考察现状中新出现的某一情况所产生的作用、所带来的后果。边际分析奠定了西方经济学的基础。

边际分析在经济分析中的简单应用：①最优产量的决定。当边际收益等于边际成本时，此时的产量水平为最佳产量水平，因为这时得到的总利润最大。②一对结婚十年的恩爱夫妻过不下去了。是理性分开还是勉强继续一起生活？继续没有感情生活的理由是：感情不和是最近的事情，双方过去到现在总的幸福大大超过总的不愉快（例如600∶100）。分开的理由是：幸福的边际净值为负。继续在一起的每一天、每一分钟痛苦大于幸福，分开越早，总幸福净值就越大，分开越晚，总幸福净值就越小，直至为负。

七、课程学习目标、能力标准和学习建议

（一）学习目标

通过本课程的学习与考试，学生应：

（1）了解以效益最大化为原则的经济行为者的基本特征，掌握稀缺、选择、机会成本、供求、价格、成本、收益、失业、通货膨胀、GDP以及资源配置等重要的经济学概念；

（2）理解经济学的基本概念、基本原理、基本知识、基本理论框架，为学习其他课程奠定基础。

（二）能力标准

（1）能说出经济运行的基本方式，写出经济循环的基本流程。

（2）能够应用经济学的基本知识和供求模型，分析经济现象和提出解决问题的大致思路。

（3）能够解释重要的经济变量之间的关系。

（4）熟悉和理解本课程的主要内容：经济学的对象与内容、供求与均衡、消费行为、厂商行为、市场中的竞争与垄断、失业与通货膨胀、宏观经济政策与稳定增长、国际贸易与国际收支。

（三）学习建议

1. 教师面授

绪论及第一、三、十章各用6课时，第二、四、五、六、七、八、九章，各用4课时。共计52课时。

2. 学生自学和练习

经济学可以帮助你了解周围的世界、参与经济生活、解决生活中的许多疑问，理解宏观经济政策。它不会使你成为天才，但可以使你少犯错误。经历了200多年的发展，经济学已经相当成熟了，虽然不能说学习经济学会改变你的一生，但是，它会使你形成一种全新的思维方式，在你人生的重要时期它可以帮助你做出更加理性的、

合理的选择。总之，经济学家说："学生的时间是稀缺的，但他们会发现经济学的投入是一项值得的、高回报、高效率的投资。"建议你用至少156个学时来学习经济学，"课前预习""课堂学习""课后复习"投入的时间应该是各占1/3，即1∶1∶1。

3. 把学习经济学当成一次激动人心的远航

系统地学习经济学，对于大多数人而言，一辈子可能只有一次。但是，在你的整个一生中你会无数次地碰到经济学严酷的真理。没有学习经济学，就无法正确认识和理解你周围的世界。两位经济学大师保罗·萨缪尔森、曼昆都曾经说过，经济学课程的学习改变了他们的一生。确实如此，学习经济学是一项高效的人力资本投资，经过一学期的学习，你会感觉自己和以前确实大不一样，而且你的获益将是持续的、长期的。远航去经济学的世界，现在就出发吧！

八、应如何学习西方经济学？

（一）对待西方经济学应持的态度

西方经济学具有双重性质，它既是资本主义上层建筑和意识形态的一部分，又是资本主义市场经济运行和市场机制作用的经验总结，我们对待西方经济学应持有的态度是：在理论体系上对它持否定态度，而在具体的内容上应该看到它的可参考性和可借鉴性。与马克思主义政治经济学研究特定制度下的生产方式及其相适应的生产关系不同，西方经济学是关于资本主义制度下资源配置及其效率的理论，它不是去揭示资本主义制度的固有矛盾，探寻解决资本主义基本矛盾的路径，而是在意识形态上极力宣传资本主义制度的合理性和优越性。另外，作为西方主流经济学理论，必须对诸如失业、通货膨胀、垄断、外部性、公共产品、贫富悬殊和债务危机等经济问题提出对策，这样，西方经济学中有关市场机制和市场运行中出现病症的诊断及政策建议，又具有一定的参考价值。

（二）西方经济学是一门基础性课程

西方经济学是一门基础理论课程，也是后续系统地学习经济理论和应用经济课程的基础性课程。因此，学好本门课程，掌握好基础理论对以后的经济学学习是非必要的。学习西方经济学的目的是了解、掌握经济学的基本原理，从而提高理论归纳总结和解决实际问题的能力。尤其是在经济迅速发展的今天，经济问题无处不在，每个人都需要更加重视和培养自己的分析及解决问题的能力。西方经济学有很强的理论性和系统性，需要具备一定的理论分析、抽象思维能力及逻辑思维能力。因此，在学习本门课程之前应对马克思主义政治经济学、马克思主义哲学、社会主义市场经济概论、经济法等学科有一个总体性的认识，以便为学好本门课程打下扎实的理论基础。

（三）怎样学好西方经济学？

第一，了解和识记经济学基本概念、基本方法和基本原理，反复练习，逐步理解和掌握理论原理。

第二，系统学习，全面把握。抽出整块时间，精读教材内容，注意有关理论前后发展的系统性与联系性，融会贯通，保持知识体系的逻辑性和连贯性。

第三，理论联系实际，学以致用，注意运用理论分析实际问题。

第四，广阅读、善分析、勤动脑、爱思考，逐步提高自己归纳总结和分析问题的能力，活学活用，举一反三。比如，在宏观经济学中，关于注入与漏出，要理解储蓄对个人或许是注入和积累，但对总体宏观经济而言，在萧条时期，当它影响到消费时，储蓄就是漏出。在萧条时期，大家都储蓄节俭反而会影响经济复苏。再比如，企业和企业家是市场之本，是消费者之友，是"竞争天使"。但是，如果没有企业之间的竞争，没有反垄断法的约束，"竞争天使"就变身"垄断恶魔"。总之，经济学思维是一种双向性、选择性、替代性和换位性逆向思维：市场中有需求必有供给，如在职场你是供给方，在超市就变身需求方。作为消费者你赞同自由贸易，但作为生产者，你可能倾向贸易保护主义；机会成本其实是收益，即放弃的最高潜在收益；价格是把双刃剑，价格上升激励供给量但抑制需求量；市场中，价格决定成本不是成本决定价格；不切实际的最低工资标准事与愿违；每个人，每个行为，每个动作，每一次选择，都是在边际上寻求最优，边际净收益的考量决定最优产量水平，边际净收益所在的三个区域（+、0、−），行动准则各有不同，要知道物极必反，否极泰来，对错互换。学会换位思考，懂得选择比对错重要。经济学教会我们控制风险，行走在风险与收益的平衡中，少犯错误，及时止损，明白不亏钱比多赢利重要的道理，积沙成塔、集腋成裘……。

绪 论 简 评

微观经济学基于供求研究均衡价格的决定与变动，宏观经济学则是基于总供求研究收入水平（就业水平）的决定与变动。西方经济学在分析资源最优配置和资源充分利用时，有两个立足点，这两点决定了西方经济学的二重属性：① 就其理论体系而言，它属于资本主义制度的上层建筑和意识形态，其理论功能在于证明资本主义制度的合理性、永恒性和优越性，其政策建议是为解决资本主义的内在矛盾和缺陷服务的，政策建议出发点是力图改善失业、垄断、萧条、通货膨胀、财政赤字和贫富悬殊导致的不良经济状态。② 就其具体概念、原理、方法而言，很多是市场经济和运行机制的经验概括。因此，其理论知识具有一定的参考性和借鉴性。

绪 论 小 结

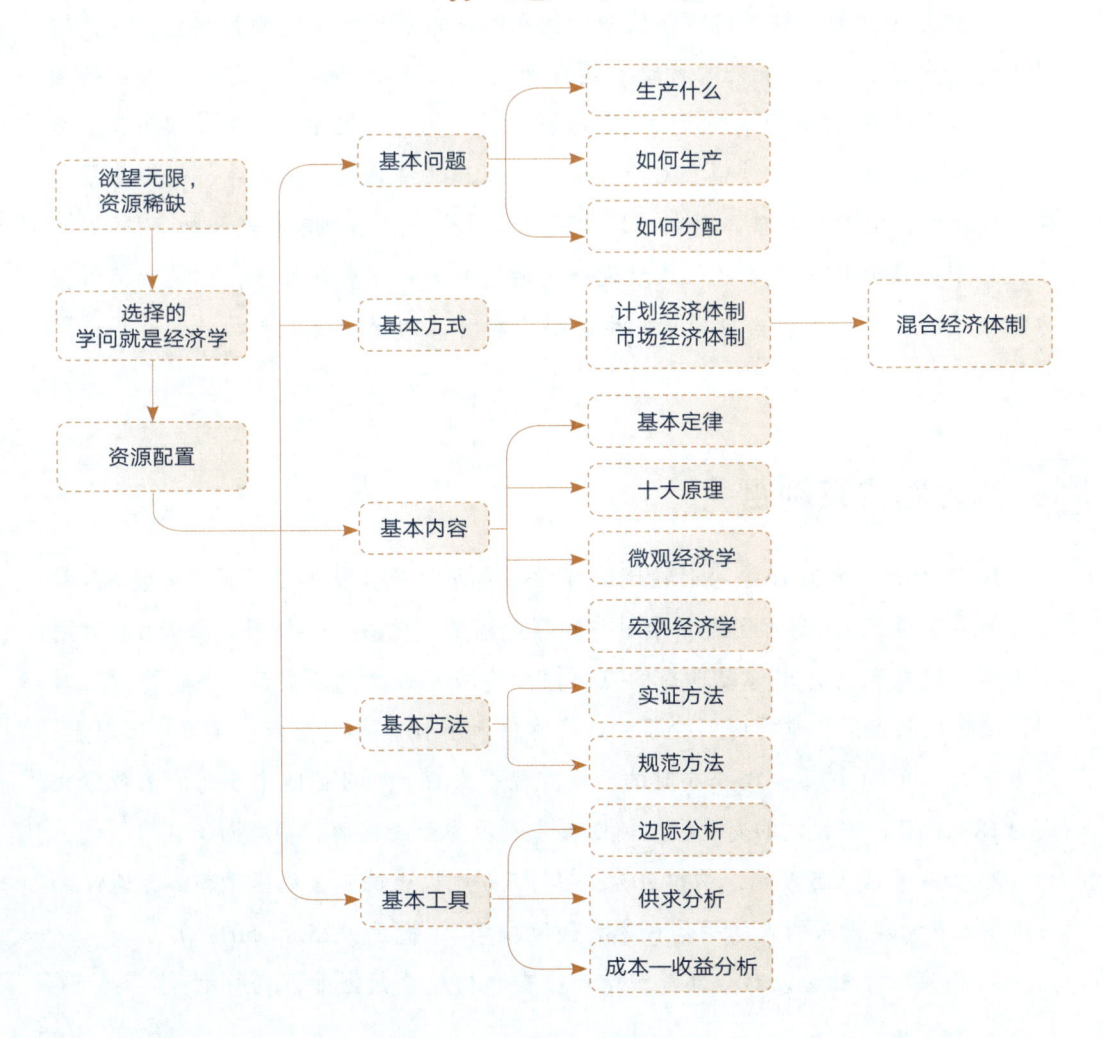

```
欲望无限,                    ┌─ 生产什么
资源稀缺     ──┬─ 基本问题 ──┼─ 如何生产
               │              └─ 如何分配
选择的         │                                      
学问就是经济学 ├─ 基本方式 ── 计划经济体制 ── 混合经济体制
               │              市场经济体制
资源配置       │              ┌─ 基本定律
               │              ├─ 十大原理
               ├─ 基本内容 ──┼─ 微观经济学
               │              └─ 宏观经济学
               │              ┌─ 实证方法
               ├─ 基本方法 ──┴─ 规范方法
               │              ┌─ 边际分析
               └─ 基本工具 ──┼─ 供求分析
                              └─ 成本—收益分析
```

💬 讨论及思考题

1. 经济学是选择的学问或者资源配置的学问，如何从资源稀缺性和欲望无限性推导出经济学？（提示：欲望无限与资源有限的矛盾只有通过选择来解决，选择的学问就是经济学。）

2. 你是否认为对工作的喜爱、社会责任感、成就感能够取代利益动机？请说明这句话的意思："我从来没有看到那些假装为了公共利益而从事贸易的人做出多少好事来。"（提示：理性经济人假设是经济学的基本假定，理性经济人追求利益最大化并通过市场有序交换实现双赢、多赢和整个社会的均衡。市场行为中，理性人趋利避害是市场运行的基础和驱动力，不能被轻易取代。亚当·斯密这句话的核心思想是让人们警惕披着公共利益外衣的阻碍竞争的垄断行为以及串谋、说服政府妨碍贸易的管制行为。）

3. 你是否认为稀缺是经济学的中心问题？一位耶鲁大学的缅甸学生，在他的博士论文中论证说："未来的希望不是发展生产、增加产出，而是减少人们的欲望。"你同意吗？你认为人类应如何解决稀缺性问题？（提示：根据萨缪尔森的幸福方程式，幸福＝效用/欲望。对个人而言可以通过降低欲望增加幸福——幸福与欲望成反比；但对社会整体而言，只能通过发展生产、增加效用来增加幸福。）

4. 什么是边际分析方法？你最近一周遇到的边际问题是什么，你是如何做出边际决策的？（提示：当自变量发生微小变动时，因变量随之变动，这就是边际分析方法。）

❓ 练习题或案例题

1. 假如你一天有16个小时在闲暇和学习之间分配。设闲暇时间为变量X，学习时间为变量Y，用坐标图表示学习与闲暇此消彼长的关系；如果你每天6小时用于闲暇，请在图上标出你要选择的点，假如你决定每天只需要5个小时的闲暇时间，请标出新点；你觉得时间少了，这样你每天用18个小时分配在学习和闲暇上，画出新的曲线。（提示：16个小时的函数方程式为$16=X+Y$；18个小时的函数方程式为$18=X+Y$，方程式的变化在几何图形中表现为曲线移动。参考图0-4。）

2. 如果年收入5万元，纳税20%，超过5万元以上的部分税率为50%，请计算一个有6万元年收入的人的平均税率和边际税率。（提示：25%，50%。）

3. 假定一个社会以其全部资源生产小麦和棉花，数据如下表所示：

可能的组合	A	B	C	D	E
小麦/万吨	20	18	14	8	0
棉花/万吨	0	1	2	3	4

试画出该社会的生产可能性曲线。

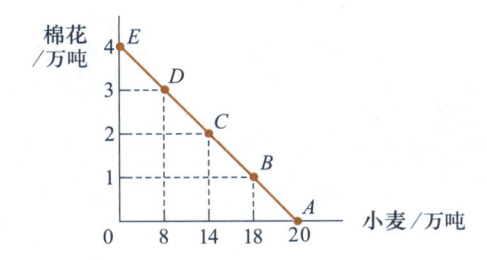

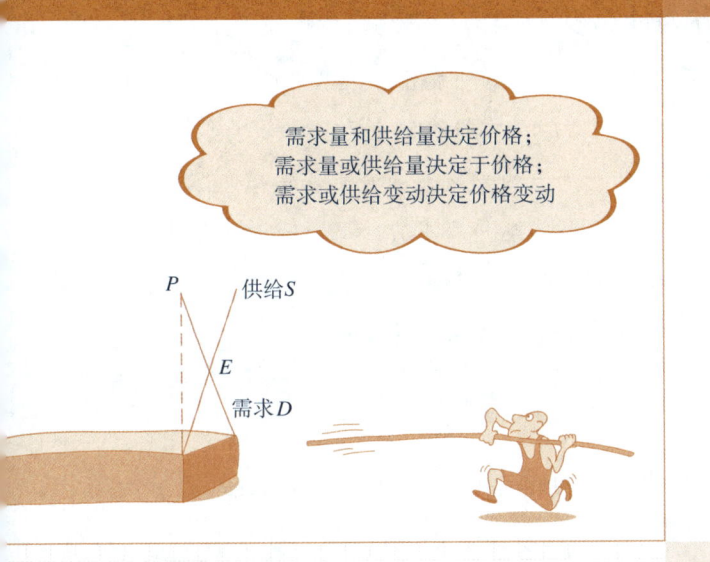

第一章
需求、供给与均衡价格

> 需求量和供给量决定价格；
> 需求量或供给量决定于价格；
> 需求或供给变动决定价格变动

⊢ **关键概念**

- 需求
- 需求量
- 需求定理
- 收入效应
- 替代效应
- 需求量的变动
- 需求的变动
- 供给
- 供给量
- 供给定理
- 供给量的变动
- 供给的变动
- 均衡
- 均衡数量
- 最低限价（支持价格）
- 最高限价（限制价格）
- 地租
- 租金
- 经济租金
- 资本
- 利息率
- 实际利息率

第一章　需求、供给与均衡价格

> **引导案例**
>
> ### 买方为什么变为卖方？
>
> 下课铃声响了。外面寒风刺骨，有人开始叫卖出租衣服。随着租金的不断上涨，许多原来打算租件衣服御寒的买方纷纷停止购买租赁服务，由买方摇身一变为卖方，愿意供给自己身上的衣服而赤身走出教室。其实，买卖双方从来没有固定界限，我们每个人既是需求方，同时也是供给方，在你的行业之外你始终是消费者。只有生产了产品、服务，创造了供给，你才会产生收入和需求。只要价格足够高，一定会产生供给。

问题

需求（需求曲线）和供给（供给曲线）的变动如何决定价格的高低？

目标

1. 理解掌握供求理论，会运用几何形式表示供给、需求、价格之间存在的关系。
2. 会运用供求模型和供求曲线分析供求如何决定市场的均衡及其变化。
3. 具有计算均衡价格和均衡数量的能力。

要点

1. 关于供求。经济学用需求函数、需求表、需求曲线、需求定理、需求价格弹性等概念工具说明价格引起需求量反方向变动（点移动）。影响需求的非价格因素（收入、分配、偏好、人口、政策、预期等）变动引起需求或需求曲线不同方向和不同程度的移动（线移动）。

经济学用供给函数、供给表、供给曲线、供给定理、供给价格弹性等概念工具说明价格引起供给量同方向变动（点移动）。影响供给的非价格因素（相关商品价格、成本、目标、技术、政策、预期、自然和社会条件等）变动引起供给或供给曲线不同方向和不同程度的移动（线移动）。

2. 关于供求分析。市场供求分析包括两个内容：一是均衡稳定分析，干预价格导致供不应求或供过于求；二是均衡移动分析（比较静态分析），如果价格不变，任何影响供求的因素的变动，都会引起供求曲线、均衡点、均衡价格和均衡数量的变动。

3. 分配理论——供求均衡理论最重要的运用。在要素市场上，对要素的需求和要素的供给决定了要素的价格，要素价格又决定了人们收入的高低。供求决定价格，价格决定商品和收入的分配及流向。为什么普通人与歌星的收入相差上万倍？为什么市场配置资源会导致收入的巨大差距？经济学用生产要素的供给和需求以及生产要素价格来解释。

知识点： 了解需求或供给及影响需求或供给的不同因素，并严格区分需求量或供给量变动和需求或供给变动；理解需求或供给受不同因素影响的变化程度（弹性理论）；掌握供求相互作用怎样决定均衡价格和均衡数量。

能力点： 熟练掌握需求或供给变动的几何表示方法，能够表述供求分析的三个基本步骤，能够对市场进行供求分析。

注意点： 假定"其他非价格因素不变"，考察自变量价格与因变量需求或供给的关系。供求分析包括两个方面：（1）均衡点稳定分析；（2）均衡点移动分析。

第一节 需 求 理 论

人们对某种商品和劳务需求的数量取决于许许多多的因素，包括价格、收入、相关商品价格、偏好、分配、政策、文化、传统习惯、流行时尚、人口、预期、信贷难易程度等一系列因素，它们的变动都会引起需求不同程度的变动。掌握需求理论的能力体现在是否正确判断出这些因素引起需求数量变化的方向和程度。在进行实证分析时，只有给定其他因素不变，才能弄清楚某一个因素所起的作用。下面我们首先分析价格变化对需求量的影响。

一、需求定理：价格与需求量反方向变化的关系

（一）需求是按各种价格要购买的数量单（或表）

需求是指当影响需求的非价格因素不变时，某一时期内在不同价格水平上居民愿意并且能够购买的商品量。当假定影响需求的非价格因素不变时，我们可以从三个方面去理解需求：

1. 需求是"许多"的需求量

需求是商品本身的价格与其需求量之间的"价格—数量"组合关系（复数），需求是对应着不同价格的"许多"的需求量。

动画：
需求量

> **需求：**
> 居民在一定时期内，在不同价格水平上愿意并且能够购买的商品量，即价格与其需求量之间的"价格—数量"组合关系（复数）。

例如，当汽车线性需求函数为：$D=110-10P$时，就存在一组价格与需求量之间的关系。当价格分别为11万元、10万元、9万元、8万元、7万元、6万元……时，需求量分别为0、10万辆、20万辆、30万辆、40万辆、50万辆……与不同价格对应的这一组汽车需求量（复数）称为需求（D）。需求是复数。

需求量：
在一定时期内，按照某一给定的价格水平人们愿意并能够购买的商品数量。

需求量是指居民在一定时期内，当影响需求的非价格因素不变时，在某一给定价格水平上愿意并且能够购买的商品量。例如，在需求函数$D=110-10P$中，给定价格为6万元时，需求量为50万辆。需求量是单数。

2. 需求是购买意愿和购买能力的统一

居民购买的商品量是一个主客观结合的计划。

3. 需求可以表示为需求函数、需求表、需求曲线、需求定理

（1）需求函数。线性需求函数的公式为：$D=a-bP$；非线性需求函数的公式为：$D=aP^{-b}$；某一个具体的需求函数可以是：$D=20-2P$。需求函数中，价格是自变量，需求量是因变量。

（2）需求表。不同的价格对应着不同的需求量，居民在特定时间内，对某一商品的需求量同这种商品的价格之间存在一一对应的关系。例如，当某一商品的价格为0元、1元、2元、3元、4元、5元、6元、7元、8元、9元、10元、11元时，需求量依次为110单位、100单位、90单位、80单位、70单位、60单位、50单位、40单位、30单位、20单位、10单位、0单位。这些"价格—数量"组合，可用表1-1来表示。

表1-1 某一商品的需求表

价格—数量组合	价格/元	需求量/单位数
A	0	110
B	1	100
C	2	90
D	3	80
E	4	70
F	5	60
G	6	50
H	7	40
I	8	30
J	9	20
K	10	10
L	11	0

第一节 需求理论

需求表用数字表示某一商品的价格和需求量之间的函数关系。这种需求表提供了"价格—数量"的各种组合，说明了在各种价格下可能有的需求量。

（3）需求曲线。需求函数关系式 $D=110-10P$，既可以列表，如表1-1所示的需求表，又可以绘成曲线。通过需求表，很容易找出对应于每一价格的每一需求量，通过需求曲线，不仅容易找出对应于每一价格的每一需求量，而且可以明显地看出价格变化时需求量变化的趋势。

现在根据表1-1中的"价格—数量"组合，连接A、B、C、D、E、F、G、H、I、J、K、L各点，绘出图1-1中的需求曲线。

从图1-1中可以看出，需求曲线是表示其他条件不变时，商品价格和需求量之间的函数关系的几何图形。需求曲线是一条光滑的曲线，它是建立在价格和需求量的变化都是连续的这一假设基础之上的。西方学者认为这一假设有简便的优点，尽管它很难完全符合实际。

需求曲线向右下方倾斜，斜率为负。价格和需求量之间的关系可以是线性关系，也可以是非线性关系。当二者之间存在线性关系时，需求曲线是一条向下方倾斜的直线，直线上任一点的斜率都相等。图1-1中的需求曲线便是如此。与此不同，当二者之间存在非线性关系时，需求曲线是一条向右下方倾斜的曲线，曲线下不同的点的斜率是不同的，如图1-2所示。

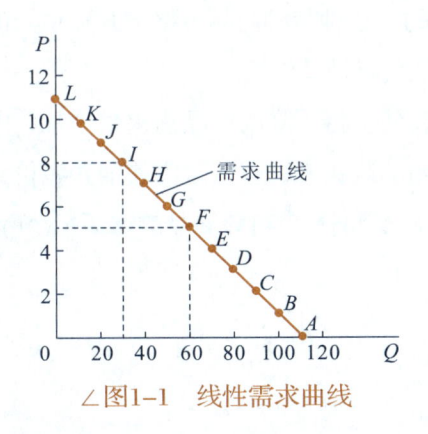

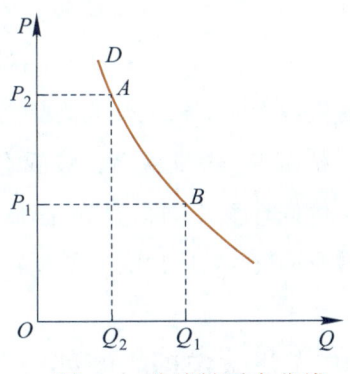

∠图1-1 线性需求曲线

∠图1-2 非线性需求曲线

图1-2的纵轴表示每单位商品的价格，横轴表示市场对该商品的需求量。D代表需求曲线，线上的任意一点都有相对应的价格和在该价格水平上的商品需求量。

（4）需求定理。从图1-2可以看出，商品价格越低，市场对该商品的需求量越大，需求曲线向右下方倾斜以及需求曲线的负斜率反映了这种价格和数量的反比关系。需

> **需求定理：**
> 当非价格因素不变时，某种商品的需求量与其价格呈反方向变动，即需求量随商品本身价格上升而下降，随商品本身价格下降而上升。

求定理是指假定影响需求的其他因素（非价格因素）不变，当一种商品的价格下降时，居民愿意并且能够购买的商品数量就随之增加，即价格与需求量反方向变化。

这些不同的表示方法各有特点，需求函数精确、需求表通俗、需求曲线直观、需求定理简单，它们都一样说明其他因素不变时，价格与需求量反方向变化的关系。

（二）需求定理存在的理由——收入效应和替代效应

为什么需求曲线会向右下方倾斜呢？或者说为什么需求量与价格反方向变动呢？这是收入效应和替代效应共同作用的结果。

> **收入效应：**
> 价格变化导致居民实际收入的变化，从而引起需求量的变化。

收入效应是指价格变化引起居民实际收入减少或增加，导致居民对该商品需求量下降或增加。涨价意味着你的钱（实际收入）少了，你会少买几个苹果，反之会多买。

替代效应是指一种商品价格上涨导致消费者购买其他的非涨价商品来替代涨价商品，减少对涨价商品的需求量，达到实际收入不减少的目的。

> **替代效应：**
> 某种商品价格上升而引起的其他商品对该商品的替代。

例如，大米涨价而面粉价格不变，面粉相对就便宜了，消费者就会更多地购买面粉而减少大米的购买量，达到实际收入不减少的目的。这种某种商品价格上升而引起的其他商品对该商品的取代就是替代效应。

替代效应使价格上升的商品需求量减少，使价格下降的商品需求量增加，即较高的价格挤走一些购买者，较低的价格带来新的购买者；收入效应使消费者价高时少买，价低时多买，即价格的高低变化影响每一个消费者对该商品的购买量。所以，替代效应和收入效应说明了需求定理成立的原因。

（三）需求定理的例外

需求定理的例外有三种情况。第一，高档炫耀性商品，其价格与需求量呈同方向变化。如首饰、豪华型轿车、知名品牌，只有高价才能显示其社会身份，低价大众化后，高档消费群的需求量反而下降。第二，低档生活必需品（吉芬商品）。英国经济学家吉芬发现，在1845年爱尔兰大灾荒时，马铃薯的价格上升，涨价预期使需求量反而增加。第三，投机性商品（股票、债券、黄金、邮票等）。其价格发生波动时需求呈现出不规则变化，受心理预期影响大，有时出现"买涨不买落""追高杀低"现象。

> **知识点问答**
>
> **如何理解价格为负？**
>
> 经济学家一般都假定价格大于零。有学生问：存在价格等于零或者小于零的情况吗？
>
> 在汽车需求函数 $D=110-10P$ 中，给定价格为负数，比如，$P=-10$ 万元时，需求量为210万辆，如何理解价格为负数？
>
> 答：价格=0表明获得商品没有成本；价格为负数表明购买商品支付的代价为负，成本变收益。比如，$P=-10$ 万元时，意味着"得1送10万元"——开回家一辆车，不仅没有支付成本，还得到卖家送的10万元，这时，汽车需求量为210万辆。理论上存在"价格为负数"，实践上"价格为负数"往往是商家的销售技巧或者广告策略。例如，一个大学毕业生在纽约市的报纸上看到一则1美元卖宝马车送10加仑汽油的广告。他按广告上的地址找去，居然梦想成真。卖车的妇人解惑答疑："老公去世，遗产归我，只有宝马车按遗嘱拍卖所得归他情妇。"

二、影响需求数量的价格因素和非价格因素——多元需求函数

（一）影响需求的因素

影响需求的因素多种多样（包括价格因素和非价格因素）。前面假定影响需求的非价格因素不变，考察某一商品的需求量同这种商品的价格之间存在的一一对应的关系，叫一元需求函数；考察所有因素对需求的影响，叫多元需求函数。

影响需求的因素多种多样，概括起来主要有以下几种：

1. 商品本身的价格

商品本身价格的变化引起对该商品的需求量反方向变动，即需求定理（前面已讨论过了）。

2. 相关商品价格

许多商品之间存在相关的联系。两种商品之间的联系有三种：一是互补关系。互补关系的商品，如钢笔与墨水，汽车与汽油，香烟与打火机，跟它互补的商品价格与它的需求量存在反方向的关系。当一种商品（墨水）价格上升时，对另一商品的需求数量（钢笔）就下降；反之亦然。二是替代关系。替代关系的商品，如钢笔与签字笔、羊肉与牛肉、面粉与大米、公路与铁路，能替代它的商品的价格与它的需求量存在同方向的关系。当一种商品（墨水）价格上升时，对另一种商品（签字笔）的需求数量就上升；反之亦然。三是不相关。不相关商品如钢笔与旅游。

两种互补商品之间价格与需求呈反方向变动，因为它们共同满足一种欲望，它们之间是互补的。两种替代商品之间价格与需求呈同方向变动，因为它们可以互相替代来满足同一种欲望。

3. 收入水平和分配平等程度

对商品的需求与收入水平和分配平等程度同方向变动。平均收入增加，收入分配趋向平等，会使需求增加；反之则下降。富裕的国家或家庭几乎对一切物品的需求都高于不发达的国家或家庭。仔细观察会发现，由于各种商品需求程度上的差异，市场需求量对收入变化的反应也是不同的。生活必需品对收入变化的反应不大，而奢侈品、耐用消费品对收入变化的反应则较大。应当注意，并不是任何商品的需求都与收入同方向变动，前面介绍的低档商品就是例外。

4. 消费偏好

社会消费风尚和消费偏好与需求数量的变化成正比。消费者偏好的变化受许多因素影响，其中，广告宣传可以在一定程度上影响偏好的形成，这就是为什么许多厂商不惜血本大做广告的原因。

5. 人口数量与结构

人口数量的增减直接影响需求的变化。人口结构的变动主要影响需求的结构，进而影响某些商品的需求。例如，人口的老龄化与人们对碳酸饮料、时髦服装、口香糖、儿童用品等的需求成反比，但与保健用品、药品的需求成正比。

6. 政府的经济政策

经济政策会影响消费者的需求。例如，偏紧的财政政策和货币政策与消费需求成反比，而偏松的政策与消费需求成正比。

7. 消费者对未来的预期

消费者对自己的收入水平、对商品价格水平的预期直接影响其消费欲望。如果预期未来收入水平上升，商品价格水平也会上升，则消费者会增加目前的需求与消费；反之则会减少现在的需求与消费。

以上任何一个因素的变化都会引起需求变化，大多数情况下，需求变化是多种因素综合作用的结果；在其他因素不变的情况下，其中一种因素的变化就能影响需求数量的变化。

（二）多元需求函数

如果把影响需求的各种因素作为自变量，把需求作为因变量，则可以用函数关系来表示"影响需求的因素与需求之间的关系"，这种函数称为"多元需求函数"，用公式表示就是：

$$D=f(a, b, c, d, \cdots, n)$$

式中：D 代表需求；

$a, b, c, d, \cdots, n$ 代表影响需求的因素。

该公式的经济学意义是：影响需求的因素是多种多样的，包括价格、收入、分配、政策、人口、预期等一系列因素，它们的变动都会引起需求不同程度的变动。

如果假定其他因素不变，只考虑一种因素如商品本身的价格与该商品的需求量的关系，以 P 代表价格，则需求函数为：

$$D=f(P)$$

（三）严格区分引起需求数量变动两方面的原因

经济学把影响需求数量变动的因素分为两类：价格因素和非价格因素。如果是价格因素直接引起需求数量的变化称为"需求量的变动"；如果是非价格因素直接引起需求数量的变化称为"需求的变动"。

1. 需求量的变动及其表现形式

需求量的变动是指在非价格因素不变的条件下，由于价格变化引起的需求量的变化。

> **需求量的变动：**
> 其他因素不变的情况下，商品本身价格变动所引起的需求量的变动。

第一章 需求、供给与均衡价格

从需求函数来看，需求量的变动是单一点的对应，其考察范围限于 $D=f(P)$ 中自变量与因变量的关系。例如，$D=40-2P$，价格从4变动到2时，需求量从32变动到36。从需求表上看，需求量的变动表现为同一需求表中"价格—数量"组合的移动。从需求曲线看，需求量的变动表现为同一条需求曲线上的点的移动（$A\to B$）。"点的移动"是需求函数（如 $D=40-2P$）中给定 P 变化（$4\to 2$）时对应的需求量的变化（$32\to 36$），需求函数公式本身没有变化。见图1-3。

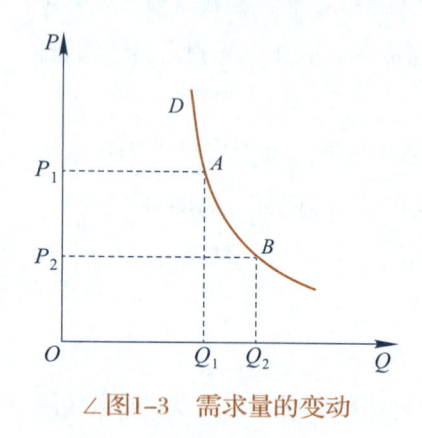

图1-3中，当价格为 $P_1=4$ 时，需求量为 $Q_1=32$；当价格下降到 $P_2=2$ 时，需求量增加到 $Q_2=36$。价格与需求量的变化在需求曲线上是从 A 点到 B 点的"点移动"。

动画：需求量的变动

∠图1-3 需求量的变动

2. 需求的变动及其表现形式

需求的变动是指在商品本身价格不变的情况下，由于其他非价格因素的变化所引起的需求的变动。

从需求函数来看，需求的变动是需求函数公式的变动。例如，需求函数公式为 $D=110-10P$，当商品本身价格不变时，下列非价格因素变化所引起的需求的变化：当人均收入每半年度从2万元提高到6万元时，汽车需求函数公式由 $D=110-10P$ 变为 $D=180-10P$；当大城市人口上升、新住宅小区增加、公路交通设施日益完善时，市场对汽车的需求函数公式由 $D=180-10P$ 变为 $D=200-10P$；当政府大幅度提高汽车购置税时，人们对汽车的需求函数公式由 $D=200-10P$ 变为 $D=80-10P$ 等。这种对应非价格因素变化的需求关系的变化叫"需求函数的变动""需求的变动"或"线移动"。

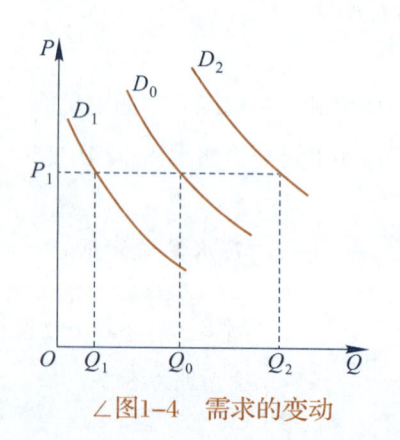

> 需求的变动：
> 在商品本身价格不变的情况下，由于其他非价格因素的变化所引起的需求的变动。

从需求表看，需求的变动不是同一需求表中"价格—数量"组合的移动，而是同一价格水平下不同需求表的变化。

从需求曲线看，需求的变动表现为整个需求曲线的移动（线移动）。见图1-4。

需求的变动 = 需求函数的变动 = 需求曲线的移动 = 整个需求表的变化

∠图1-4 需求的变动

46

图1-4中，给定价格为P_1，由于收入、相关商品价格、人口、预期、偏好、国家政策等非价格因素的变化，引起需求曲线向左下方或右上方移动。读者可以根据不同因素的变动，自己判断需求曲线变动的方向。

需求可分为个人需求和市场需求。个人需求是指某个居民对某一商品的需求；市场需求是指居民全体对某一商品的需求，市场需求是个人需求的集合。

现在，所有影响需求的因素都可以反映在几何图形中：价格因素和非价格因素（点移动和线移动）。

第二节　供　给　理　论

市场中某种商品和劳务供给数量的多少取决于许许多多的因素，包括商品本身的价格、厂商目标、技术、成本、预期、相关商品价格、政策、信贷难易程度等一系列因素，它们的变动都会引起供给不同程度的变动。掌握和理解供给理论的能力体现在是否正确判断出这些因素引起供给数量变化的方向和程度。在进行实证分析时，只有给定其他因素不变，才能弄清楚某一个因素所起的作用。下面首先分析价格变化对供给数量的影响。

一、供给定理：价格与供给量同方向变化的关系

（一）供给是按各种价格要供应的数量单（或表）

供给是指厂商或企业在一定时期内，在不同价格水平上愿意并且能够提供的商品量，即与不同的价格对应的供给量集合就是供给。经济学讲的供给反映的是价格与其供给量之间的"价格—数量"组合关系（复数）。供给是"许多"的供给量。

> 供给：
> 　　厂商或企业在一定时期内，在不同价格水平上愿意并且能够提供的商品量，即价格与其供给量之间的"价格—数量"组合关系（复数）。

例如，当汽车线性供给函数为$S=10P$时，就存在一组价格与供给量之间的关系。当价格分别为1万元、2万元、3万元、4万元……时，供给量分别为10万辆、20万辆、30万辆、40万辆……与不同价格对应的这一组汽车供给量（复数）称为供给（S）。供给是复数。供给也分为个

> **供给量：**
>
> 厂商或企业在一定时期内，当非价格因素不变时，在某一给定价格水平上愿意并且能够提供的商品量。

别供给和市场供给。

供给量不同于供给。供给量是指厂商或企业在一定时期内，当非价格因素不变时，在某一给定价格水平上愿意并且能够提供的商品量。例如，在供给函数 $S=10P$ 中，给定价格为4万元时，供给量为40万辆。供给量是单数。

（二）供给的表示：供给函数、供给表、供给曲线和供给定理

市场实践证明，不同的价格对应着不同的供给量，即厂商在特定时期内，愿意并且能够提供的商品数量与该商品的价格之间也存在一一对应的关系。

1. 供给函数

线性供给函数的公式为 $S=-a+bP$；某一个具体的供给函数可以是 $S=-5+10P$ 或者 $S=10P$。供给函数中，价格是自变量，供给量是因变量。

2. 供给表

表 1-2 提供了"价格—数量"的各种组合，说明了在各种价格上可能有的供给量。

表1-2　某一商品的供给表

价格数量组合	价格/元	供给量/单位数
A	0	0
B	1	10
C	2	20
D	3	30
E	4	40
F	5	50
G	6	60
H	7	70
I	8	80
J	9	90
K	10	100
L	11	110

3. 供给曲线

把供给表中的"价格—数量"组合关系绘成图1-5中的一条线就是供给曲线。通过供给曲线，不仅可以很容易地找出与价格对应的供给量，而且可以明显地看出价格变化时供给量变化的趋势。

图1-5表明价格与供给量同方向变动，即价格上升，供给量增加，反之下降。供给曲线图是一条直线，即线性曲线。价格与供给量之间的关系也可以是非线性关系（见图1-6），非线性供给曲线上的斜率在每一点上是不同的，而线性关系则是相同的，但它们的区别不影响供给曲线的性质。

∠图1-5 线性供给曲线图　　∠图1-6 非线性供给曲线

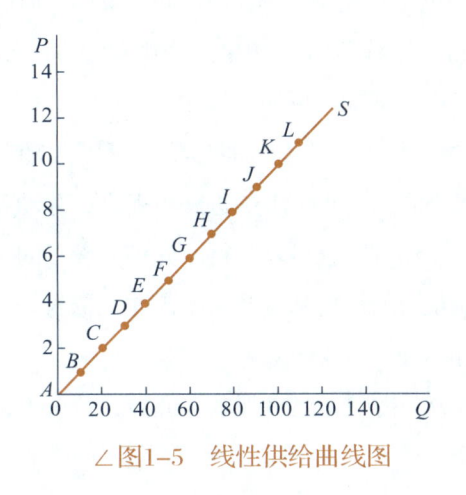

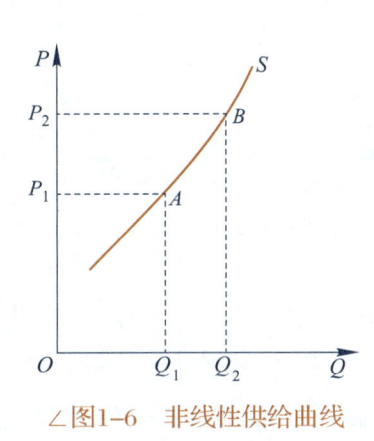

图1-6的纵轴表示每单位商品的价格，横轴表示市场供给量。S代表供给曲线，线上的任意一点（A或B）都有相对应的价格和在该价格水平上的商品供给量。

4. 供给定理

<u>供给定理</u>是指当非价格因素不变时，某种商品的供给量与其价格呈同方向变动，即供给量随着商品本身价格上升而增加，随着商品本身价格下降而减少。供给定理是在假定价格以外的因素不变的前提下，商品本身价格与供给量之间的关系。

> **供给定理：**
> 当非价格因素不变时，某种商品的供给量与其价格呈同方向变动，即供给量随着商品本身价格上升而增加，随着商品本身价格下降而减少。

供给定理存在的原因有两个。第一，企业对最大利润的追求。较高的价格意味着较多的利润，较多的利润驱使企业扩大生产、增加供给。当价格下降时，利润也下降了，这又促使企业缩减生产，从而减少了供应量。第二，商品价格只有同增加的成本（边际成本）相适应，才能使商品供给量相应增加，因

49

为根据收益递减规律和成本递增规律，在一定的技术条件和生产规模之下，数量达到一定程度以后便会出现收益递减和成本递增现象。这时，价格提高的幅度会大于供给量增加的幅度，在供给曲线上表现为逐步变陡。

（三）供给定理的例外

对于有些特殊商品来说，供给定理并不适用。劳动供给就是一例。当工资（劳动的价格）增加时，劳动供给会随着工资的增加而增长，但当工资增加到一定程度时，如果工资继续增加，劳动供给不仅不会增加，反而会减少，如图1-7所示。

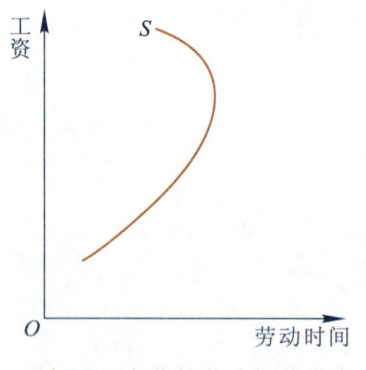

△图1-7 弯曲的劳动供给曲线

劳动供给之所以呈弯曲形状，是因为随着工资率（每小时工资水平）的进一步提高，劳动者仅用较少的工作时间就可以获得原先需要较多的工作时间才能获得的维持基本开支所需的工资收入。这时，他在闲暇与收入（工作）之间更倾向于前者。

除了劳动的供给特例之外，像土地、古董、古画、名贵邮票、证券、黄金等，这些物品的供给曲线可能呈不规则变化。

知识点问答

如何理解价格为负？

在劳动供给函数 $S=6\,000+600P$ 中，只要价格在 -10 元/小时以上，就存在供给意愿。给定价格为负数，比如，$P=-5$ 元/小时，劳动供给量为 $3\,000$ 个单位。如何理解价格为负数？

答：价格为负数表明供给商品得到的收益为负，收益变为成本。比如，$P=-5$ 元/小时，意味着"工作1小时另付出5元钱"。例如，为得到实习机会或者将来发展机会，短期工作不仅没有获得报酬反而要付出额外成本。理论上存在"价格为负数"，实践上"价格为负数"往往是市场主体基于长期战略的考虑。

> **知识点问答**
>
> 如何理解供给量为负？
>
> 在矿泉水供给函数 $S=-100+100P$ 中，纵坐标图上给定价格低于1元/瓶，表示数量的横轴进入左边第二、三象限，比如，$P=0.5$ 元时，供给量为 -50 瓶矿泉水。如何理解供给量为负数？
>
> 答：供给量为负数表明价格低到一定限度后，商品的供给方转变为需求方，供给量转变为需求量。"在矿泉水供给函数 $S=-100+100P$ 中，$P=0.5$ 元时，供给量为 -50 瓶矿泉水"表明：当价格足够低时（1元/瓶以下），商场会关门，停止销售，打出"高价收购矿泉水"的牌子，囤积货物，待价而沽。你要小心了，所谓"高价收购"，其实收购价格不过是0到0.9元/瓶。

二、影响供给数量的价格因素和非价格因素——多元供给函数

影响供给的因素多种多样（包括价格因素和非价格因素）。前面假定影响供给的非价格因素不变，考察某一商品的供给量同这种商品的价格之间存在的一一对应的关系，叫一元供给函数；考察所有因素对供给的影响，叫多元供给函数。

（一）影响供给的因素

影响供给的因素也是多种多样的，概括起来主要有：

第一，商品本身的价格。即根据供给定理，商品本身价格的变化引起供给量同方向变动。

第二，相关商品价格。两种互补商品之间，甲商品（钢笔）价格下跌会减少乙商品（墨水）的供给，使乙商品供给曲线左移。两种替代商品之间，甲商品（钢笔）价格下跌会使乙商品（签字笔）的供给增加，反之减少。

第三，生产要素的价格。生产要素价格下降，会降低商品的生产成本，企业就愿意增加供给，甚至愿意以比以前更低的价格提供同样数量的商品。所以，生产要素的价格下跌会使供给曲线右移；反之，供给曲线左移。

第四,厂商目标。经济学一般假定厂商以利润最大化为目标,即利润大小决定厂商供给多少。但厂商有时也为市场占有率、销售额最大化以及政治、道义、名誉等目标而决定其供给。

第五,技术进步。技术进步可大大提高生产效率,使企业有可能在给定资源条件下更便宜地生产商品,或者说同样的资源生产出更多的商品。所以,技术进步会使供给曲线右移。新材料、新能源的发明和利用,可将供给带到一个新的水平。

第六,政府的政策。政府的财政政策、价格政策、产业政策、分配政策、货币政策等会刺激或抑制供给。

第七,厂商预期。乐观的预期会增加供给;反之,厂商对投资前景持悲观态度,则会减少供给。

第八,自然条件、社会条件、政治制度等。

> **即问即答**
>
> ### 替代商品的关系
>
> 一块地可种小麦也可种玉米,玉米价格下跌,小麦的供给曲线会向左移动还是向右移动?(答:农民会不种玉米而种小麦,使小麦的供给曲线右移。)

(二)多元供给函数

如果把影响供给的各种因素作为自变量(多元),把供给作为因变量,则可以用函数关系来表示"影响供给的因素与供给之间的关系"。它表示供给是各种影响供给的因素的函数。多元供给函数的公式为:

$$S=f(a, b, c, d, \cdots, n)$$

式中:S代表供给;

$a, b, c, d, \cdots, n$代表影响供给的因素(如厂商目标、预期、技术、成本等)。

假如其他因素不变,只考虑商品本身的价格与该商品的供应量的关系,则一元供给函数为:

$$S=f(P)$$

上式表明某商品的供给量S是价格P的函数。

（三）严格区分引起供给数量变动两方面的原因

经济学把影响供给数量变动的因素分为两类：价格因素和非价格因素。如果是价格因素直接引起供给数量的变化称为"供给量的变动"；如果是非价格因素直接引起供给数量的变化称为"供给的变动"。

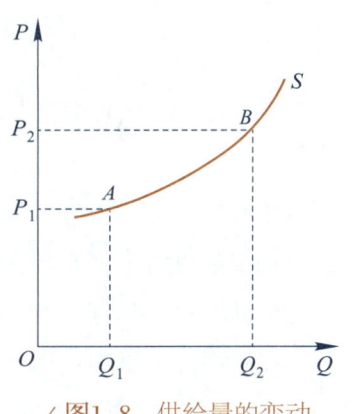

1. 供给量的变动

供给量的变动是指非价格因素不变的情况下，由商品本身价格变动所引起的供给量的变动。

从供给函数来看，它涉及的函数公式是 $S=f(P)$ 中自变量与因变量的关系。例如，$S=-5+10P$，价格（自变量）从2变动到4时，供给量（因变量）从15变动到35。从供给表上看，供给量的变动表现为同一供给表中"价格—数量"组合的移动。从供给曲线看，供给量的变动表现为同一条供给曲线上的点的移动（$A \to B$）。点的移动是供给函数（如 $S=-5+10P$）中给定 P 变化（$2 \to 4$）时对应的供给量的变化（$15 \to 35$）。供给函数公式本身没有变化。

图1-8中，当价格为 P_1 时，供给量为 Q_1，当价格上升为 P_2 时，供给量增加为 Q_2，价格与供给量的变化在供给曲线上则是从 A 点移动到 B 点。

> **供给量的变动：**
> 其他因素不变的情况下，商品本身价格变动所引起的供给量的变动。

∠图1-8 供给量的变动

2. 供给的变动

供给的变动是指商品本身价格不变的情况下，其他因素变动所引起的供给的变动。

从供给函数来看，供给的变动是供给函数公式的变动。例如，汽车技术进步使汽车供给函数由 $S=-5+10P$ 变为 $S'=50+10P$；汽车生产成本上升使供给函数由 $S=-5+10P$ 变为 $S'=-10+10P$；宏观政策变化使企业投资意愿上升，供给函数由 $S=-5+10P$ 变为 $S'=60+10P$；当采用手工生产和半机械化生产转向自动化生产方式时，供给函数发生变化，供给函数由 $S=-5+10P$ 变为 $S'=500+10P$。

> **供给的变动：**
> 商品本身价格不变的情况下，其他因素变动所引起的供给的变动。

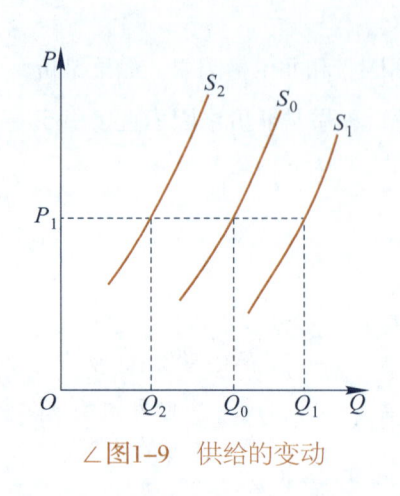

从供给表角度看，供给的变动不是同一供给表中"价格—数量"组合的移动，而是整个供给表的变化。从供给几何曲线图看，供给的变动表现为整个供给曲线的移动（线移动）。

图1-9中，价格P_1未发生变化，只是由于厂商目标、技术、成本、预期、相关商品价格、政策等因素的变化，引起供给曲线向左或右移动。供给的变动＝供给函数的变动＝供给曲线的移动＝整个供给表的变化。

现在，所有影响供给的因素都可以反映在几何图形中：价格因素和非价格因素（点移动和线移动）。

∠图1-9　供给的变动

第三节　均衡理论及其运用

在需求定理和供给定理中，当把价格作为自变量时，它的变动引起需求量反方向变动而引起供给量同方向变动。但是，价格是如何决定的呢？价格是由供求共同决定的，供求的"互动"会导致均衡（均衡价格和均衡数量）的形成。

在微观经济学中，商品的价格是指均衡价格。市场需求与市场供给的"互动"（自变量）决定了市场均衡（均衡价格和均衡数量）——因变量。市场需求是个人需求的集合，当买者的数量增加（减少）时，则市场需求曲线向右（向左）移动；市场供给是个人供给的集合，当卖者的数量增加（减少）时，市场供给曲线向右（向左）移动。需求或供给的变动会引起均衡的变动（均衡价格和均衡数量）。

一、均衡（均衡价格和均衡数量）的形成及理论运用

（一）均衡

均衡： 供给与需求达到了平衡的状态。

均衡是指供给与需求达到了平衡的状态。在曲线图上，均衡是指供给曲线和需求曲线相交的点（广义的均衡

是一种相对静止的状态,一种经济主体实现"最优"或"最大"的状态。所以,效用最大化原则又称消费者均衡原则,要素最优投入组合又叫生产者均衡)。

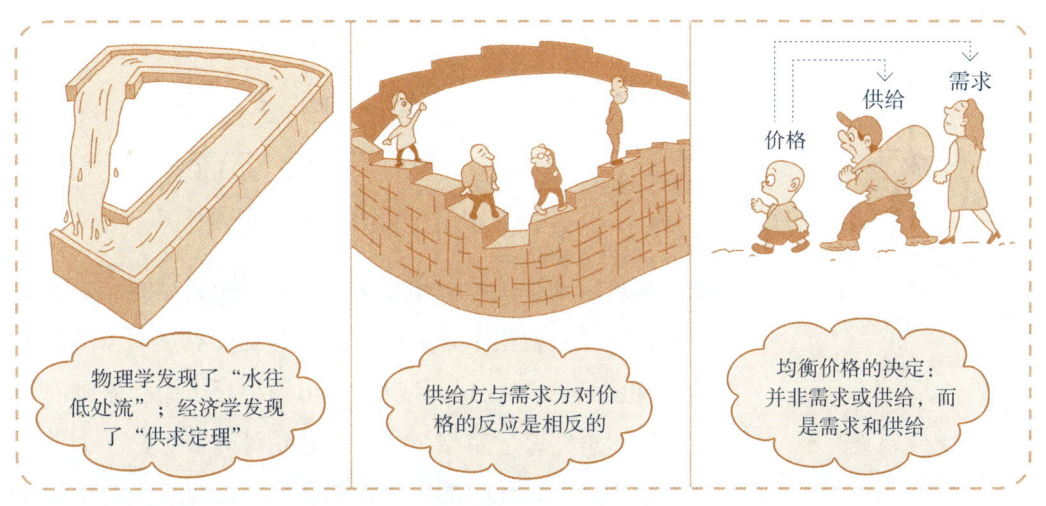

物理学发现了"水往低处流";经济学发现了"供求定理"

供给方与需求方对价格的反应是相反的

均衡价格的决定:并非需求或供给,而是需求和供给

※ 均衡价格

即问即答

成交价格与均衡价格

商品标签上的价格和买者报出的价格,哪一个更接近于均衡价格?(答:超市柜台中见到的价格、买者喊出的价格,都不是均衡价格。只有讨价还价后,你把商品放进自己篮子里后的商品成交价格才是均衡价格或者市场的出清价格。)

(二)均衡点稳定分析——均衡是如何形成的

我们先不考虑非价格因素对供求的影响,即在供求不发生变化的情况下进行静态分析。需求与供给是市场中两种相反的力量,市场上的需求方和供给方对市场价格变化做出的反应是相反的。所以,大多数情况下,需求量与供给量是不相等的,或者供过于求,或者供不应求,见图1-10和图1-11。

均衡是如何形成的呢?均衡是由供求共同作用决定的,供求的"互动"导致均衡(均衡价格和均衡数量)的形成。当供不应求时,买者竞争导致市场价格上升,使得供给量增加而需求量减少;当供过于求时,卖者竞争导致市场价格下降,使得供给量减

微课:
均衡的形成

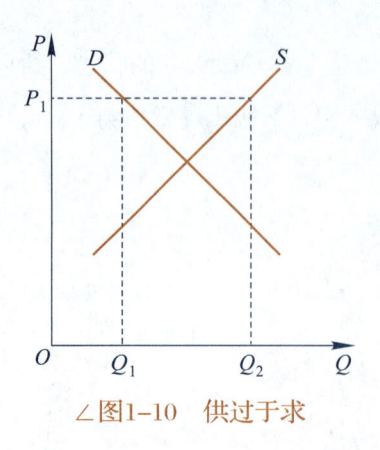

第一章 需求、供给与均衡价格

∠图1-10 供过于求

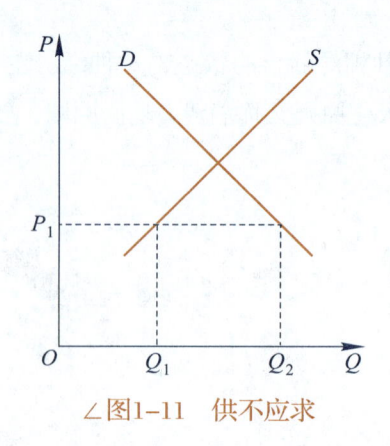

∠图1-11 供不应求

均衡数量：
需求量与供给量在某一价格水平上正好相等的情况，经济学上称为均衡状态，此时的价格为均衡价格，此时的供给量和需求量正好一致，称为均衡数量。

少而需求量增加。供求相互作用最终会使商品的需求量和供给量在某一价格上正好相等。这时既没有过剩（供过于求），也没有短缺（供不应求），市场正好出清。这种需求量与供给量在某一价格水平上正好相等的情况，经济学上称为均衡状态，此时的价格为均衡价格，此时的供给量和需求量正好一致，称为 均衡数量 。

均衡的形成与竞争是分不开的。当某种商品供求不均衡时，买卖双方中处于劣势的一方，通过价格的变化来改变自己的不利局势，或者竞相抬价，或者竞相削价，最终使商品的供求均衡，买卖双方势均力敌，价格趋于不变，从而决定了均衡价格和均衡数量。

从几何意义上说，供求均衡出现在该商品的市场需求曲线与市场供给曲线相交的交点上，该交点被称为均衡点（E）。均衡点相对应的供求量和价格分别被称为均衡数量和均衡价格（P_E）。见图1-12。

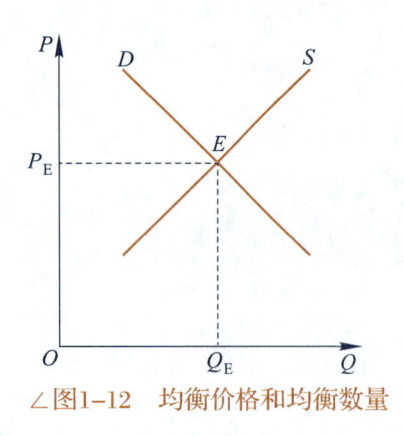

∠图1-12 均衡价格和均衡数量

"10元……"

买一把

买者竞争

"10元……又9角"

买者竞争，价格上升

※ 买者竞争

第三节 均衡理论及其运用

※ 卖者竞争

即问即答

均衡的形成

只要有要素、商品的自愿和自主流动以及竞争，就会有市场；只要有自由市场就会有交换；只要供给意愿与需求意愿不一致，就会出现买者间的竞争或者卖者间的竞争，买卖双方也会谈判、协商、讨价还价；最后就有可能成交，成交就是均衡。成交价就是均衡价格，成交量就是均衡数量。请问是什么决定了均衡的形成？（答：竞争。）

关于均衡价格的理解，必须注意：当我们单独考察需求与价格或者供给与价格时，价格决定需求，或者价格决定供给，这时，价格是自变量，需求或供给是因变量。当我们考察价格是由什么因素决定时，我们会发现，供给和需求相互作用决定价格，即价格由供求互动决定。供求决定价格有三种情况：其一，供给量大于需求量，供求不均衡引起的卖方竞争导致价格下降，价格下降引起供给量减少、需求量上升，缓和供过于求状态，直至消除过剩。其二，供给量小于需求量，供求不均衡引起的买方竞争导致价格上升，价格上升引起供给量增加、需求量下降，缓解供不应求，直至消除短缺。其三，供给量等于需求量，价格处于相对静止的状态，这时的价格即为均衡价格。

所以，市场上的价格最终是由需求和供给两种相反的力量共同作用的结果，只有将供求结合起来，才能说明一种商品价格的决定。经济学讲的"价格决定"一般是指由于供给量和需求量的相互作用最终使供求不均衡得以消除，使价格不再波动而处于一种相对静止、不再变动的状态，这时的价格和数量是确定的，即均衡价格和均衡数量。

第一章 需求、供给与均衡价格

画龙点睛

均衡价格的重大意义

均衡价格的形成，其意义何在？

第一，均衡价格帮助市场主体形成稳定预期，指导他们的经济活动和经济行为；第二，均衡价格是供求双方完成交易、实现双赢的依据；第三，均衡价格是资源流动的信号灯、资源配置的指挥棒、资金流向的指示器、成本核算的度量衡、收入分配的公平仪。总之，均衡价格是一定时期内经济运行的定海神针。

（三）均衡决定均衡价格和均衡数量

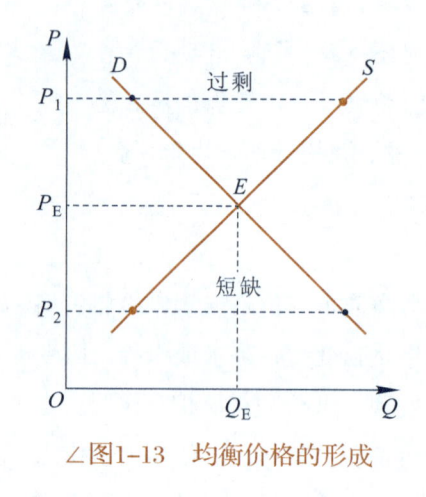

1. 均衡决定均衡价格和均衡数量的几何模型

市场上供求双方的竞争过程自发地形成均衡。均衡点 E 决定了均衡价格 P_E 和均衡数量 Q_E。请参考图1-13，由读者说明均衡形成的过程。

∠图1-13 均衡价格的形成

2. 均衡决定均衡价格和均衡数量的数学模型

用数学模型来说明均衡价格的决定，其条件为：

$$D=f(P)$$
$$S=f(P)$$
$$D=S$$

式中：$D=f(P)$ 为需求函数；

$S=f(P)$ 为供给函数；

$D=S$ 代表供求相等，即均衡价格决定的公式，可以据此得出 P_E 值和 Q_E 值。

例题

均衡的计算

已知需求函数、供给函数和均衡条件为：

$$D=26-4P$$

$$S = -4 + 6P$$
$$D = S$$

求均衡价格和均衡数量。

解：竞争会使均衡形成，即：
$$D = S$$
$$26 - 4P = -4 + 6P$$

得：均衡价格 $P_E = 3$

将 $P_E = 3$ 代入需求函数和供给函数，得：
$$D = 26 - 4 \times 3 = 14$$
$$S = -4 + 6 \times 3 = 14$$

均衡数量为 $Q_E = 14$。

3. 均衡点稳定分析的运用——政府管制价格及其后果

供求关系变化引起的价格波动，不利于生产的稳定，而供求严重失衡时，不利于社会稳定。为调节和稳定某些产品的供求，政府会采取两种价格政策（最低限价和最高限价）。

最低限价（支持价格） 是指政府为了扶植某一行业而规定的该行业产品的最低价格。

从图1—14可见，政府规定的价格为 P_1，此时供给为 OQ_1，但需求却是 OQ_2，供过于求，Q_2Q_1 为过剩部分，通常由政府收购，建立库存或出口。最低限价一旦取消，市场价格将会迅速下降，恢复到原有的均衡价格水平。支持价格通常是为了减缓经济波动、稳定生产、促进农业现代化以及扩大农业投资和调整农村产业结构而采取的支持政策，这一政策一般会使政府支出增加，背上沉重的包袱。

最高限价（限制价格） 是指政府为了限制某些生活必需品的涨价而规定的商品的最高价格。

在图1—15中，政府限价为 P_1，低于均衡价格，此时供给为 OQ_1，需求为 OQ_2，供不应求，为了不让价格上涨，不得不实行配给制。限制价格下，价格固定，供给固定，供不应求得不到缓解，于是出现排队、短缺、抢购、配给、黑市、搭配、走后门、浪费等现象。所以，经济学家一般反对长期采用限制价格政策（政府规定房租、利率、粮食等商品的价格）。

> **最低限价（支持价格）：** 政府为了扶植某一行业而规定的该行业产品的最低价格。

动画：
支持价格（最低限价）

> **最高限价（限制价格）：** 政府为了限制某些生活必需品的涨价而规定的商品的最高价格。

第一章 需求、供给与均衡价格

微课：
支持价格和限制价格

动画：
限制价格（最高限价）

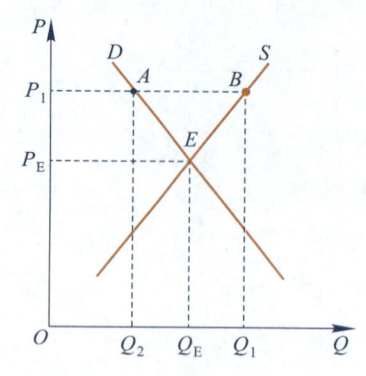

∠图1-14 最低限价（支持价格）

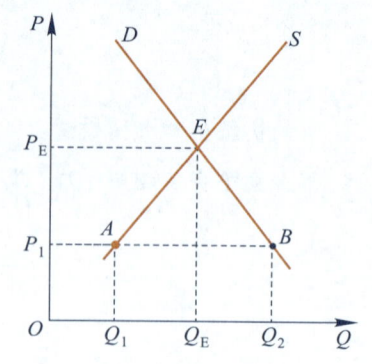

∠图1-15 最高限价（限制价格）

二、均衡的变动及理论运用

（一）均衡点移动分析——均衡为什么会变动

均衡价格和均衡数量是由供求均衡决定的，如果供求变动，必然使均衡点变动，从而均衡价格和均衡数量也发生改变。均衡点变动分析被称为比较静态分析。

在图1-16中，需求量或供给量的变动（从A到D、从D到E，或者从B到E、从E到C），都不会引起均衡点或曲线交叉点的移动。

在图1-17、图1-18中，供给的变动和需求的变动会引起均衡点的移动，从而导致均衡价格和均衡数量的变化。

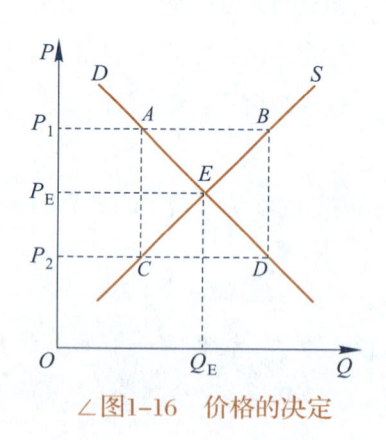

∠图1-16 价格的决定

在图1-17中，假定需求曲线不变，该种商品价格不变，当供给的增加使供给曲线向右移动时，均衡数量增加而均衡价格降低；当供给的减少使供给曲线向左移动时，均衡数量减少而均衡价格提高。这被称为供给变动效应。

在图1-18中，假定供给曲线不变，当需求的增加使需求曲线向右移动时，均衡价格和均衡数量会增加；当需求的减少使需求曲线向左移动时，均衡价格和均衡数量会下降。这被称为需求变动效应。

∠图1-17 供给变动效应

∠图1-18 需求变动效应

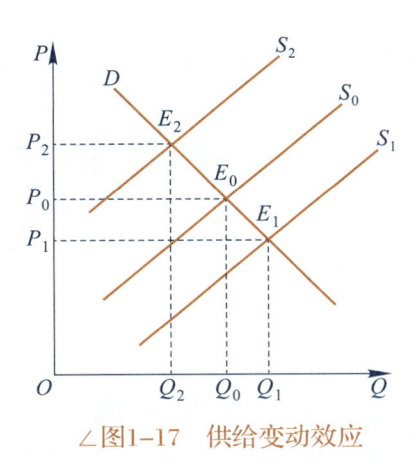

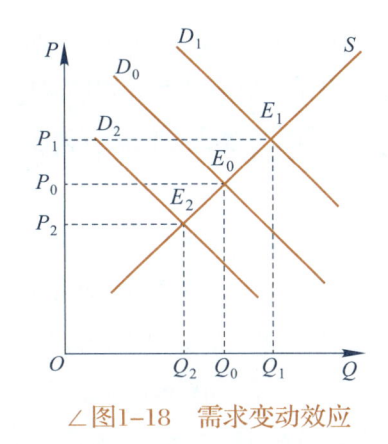

即问即答

简单的供求分析

2019年，中国市场上生猪均价上涨196.73%，是什么原因？（答：影响猪肉价格变化的因素太多了。世界经济情况、自然气候变化、交通状况、收入变化、流行疾病、CPI、汇率、外汇储备的变化、消费偏好、分配、政策、文化、传统习惯、流行时尚、人口、预期、信贷难易程度、厂商目标、技术、投入品价格变化等，都会直接或者间接影响中国市场上猪肉价格上涨。如果你没有时间和精力去做调研，运用简单的供求分析方法，可以从需求和供给两个方面去做判断。例如，从供给方面分析，非洲猪瘟疫情，引发国内扑杀感染了猪瘟的生猪、母猪、生猪存栏量下降，但需求却不会减少，结果，2019年猪肉价格上涨。）

（二）供求定理和供求分析的步骤

供求定理的内容是：需求的变动引起均衡价格和均衡数量同方向变动，供给的变动引起均衡价格反方向变动而引起均衡数量同方向变动。

供求定理是经济学定理中最重要的定理之一，具有广泛的实用价值。因为，价格和数量取决于供给和需求曲线的位置，而当某些事件发生时，就会使供给曲线和需求曲线发生移动。曲线移动，市场上的均衡就改变了。当需求与供给同时变动时，均衡的变化是不确定的，具体情况取决于双方力量对比。

供求移动分析简称供求分析。它是要说明哪些因素影响供求，供给或需求的变动使得均衡（均衡价格和均衡数量）怎样变动。供求分析的重点和目标是分析均衡价格和均衡数量的变动。均衡变动的分析被称为比较静态分析,即原均衡与新均衡的比较。供求分析的基本工具是供求剪刀均衡图形。

由于导致供求变动的因素太多、太复杂,因此,有必要确定分析某个(些)事件影响市场均衡的步骤。分析某个(些)事件如何影响一个市场时,我们按三个步骤进行:

第一,确定该事件是使供给曲线移动(供给函数改变),还是使需求曲线移动(需求函数改变),或者是使两条曲线都移动。

第二,确定曲线是向右移动,还是向左移动。

第三,用供求图来考察这种移动对均衡(均衡价格和均衡数量)的影响。

供求分析中要特别注意,"需求""供给"是指曲线的位置,曲线移动(函数改变)会使均衡变化($E—E'$)、新价格引起"需求量""供给量"变化。因此,说明需求或供给移动中涉及的是"点移动"还是"线移动"是理解供求原理的关键。供求分析的目的是说明均衡变化($E—E'$)后,新的均衡价格(P')和均衡数量(Q')是高了还是低了。

※ 供给变动

即问即答

供 求 分 析

根据供求分析的三个步骤分析以下事件对均衡价格、均衡数量的影响以及它们涉及的分别是需求点移动还是需求线移动:① 天气炎热对冰激凌市场的影响;② 地震使冰激凌厂商中止生产及对其市场的影响;③ 天气炎热和地震同时发生对冰激凌市场的影响。(答:① 天气炎热使冰激凌市场的需求曲线右移,均衡价格上升,均衡数量增加,涉及需求线移动;② 地震使冰激凌市场的供给曲线左移,均衡价格上升,均衡数量减少,涉及需求点移动;③ 天气炎热和地震同时发生会同时出现①②两种情况。)

※ 需求变动

案例分析

房价变动原因分析

2020年1月16日，国家统计局发布报告，四个一线城市新建住宅销售价格2019年12月环比上涨0.2%，涨幅比上月回落0.4个百分点。但二手住宅销售价格环比上涨0.4%，涨幅比上月扩大0.2个百分点。如何判断房价变化的原因呢？是需求原因所致还是供给原因的结果？

运用供求定理，结合政府抑制购房的政策（外生变量），可以基本判断：一线城市房价涨幅回落是中央坚持调控房市不动摇和基础制度改革力度和节奏影响需求所致。而一线城市二手房挂牌增量环比下降4.1%是其价格环比上涨幅度扩大的原因所在，即供给减少所致。

（三）供求分析举例

生活中我们可以看到很多供求变动导致均衡变动的例子，如"洛阳纸贵"、减肥运动带来的商机、喋喋不休的广告、海啸导致的供应减少、征税、补贴、技术进步等，都会对均衡价格和均衡数量产生影响。

第一章 需求、供给与均衡价格

1. 征税的影响

例题

赋税分担的经济学发现

已知某厂商生产销售的香烟的需求函数、供给函数为：

$$D = 26 - 4P$$
$$S = -4 + 6P$$

根据均衡条件 $D=S$ 得：均衡价格 $P_E=3$，均衡数量 $D=S=14$ 或 $Q_E=14$。

求：（1）政府对厂商生产销售的每单位香烟征税1元后，新的价格和产量。（2）买卖者之间赋税的分担情况。

解：（1）根据前面介绍的供求分析三个步骤，我们做如下分析：① 征税影响供给。② 每盒香烟卖掉后，都要拿出1元交税，即从单位价格里减掉1元。新的供给函数为 $S'=-4+6(P-1)=-10+6P$，供给减少表现为供给曲线向左移动 $S \to S'$。③ 令 $D=S'$，则 $P=3.6$，$S'=D=11.6$，所以，新的市场均衡价格上升了，均衡产量下降了。

（2）征税使得买者每单位香烟支付的市场价格由3元增加为3.6元，相当于承担了1元税收中的0.6元，即60%；征税后，生产者每单位香烟卖价3.6元，交完1元税后实际所得2.6元，每单位收入由原来的3元减少为2.6元，相当于承担了1元税收中的0.4元，即40%。【请读者求解向消费者征1元税的情况，提示 $D'=26-4(P+1)$。】

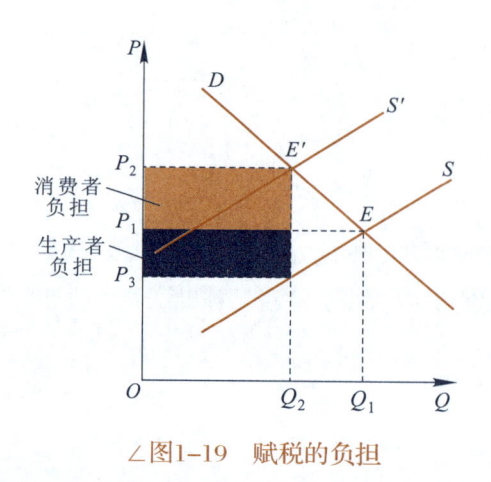

图1-19中，假设对汽油生产者征直接税X元，使生产者供给减少，供给曲线向左上移动。因为，赋税增加后，厂商每单位汽油得到的收益下降，愿意提供的产量下降，这样，供给减少（曲线左移）、价格上升，即 $S \to S'$，价格上升。对汽油生产者征直接税，而赋税却由消费者和生产者共同承担，这是经济学的一大发现。

赋税到底是主要由买者还是卖者承担取决于供给和需求的相对弹性。如果需求价格弹性大于供给价格弹性，赋税主要就

∠图1-19 赋税的负担

转嫁给生产者；反之转嫁给消费者（弹性理论将会在后面详细介绍）。见图1-20和图1-21。

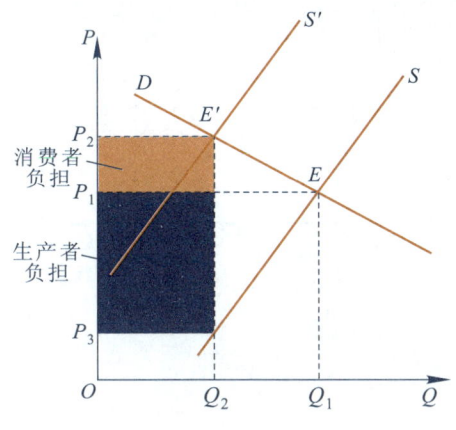

∠图1-20　赋税主要转嫁给生产者　　　　∠图1-21　赋税主要转嫁给消费者

2. 限制种植和医生数量、汽车关税和技术进步

图1-22说明政府如何通过限制种植玉米数量来提高农民的收入。供给减少（$S \rightarrow S'$）后，玉米单位销售价格从P_1提高到P_2。

图1-23说明限制医生的数量如何能够使医疗价格上涨，医生收入增加。例如，高昂的学习费用、严格的开业条件、颁发医生营业许可证等，使医生的供给下降并维持在一个不变的水平上。

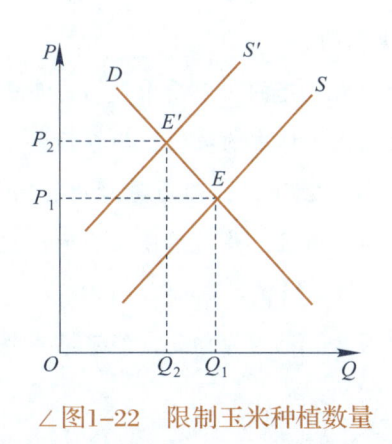

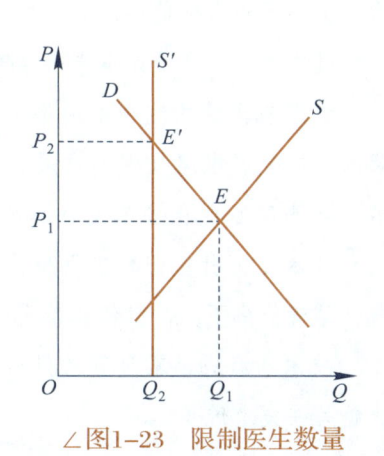

∠图1-22　限制玉米种植数量　　　　∠图1-23　限制医生数量

图1-24中，对进口汽车征收关税（如每辆2 000元），使进口汽车供给减少，价格上升。

图1-25中，假定煤是由劳动者按不变成本生产出来的（水平线），煤的生产技术的进步使煤的生产成本大幅度下降，煤价几乎减半。

∠图1-24 汽车关税

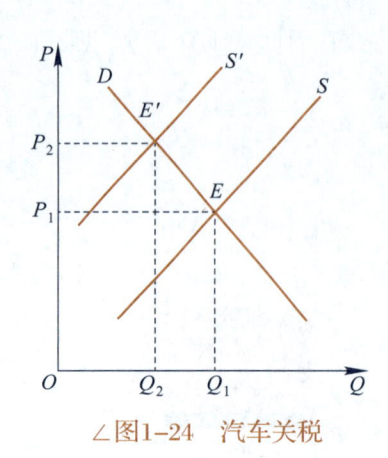

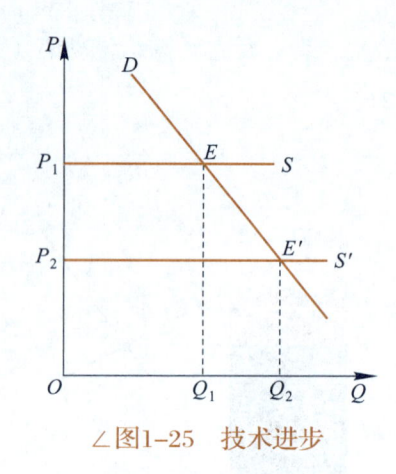

∠图1-25 技术进步

> **案例分析**
>
> ### 技术进步与计算机供给
>
> 在供给理论中,我们的分析以供给量和价格的关系为中心。但应该看到,在今天决定供给的关键因素是技术。计算机的供给说明了这一点。
>
> 20世纪80年代,个人计算机的价格按运算次数、速度和储存能力折算,每台为100万美元。尽管价格如此高昂,但供给量极少,只有少数工程师和科学家才能使用。如今具有同样功能的个人计算机已降至600美元左右。价格不到当初价格的千分之一,但供给量增加了不止1万倍。现在个人计算机的普及程度是许多未来学家所未预见到的。
>
> 计算机供给的这种增加不是由价格的变动引起的,而是由技术进步引起的,即集成电路技术的发展、硬件与软件技术标准的统一、规模经济的实现与高度专业化分工使计算机的生产成本迅速下降,而质量日益提高。这种技术变化引起计算机供给曲线向右移动,而且,移动幅度相当大。这样,尽管价格下降,供给还是大大增加了。
>
> 技术已经成为某种商品供给的决定性因素。正因为如此,经济学家越来越关注技术进步。

第四节　弹性理论及其运用

一、需求价格弹性

（一）需求价格弹性定义

需求量随价格的变化而变化，但不同的商品在不同的价格水平上需求量对价格的反应程度是不一样的。价格下跌10%，需求量可能增加2%，也可能增加20%。经济学用不同商品不同的需求价格弹性来表示这种区别。需求价格弹性简称需求弹性，表示在一定时期内一种商品需求量相对变动对该商品价格相对变动的反应程度，通常用需求价格的弹性系数（E_d）来衡量。用公式表示为：

$$E_d = -\frac{需求量变化的百分比}{价格变化的百分比} = -\frac{\Delta Q/Q}{\Delta P/P} = -\frac{\Delta Q}{\Delta P} \cdot \frac{P}{Q}$$

式中：Q 是需求量；

ΔQ 是需求量变化量；

P 是价格；

ΔP 是价格变化量。

由于价格与需求量变化方向是相反的，所以在 E_d 公式中加一个负号，以便保证弹性为正值。还可以用微分方式表示：

$$E_d = -\frac{dQ}{dP} \cdot \frac{P}{Q}$$

需求弹性是需求理论中的一个重要概念，除了需求价格弹性（需求弹性）外，还有需求交叉弹性、需求收入弹性。

（二）需求价格弹性的五种情况

不同商品的需求在其弹性上是有差异的。必需品（如食品）的需求通常对于价格变动做出的反应微小，而奢侈品（如航空旅行）则常常具有很高的价格敏感性。根据商品的需求对价格变动的反应程度，可将商品区分为五类（弹性大小不考虑正负，取绝对值）：需求富有弹性（$E_d > 1$）、需求缺乏弹性（$1 > E_d > 0$）、需求单位弹性（$E_d = 1$）、需求完全无弹性（$E_d = 0$）、需求完全有弹性（$E_d \to \infty$）。

第一章　需求、供给与均衡价格

1. 需求富有弹性

※ 弹性与奢侈税的转移

需求富有弹性是指需求量变动的幅度大于价格变动的幅度。如价格变动10%引起需求量变动60%，这就是需求富有弹性。

图1-26中，价格下降了50%，消费者将其需求量从A点改变到B点，使需求量增加200%，$E_d=4$，表明需求富有弹性。

2. 需求缺乏弹性

需求缺乏弹性是指需求量变动的幅度小于价格变动的幅度。如价格变动10%引起需求量变动6%，这就是需求缺乏弹性。

图1-27中，价格下降了50%，需求量仅仅增加了25%，$E_d=0.5$表明需求缺乏弹性。

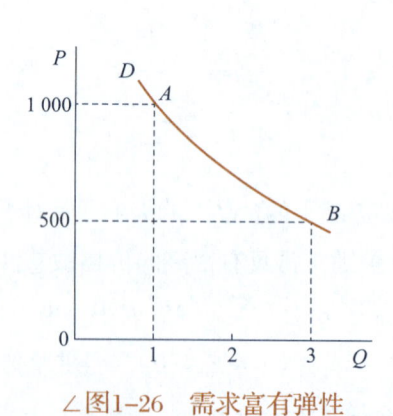

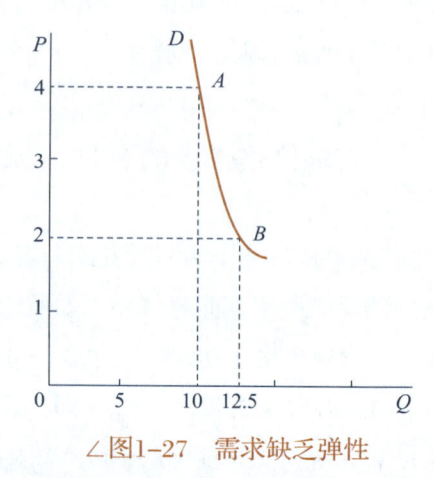

微课：为什么打击毒品效果不佳？

∠图1-26　需求富有弹性

∠图1-27　需求缺乏弹性

3. 单位需求弹性

单位需求弹性是指需求量变动的幅度与价格变动的幅度相一致。如需求量变动50%，价格变动也是50%，见图1-28。

图1-28中，价格下降50%，引起需求量增加50%，表明这是单位需求弹性。

4. 需求完全有弹性

需求完全有弹性是指需求量具有无穷大的弹性。这意味着价格的微小变化会引起需求量无穷大的变动，如图1-29的水平需求曲线D所示。需求完全有弹性的需求曲线是需求曲线的特例，消费者对商品价格的变动极其敏感。例如，出租车服务价格，每公里2元，如果某个出租车涨价，则人们对他的需求量为零；反之，每公里价格低于2元，人们会排队抢着上他的车甚至提前预订。黄金、外汇、股票等的需求曲线也会接近于一条直线。

∠图1-28　单位需求弹性

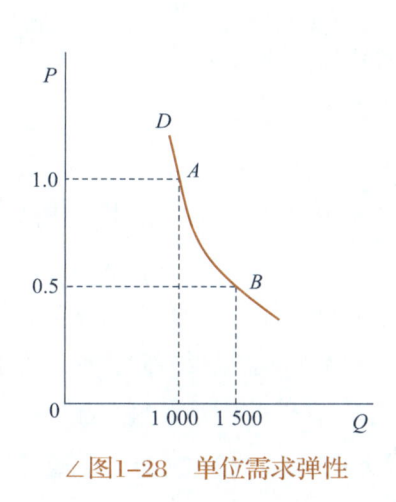

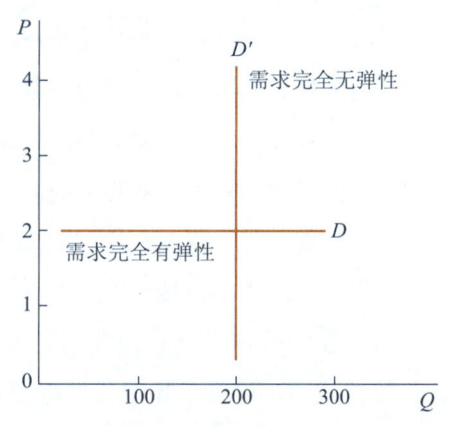

∠图1-29　需求完全有弹性和完全无弹性

5. 需求完全无弹性

需求完全无弹性是指无论价格如何变化需求量都不会做出反应，如图1-29中与竖轴平行的曲线D'所示。需求完全无弹性的需求曲线是需求曲线的特例，消费者对商品价格的变动无动于衷，例如，人们对生老病死等服务的需求。

（三）决定需求价格弹性程度的因素

商品的需求价格弹性存在差异，特别是在消费商品的需求价格弹性方面，人们做了大量的研究工作。见表1-3。

表1-3 若干商品的需求价格弹性

商品	需求价格弹性
西红柿	4.6
青豆	2.8
出租车服务	1.2
家具	1.0
电影	0.87
鞋	0.70
医疗保险	0.31
客车旅行	0.20
居民用电	0.13

是什么原因造成不同商品需求价格弹性的区别呢？需求价格弹性的大小取决于以下因素：

第一，收入比重，即商品销售价格在消费者预算中所占的比重。

第二，替代性，即该商品是否存在替代产品，存在多少替代产品。

第三，依赖程度，即消费者对商品的依赖性或必需程度。

第四，时间长短，即消费者是否有时间对价格变化做出反应。时间越长，消费者越有条件对价格变化做出反应；反之只能被动接受。

商品需求弹性的大小直接影响厂商在价格决策中的总收益大小。例如，家电、化妆品、旅行、航空等需求富有弹性的商品，它的价格与总收益呈反方向变动，价格上升，总收益减少，价格下降，总收益增加，这正是"薄利能多销"；像食品、药品等需求缺乏弹性的商品，它们的价格与总收益呈同方向变动，价格上升，总收益增加，价格下降，总收益减少，正所谓"谷贱伤农""增产不增收"。

二、供给价格弹性

（一）供给价格弹性定义

供给量随着价格的变化而变化，但不同的商品在不同的价格水平上，供给量对价格变化的反应程度是不一样的。价格上升10%，供给量可能上升20%，也可能仅上升5%。经济学用不同商品的不同供给价格弹性来表示这种区别。

供给价格弹性是指供给量对市场价格变动所做出的反应程度，即供给量变化的百分比除以价格变化的百分比的比值。其一般公式为：

$$E_s = \frac{\text{供给量变化的百分比}}{\text{价格变动的百分比}} = \frac{\Delta Q/Q}{\Delta P/P} = \frac{\Delta Q}{\Delta P} \cdot \frac{P}{Q}$$

式中：Q 是供给量；

ΔQ 是供给变化量；

P 是价格；

ΔP 是价格变化量；

E_s 是供给价格弹性系数，它还可以用微分方式表示：

$$E_s = \frac{dQ}{dP} \cdot \frac{P}{Q}$$

很容易看出，供给价格弹性的定义与需求价格弹性的定义是相同的。唯一的差别在于：对于供给而言，数量对价格的反应是正的，而对于需求而言，反应则是负的。

（二）供给价格弹性商品的五种类型

根据不同商品供给价格弹性的大小，一般把商品分为五类：供给富有弹性（$E_s > 1$，如劳动密集型产品）、供给缺乏弹性（$0 < E_s < 1$，如资金技术密集型产品）、供给单位弹性（$E_s = 1$）、供给完全有弹性（$E_s \to \infty$）、供给完全无弹性（$E_s = 0$）。

图1–30描绘了供给弹性的三种重要情况。垂直的供给曲线表示供给完全无弹性，无论价格怎样变化，生产者提供的商品都是一样的、既定不变的。供给完全无弹性的供给曲线是供给曲线的特例，生产者对商品价格的变动不做出反应，比如，一个城市的土地供给曲线。水平的供给曲线表示供给完全有弹性，在一个既定价格下，厂商愿意提供任意数量或者无限的商品。供给完全有弹性的供给曲线是供给曲线的特例，生产者对商品价格的变动反应极其强烈，例如，自来水公司的供给曲线。中间经过原点的曲线表示单位供给弹性。

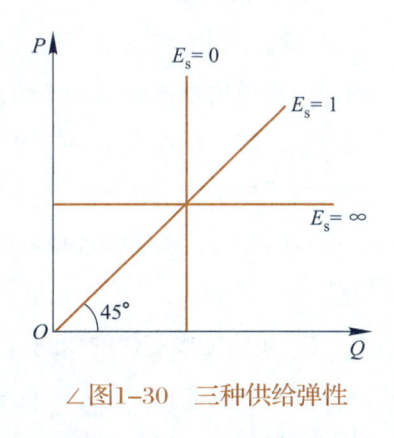

∠图1–30 三种供给弹性

图1–31中，供给曲线上各点的弹性均大于1。例如在 A 点，因为 $BC > OB$，所以 $E_s > 1$。

在图1-32中，供给曲线上各点的弹性均小于1。例如在A点，因为$BC<OB$，所以$E_s<1$。它表示供给缺乏弹性。

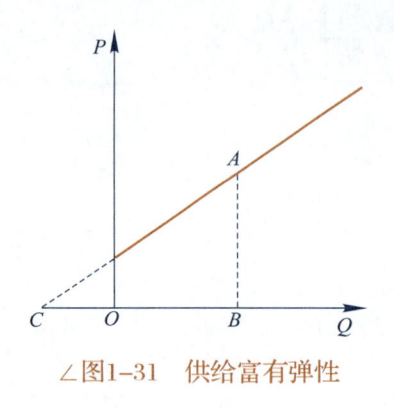

∠图1-31　供给富有弹性 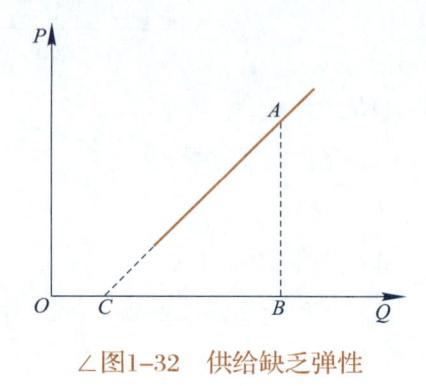　　　　　　∠图1-32　供给缺乏弹性

（三）影响和决定供给价格弹性的因素

1. 供给增加的难易程度

如果在现行市场价格下很容易购买投入品，就像纺织行业的情况那样，那么，微小的价格上升，就会引起数量大幅度增加。这意味着供给弹性相对较大。假定生产能力受到严重限制，就像南非金矿开采那样，那么，即使黄金价格急剧上升，南非的黄金产品也只是做出微小反应。

2. 时间长短

当商品的价格发生变化时，厂商对数量的调整需要一定的时间。在很短的时间内，厂商若要根据商品的涨价及时地增加数量，或者若要根据商品的降价及时地缩减数量，都存在程度不同的困难，相应地，供给弹性是比较小的。但是，在长期内，生产规模的扩大与缩小，甚至转产，都是可以实现的，供给量可以对价格变动做出较充分的反应，供给弹性也就比较大。

3. 生产成本变化的情况

就生产成本而言，如果数量增加只引起边际成本轻微上升，则意味着厂商的供给曲线比较平坦，供给弹性可以是比较大的。相反，如果数量增加引起边际成本较大幅度上升，则意味着厂商供给曲线比较陡峭，供给弹性可以是比较小的。

4. 产品生产周期的长短

在一定时期内，对于生产周期较短的产品，厂商可以根据市场价格变化较及时地调整数量，供给弹性相应较大。相反，生产周期长的产品供给弹性往往较小。

三、弹性理论的运用

（一）谁来承担税收

例题

供求弹性理论的运用

已知某厂商生产销售的香烟的需求函数、供给函数为：

$$D = 26 - 4P$$

$$S = -4 + 6P$$

根据均衡条件 $D=S$ 得：均衡价格 $P_E=3$，$D=S=14$ 或 $Q_E=14$。

求：（1）政府对消费者购买每盒香烟征税1元后，新的价格和产量是多少？（2）买卖者之间赋税的分担情况如何？（3）为什么分担比例不一样？

解：（1）根据前面介绍的供求分析三个步骤，我们做如下分析：①征税影响需求。②消费者购买每盒香烟，都要另外拿出1元交税，即每盒香烟的单位价格多了1元。新的需求函数为 $D'=26-4(P+1)=22-4P$，需求减少表现为需求曲线向左移动 $D-D'$。③令 $D'=S$，则 $P=2.6$，$S=D'=11.6$，所以，新的市场均衡价格下降了，均衡产量下降了。

（2）征税使得买者每盒香烟支付的市场价格（买价）由3.0元下降为2.6元，上交政府1元税收后，实际支付3.6元，相当于承担了1元税收中的0.6（3.6-3.0）元，即60%；征税使得生产者每盒香烟的市场价格（卖价或收入）由3.0元下降为2.6元，相当于承担了1元税收中的0.4元，即40%。【已知某厂商生产销售灭火器的需求函数、供给函数为：$D=26-4P$；$S=-4+6P$；请读者分别求解政府向消费者、生产者补贴1元的情况，谁获益？谁从补贴中获益大？提示：$D'=26-4(P-1)$，$S'=-4+6(P+1)$】

（3）谁负担得多，取决于供给和需求的相对弹性。当 $P=2.6$，$S=D'=11.6$ 时，根据需求价格弹性公式，得 $E_d=0.90$；供给价格弹性，$E_s=1.34$。$E_d<E_s$，需求价格弹性小于供给价格弹性，弹性小的需求方负担较多的税收。

消费税，即政府向买者征税。在图1-33中，征税行为不会使供给曲线受影响，因为在任何一种既定的价格水平下，卖者向市场提供产品的激励是相同的。买者购买时需要向政府交税，因此需求曲线向左移动。移动距离等于每单位物品的征税量，即P_1P_2。征税，均衡价格从P_E降至P_1，消费者购买每单位的物品，除了给销售商OP_1的价格外，还必须缴纳P_1P_2的消费税，就是说，消费者每单位物品支付的总价款是OP_2。所以当向一种物品征税时，会抑制市场活动，减少销售量，税收由买卖双方负担。

销售税，即政府向卖者征税，税收最初影响供给。在图1-34中，供给曲线向左上方移动，移动距离等于每单位物品的征税量。向卖者征收一定量税时，供给曲线向上移动相应的征税量，这时均衡价格上升，移动距离等于征税量P_1P_2。征税后，卖者得到的价格每单位虽然是OP_1，但必须拿出其中一部分（P_1P_2）交税。卖者实际所得从P_E下降到P_2。从图1-34中可以看出，虽然是对卖者征税，但税收实际上是由买卖者双方分摊的，买者承担P_1P_E，卖者承担P_EP_2。

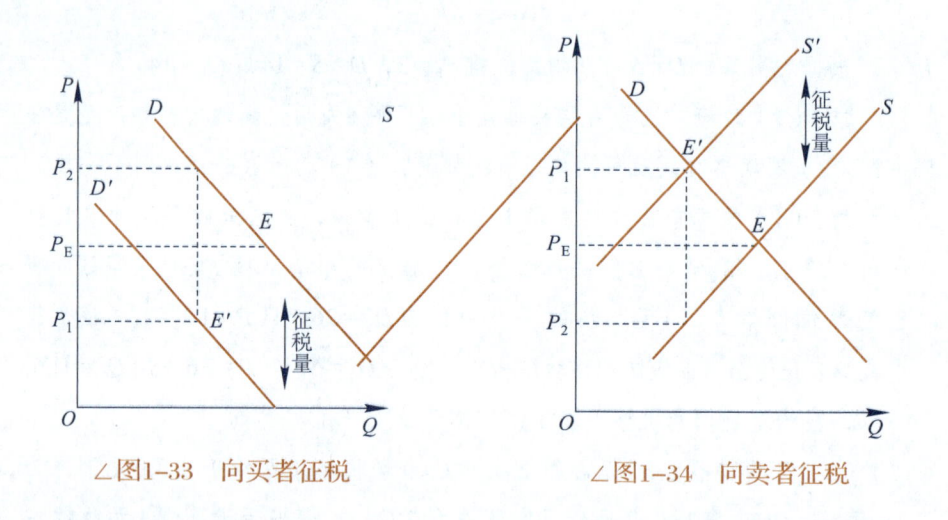

∠图1-33 向买者征税　　　　∠图1-34 向卖者征税

以上分析表明，不管是向买者征税，还是向卖者征税，它们都使买者实际付出的上升，卖者得到的下降，无论如何收税，买卖双方都要分摊税收，这是经济学的重要发现。分摊税收，到底是买者负担多还是卖者负担多，取决于供给和需求的相对弹性，即弹性小的一方负担比例大一些。

图1-35中，供给曲线富有弹性，需求曲线缺乏弹性。没有税收时的价格由E决定。征税后，卖者得到的价格由C降至B，买者支付价格由C上升到A。显然，在征税量AB中，买者承担较大部分。

图1-36中，需求曲线富有弹性，供给曲线缺乏弹性。没有税收时的价格由E决

定。征税后，卖者得到的价格由C降至B，买者支付部分由C上升至A。显然，在征税量AB中，卖者承担较大部分。

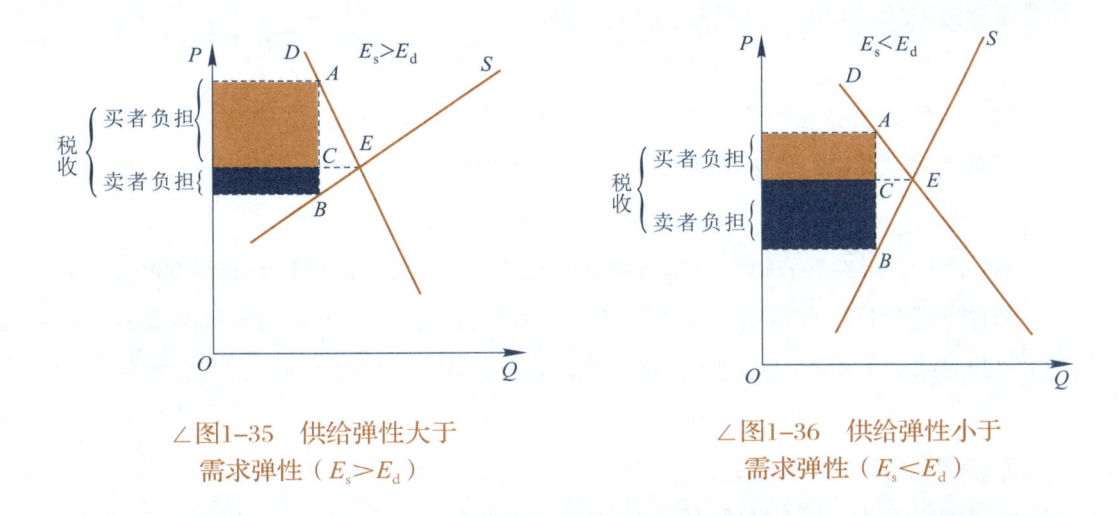

∠图1-35　供给弹性大于需求弹性（$E_s > E_d$）

∠图1-36　供给弹性小于需求弹性（$E_s < E_d$）

以上两幅图说明：税收负担更多地落在缺乏弹性的一方。这是因为，弹性小，意味着买者对该种物品没有适当的替代品，或者卖者的退出成本较高，没有新的适合生产的替代品，退出困难。当对该物品征税时，市场中其他适合选择机会少的一方不能较容易地离开市场，从而必须承担更多的税收负担。

（二）需求价格弹性、价格变化与总收益

需求价格弹性与总收益有密切关系。可从下列公式得到说明：

$$TR = P \cdot Q$$

式中：TR代表总收益；

Q代表与需求量相一致的销售量。

从公式可见，总收益取决于价格和需求量。所以，需求价格弹性发生变化，必然会引起总收益发生变动。

由于不同商品的需求价格弹性不一样，对总收益的影响势必会不同。这里，以需求价格弹性的两种情况为例来考察它们对总收益的影响。

1. 需求富有弹性的商品

假定电视机的需求富有弹性。如$E_d = 2$，每台电视机的价格为5 000元，销售量为100台，这时，总收益是：

$$5\,000 \times 100 = 500\,000（元）$$

如果每台电视机的价格从5 000元下降到4 500元，下降幅度为10%。由于$E_d=2$，销售量便会增加到120台。这时，总收益是：

$$4\,500 \times 120 = 540\,000（元）$$

两相比较，后者每台电视机的价格虽然下降了，但总收益却增加了40 000元。反过来看，如电视机的价格提高10%，那么，销售量会减少20%。这时，总收益是：

$$5\,500 \times 80 = 440\,000（元）$$

两相比较，虽然后者每台电视机的价格提高了，但总收益却减少了60 000元。

通过上述分析，可得出这样一个结论：需求富有弹性的商品适合薄利多销。它的价格与总收益呈反方向变动。价格上升，总收益减少；价格下降，总收益增加。

2. 需求缺乏弹性的商品

应该指出的是，并不是任何降价都会增加总收益。

以面粉为例。假定需求弹性系数为$E_d=0.5$，每千克面粉的价格为4元，销售量为100千克。这时，总收益是：

$$4 \times 100 = 400（元）$$

如果面粉的价格下降10%，由于$E_d=0.5$，销售量则上升5%。这时，总收益是：

$$3.6 \times 105 = 378（元）$$

两相比较，虽然后者每千克面粉的价格下降了，但总收益并未增加，反而减少了22元。

反过来看，若每千克面粉的价格上升10%，情况则是：销售量下降5%。这时，总收益是：

$$4.4 \times 95 = 418（元）$$

两相比较，虽然后者每千克面粉的价格上升了，但总收益并未减少，反而增加了18元。

通过上述分析，可得出这样一个结论：需求缺乏弹性的商品适合厚利少销或提价销售。它的价格与总收益呈同方向变动。价格上升，总收益增加；价格下降，总收益减少。这种商品供给如果大幅度增加则会出现"谷贱伤农"现象。

（三）谷贱伤农

谷贱伤农是中国流传已久的一句成语，它描述了在丰收年份，农民收入反而减少的现象。这一现象可用弹性理论加以说明。

随着科学技术的进步，农业生产中的技术含量越来越高。如通过运用拖拉机、联合收割机和摘棉机来实现机械化；肥料和灌溉、精心育种和新型杂交种子等方面的发展。这些方面的不断创新，一方面大幅度地降低了对农业劳动力的需求（今天只有3%的美国人生活和工作在农场）；另一方面极大地提高了农业生产率。生产率的快速增长，大幅度地增加了供给。如图1-37所示，供给曲线从 SS 移动到 $S'S'$。恩格尔定律表明：随着收入增长，食物需求的增长相对较慢，对农产品需求增长相对缓慢，需求曲线有限右移，由 DD 移动到 $D'D'$。

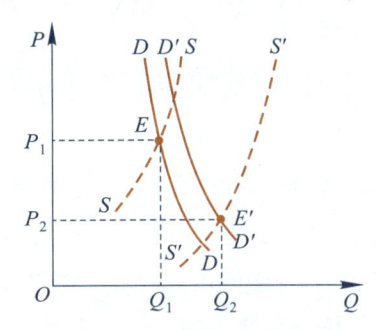

∠图1-37 供给增加和需求缺乏弹性导致谷贱伤农

供给的快速增长超过了需求的有限增加，从而导致农产品价格下降。在图1-37中，决定价格的均衡点 E 移动到均衡点 E'。由于需求价格缺乏弹性，新均衡点 E' 很低，农业收入大幅度减少。

学无止境

弹性分析和供求均衡分析一样重要

19世纪英国历史学家托马斯·卡莱尔这样评价供求的重要性："只要你教鹦鹉学会说供给和需求，就能把它培养成一个经济学家。"经济学家张五常也曾说过："只要你给我需求和供给两条曲线，我就能分析身边的一切问题。"

其实，光有供求分析还是不够的。因为，供求分析仅仅说明了价格、供给、需求、非价格因素这些变量之间的关系及变化方向，没有说明变量之间变动的程度大小，而更多地运用数学工具的供求弹性分析原理则专门解决了这个问题。

无产阶级革命导师、科学共产主义的创始人之一，弗里德里希·恩格斯说过："任何一门科学的真正完善在于数学工具的广泛应用。"弹性分析理论运用比例分析、几何分析、高等数学中的微积分分析方法，分析比较了不同商品因变量对自变量变化的反应程度，对经济活动有重要的指导意义和实践价值。

第五节　供求均衡理论的运用——收入分配

在生产要素市场上，要素（劳动、资本、土地和企业家才能）的供给和需求的相互作用决定了要素（均衡）价格。要素价格既决定了居民或家庭的收入（工资、利息、地租、利润），又决定了使用这些要素的厂商的生产成本。

要素价格决定了收入在要素所有者之间的分配，所以，生产要素价格理论又被称为收入分配理论。"为谁生产"的问题就是由要素的供求及要素的市场均衡价格高低决定的。

（漫画人物对话）
- 我是劳动、土地、资本、管理供给者
- "通胀无害"
- 我是"贸易保护主义者"
- 我又是消费者，喜欢自由贸易，通胀有害

※ 收入分配

一、工资的决定

要素市场价格由要素的市场需求和市场供给相互作用的均衡决定。劳动市场上，劳动者提供劳动服务的供求均衡决定工资水平。劳动要素的流动性强，高工资会吸引新的工人，所以，尽管许多单个劳动供给曲线可能向后弯曲，但整个市场的劳动供给曲线却不会弯曲。注意，工资不是劳动本身的价格，只是劳动者提供劳动服务的价格。

如图1-38所示，由于劳动要素的边际收益递减，劳动要素的市场需求曲线向右下方倾斜。将向右下方倾斜的劳动需求曲线和向右上方倾斜的劳动供给曲线综合起来，即可决定均衡工资水平。

图1-38中，劳动需求曲线D和劳动供给曲线S的

微课：确定性收入与不确定性收入

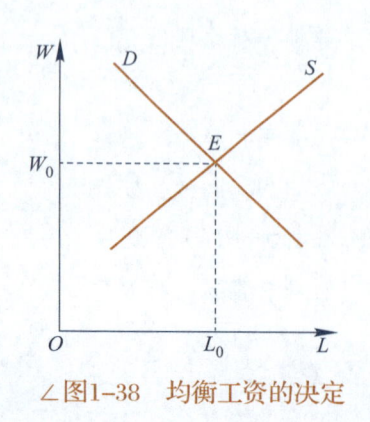

△ 图1-38　均衡工资的决定

交点是劳动市场的均衡点。该均衡点决定了均衡工资为W_0,均衡劳动数量为L_0。因此,均衡工资水平由劳动市场的供求曲线决定,且随着这两条曲线的变化而变化。

工会、政府政策、法律、习惯、社会心理等因素,会引起对劳动的需求或供给的变动(曲线移动)并进一步导致市场均衡工资发生变化。

即问即答

工资的决定及政府干预

假设劳动力市场上的供求函数为:$L_S=-6+2W$,$L_D=9-0.5W$。试计算:

(1)当劳动供求均衡时的均衡工资和均衡劳动量。(答:6;6。)

(2)若政府规定最低工资为8元/小时,有多少人愿意工作?厂商需要多少工人?失业多少?(答:$L_S=-6+2\times 8=10$;$L_D=9-0.5\times 8=5$;5。)

(3)假定代替最低工资规定的是政府同意厂商每雇用一个工人就向厂商每小时补贴3元,计算均衡条件下新的均衡工资和均衡劳动量及政府的补贴额。(答:向厂商补贴影响需求函数,$L'_D=9-0.5(W-3)$;令$L_S=L'_D$,求出均衡工资和均衡劳动量及政府的补贴额。)

案例分析

黑死病灾难带来的工资率变化

14世纪的欧洲,鼠疫的流行在短短几年内夺去了大约1/3人口的生命。这个被称为"黑死病爆发"的事件为检验刚刚提到的要素市场理论提供了一个可怕的自然试验。黑死病使人口锐减,从而劳动力的数量大规模减少,劳动力的供给十分紧张(供给曲线左移)。统计资料表明,在这一时期,劳动者的工资翻了将近一番,黑死病给农民带来了经济繁荣。由于农民收入上升,逐渐地越来越多的人倾向于减少劳动时间,耕种更少的土地,这使得劳动的供给量进一步减少了。

上述事例表明,均衡工资率取决于劳动的需求和供给。一方面,黑死病导致劳动供给减少,从而工资率提高。另一方面,随着劳动投入量不断减少,人们减少劣质土地的耕种,优质的土地被用于生产,劳动的边际产量及收益上升。正是因为这些原因,黑死病导致了工资率提高。

劳动者工资增加反而导致劳动供给量的减少。实际上就是说,随着工资的上升,出现了劳动的供给曲线向后弯曲的现象。

> **案例与实践**
>
> ### 如何帮助穷人？
>
> 假如有发达与不发达的两个地区，工资水平存在明显差距。该怎样帮助不发达地区的工人提高收入？
>
> 答：（1）可以从免税、补贴、最低工资标准、捐款、慈善方面思考。
>
> 所有这些办法都有成本。例如，制定"最低工资标准"伤害的会是最弱势的、没有任何技能的工人，不仅没有提高他们的收入，反而使他们找工作更加困难。
>
> （2）放松管制，降低人、财、物流动成本，取消劳动力流动限制也许是更加可靠的办法。
>
> （3）例如，两地的劳动市场供求函数如下：
>
> A 地区：$D_A = 26 - 4P$，$S_A = -4 + 6P$，均衡工资水平为 3 元/小时，就业量 14 万人；B 地区：$D_B = 80 - 4P$，$S_B = 20 + 6P$，均衡工资水平为 6 元/小时，就业量 56 万人。
>
> 政府取消劳动力流动限制后，两地区供求函数合并为：$D = D_A + D_B = 106 - 8P$，$S = S_A + S_B = 16 + 12P$，均衡工资水平为 4.5 元/小时，就业量 70 万人。
>
> 所以，放松管制，没有花纳税人的钱，也没有增加政府的财政负担，原来 A 地区工人的工资水平提高了，原来 B 地区用工成本降低了，总就业量没有下降。
>
> 结论：对于劳动市场需求方即厂商而言，用工成本有降低，也有提高，上下抵消；对于劳动市场供给方即工人而言，既提高了收入又没人失业，这才是真正帮助穷人。

二、地租和利息

（一）土地供求的均衡决定地租

我们可用土地来代指一切自然资源。短期中，它们是固定不变的（几何图形表现为垂直供给曲线）。这里的土地是从其提供服务的角度加以分析的（也包括资本和劳动）。地租是指土地提供服务所得到的报酬，而不是指土地和资本本身的价格，不涉及所有权。

将所有单个土地所有者的土地供给曲线水平相加，即得到整个市场的土地供给曲线。再将向右下方倾斜的土地的市场需求曲线与土地供给曲线结合起来，即可决定使用土地的均衡价格。参见图1-39。

图1-39中，地租是由土地需求曲线D与土地供给曲线S的交点（均衡点）决定的土地服务或使用的均衡价格R_0。

当土地供给曲线垂直（固定不变）时，地租的高低只由土地的需求曲线决定。如果需求曲线下降到D'，则地租将消失，即等于0。

结论：地租源于土地的稀少，供给不能增加。如果土地供给不变，则地租产生的直接原因就是需求增加（土地需求曲线的右移）。

> **地租：**
> 由土地供给曲线与需求曲线的交点所决定的土地使用价格。

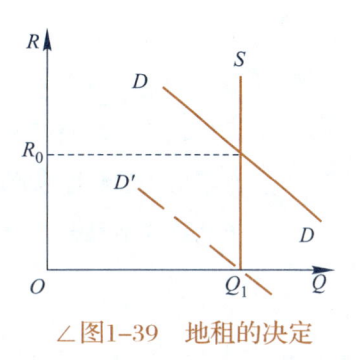

∠图1-39 地租的决定

（二）租金：固定供给的资源价格

租金是指固定供给的一般资源的价格。例如，某些人的天赋才能、身高、容貌等就如土地一样，其供给是自然固定的。这些固定不变的资源的服务价格就是租金。租金与土地的地租类似。为与地租相区别，把这种供给固定不变的一般资源的服务价格叫作租金。地租是当所考虑的资源为土地时的租金，而租金则是一般化的地租。租金高低取决于需求。

> **租金：**
> 固定供给的一般资源的价格。

（三）经济租金

经济租金就是生产者剩余，它是指长期中超过其他场所的要素收入。

案例分析

经济租金

过去10年，明星玛丽亚跟某公司签约，每年只拍一部电影（固定供给量）得到60万元收入。现在她跟环球贸易公司签约拍广告，拍一个广告得到60万元，在

第一章　需求、供给与均衡价格

一部电影劳动付出量等于N个广告的情况下,她拍1个以上广告就能获得经济租金。1个广告的经济租金是0,2个广告的经济租金是60万元,3个广告的经济租金是120万元,4个广告的经济租金是180万元……经济租金=实际收入－固定供给收入=实际收入－机会成本=广告收入－电影收入=$N \cdot 60 - 60$。

例如,长期以来,发达国家投资的平均回报率是9%,但是,到中国投资的平均回报率是20%,这些到中国的直接投资就会得到11%的经济租金。

例如,最近几年来,银行存款年利率约为2%,去年你到银行存100万元时,营业员误把它买成理财产品了。今年你去银行取到期100万元本金和预期的2万元利息时,却意外得知不是102万元而是105万元,则你得到了3万元的经济租金。

经济租金：

要素所有者实际得到的收入如果高于他们所希望得到的收入,则超过的部分就是经济租金。

根据上面的例子,经济租金是指要素所有者实际得到的收入高于他们供给要素得到的平均收入的部分。用经济学语言表述,经济租金是要素收入与其机会成本之差。

经济租金也可以用均衡图来表述,见图1-40。

图1-40中,要素所有者为提供Q_0产量,实际销售收入为矩形OR_0EQ_0,厂商提供Q_0产量所希望得到的最低要素收入是$OAEQ_0$,两者的差额区域AR_0E为经济租金。AR_0E是要素的超额收益,即使去掉,也不会影响要素的供给量。例如,只要给800万元($OAEQ_0$),两支NBA球队就愿意到中国打一场季前赛,但由于受欢迎,他们却获得了1 390万元的收入(OR_0EQ_0),即他们得到了590万元的经济租金(AR_0E)。经济租金(AR_0E)又叫生产者剩余。

∠图1-40　经济租金

经济租金的大小显然取决于要素供给曲线的形状。供给曲线越陡峭,经济租金部分就越大。特别是,当供给曲线垂直时,全部要素收入均变为经济租金,它恰好等于租金或地租。

经济租金、租金、地租的关系如下：

经济租金、租金和地租都是资源的服务收入。当资源供给不固定、供给曲线向右上倾斜时,资源的服务收入与机会成本的差额就是经济租金;当资源供给固定、供给曲线垂直、机会成本为零时,资源的收入是租金;当资源供给固定、供给曲线垂直、机会成本为零、资源特指土地时,资源的收入是地租。

经济租金是最一般的概念，它适用于供给曲线垂直和不垂直的一般情况。如果供给曲线成为水平的，则经济租金便完全消失。

动画：影视明星玛丽亚的经济租金学

三、资本和利息

（一）资本和利息的定义

利息是资本服务供给与使用资本需求均衡时的均衡价格。利息不涉及资本品所有权，不是资本品的价格，而是使用资本（或资本服务）的价格。例如，一台价值为 1 000 元的机器被使用一年得到的收入为 100 元。100 元就是该机器服务的价格（利息率 $r=10\%$）。

> **资本：**
> 由经济制度本身生产出来并用做投入要素以便生产更多商品和劳务的物品。

（二）利息率的决定

1. 短期利息率的决定

资本的短期供给曲线是一条垂直线。例如，你出租经营挖掘机资本设备，一共 10 台。无论出租价格（利息率）高低，短期你不想购买新机器，供给不变。这时利息率高低由需求决定。见图 1—41。

图 1—41 中，把挖掘机资本设备替换为资金。不管利率高低，资金供应者都只供给不变的资金存量（S 曲线），它与 D 曲线相交于 E 点，表示资金需求者愿意以每年 10% 的利息借款购买资本。

> **利息率：**
> 使用资本（或资本服务）的价格。

2. 长期利息率的决定

在长期中，利息率提高，储蓄增加。储蓄通过投资将不断转化为资本，厂商或设备租赁公司会购买新机器，从而引起长期资本供给上升。见图 1—42。

图 1—42 中，曲线 S 表示资本或资金的长期供给，它向上倾斜说明人们愿意以较高的实际利息率供给更多的资本品。D 曲线与 S 曲线相交于 E 点，在这一点上，便是长期资本市场的均衡利息率。

> **实际利息率：**
> 名义利息率减去通货膨胀率。

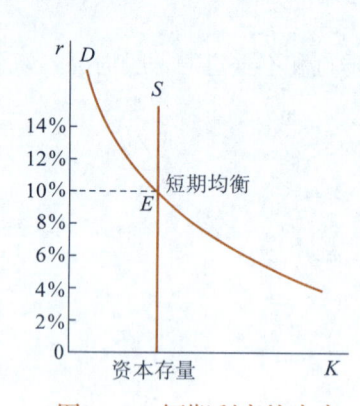

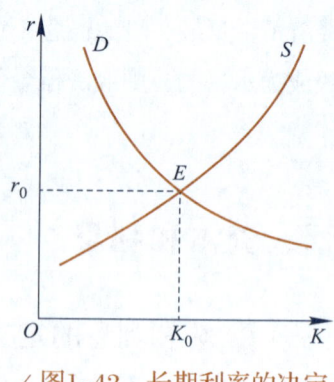

∠图1-41　短期利率的决定　　　　　　　∠图1-42　长期利率的决定

四、风险、创新和垄断与利润

西方经济学将利润分为正常利润、超额利润。

正常利润是企业家才能的价格。正常利润是企业家才能这种生产要素所得到的收入，即要素的价格。它包括在成本之中，其性质与工资相类似，是由企业家才能的需求与供给所决定的。对企业家才能的需求是很大的，依靠企业家才能，劳动、资本、土地结合在一起并生产出产品。企业家才能的供给是很小的。那些具有天赋、受到良好的教育、有胆识、有能力、办事果断的人才具有企业家才能。企业家才能的需求与供给的特点，决定了企业家才能的收入——正常利润——一种特殊的工资，其数额高于一般劳动所得到的工资。

超额利润是指超过正常利润的那部分利润，又称经济利润。这里的超额利润来源于：承担风险，创新，垄断。

本 章 简 评

西方经济学假定非价格因素不变，考察供给、需求和价格三大变量的关系并得到供求曲线，描述了非价格因素变动引起的均衡价格变动，并且把它作为经济分析的基本方法（供求定理）。虽然供求定理可以解释大量经济现象，简洁地说明了人们关心的价格变动对资源配置与流动的关键性作用。但是，正如马克思主义政治经济学证明的那样：供求关系只能说明为什么价格围绕价值上下波动，而不能说明价值实体本身。供求定理不能说明，当供求均衡时，决定价格高低背后的东西。所以，供求均衡论不能代替价值论。马克思主义政治经济学原理科学地证明了商品具有价值和使用价值二重性，不同使用价值交换的比例是基于具有同一性的价值，价值是凝结在商品中的抽象人类劳动，它是价格波动背后的实体，价格仅仅是价值的货币形式，价值决定价格，价格围绕价值上下波动。

本 章 小 结

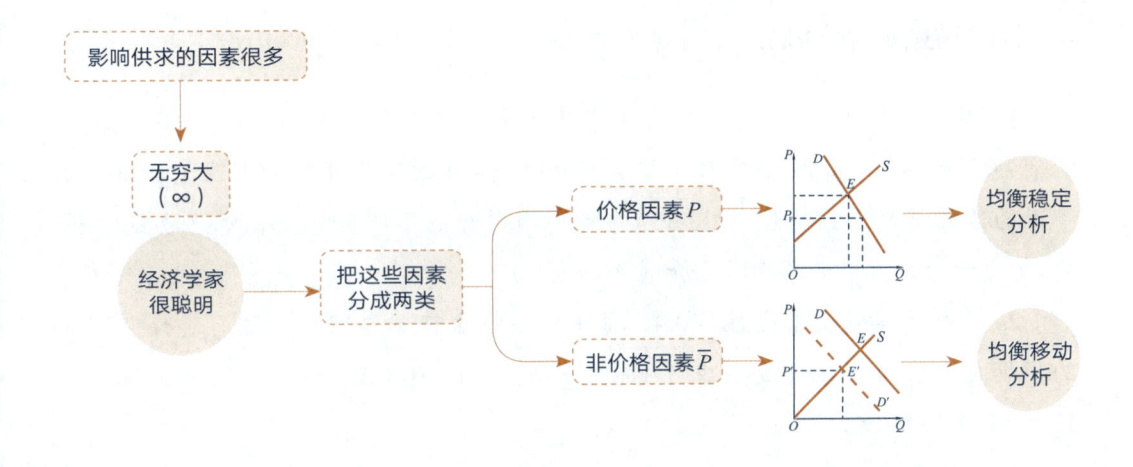

讨论及思考题

1. 美国前总统卡特被问到征收汽油税是否会提高汽油价格时回答："乍一看来，向物品征税会提高消费者支付的价格。但是，价格的上升会降低需求，需求下降又会使价格下降。因此，可以认为，向物品征税不会提高商品价格。"这段话对吗？为什么？画出图形并说明。（提示：错。向物品征销售税导致供给减少，供给曲线左移，并且使得价格上升、需求量下降，需求没有变动。如果征收消费税，需求减少，需求曲线左移，供给量下降，消费者实际支付的单价与税之和高于征税前。此处应区分点移动和线移动。）

2. 大规模的广告活动使健身器材价格狂涨。在高兴的同时，健身器材经销商又担心价格上升会抑制需求，需求下降拉动价格下降。这种担心对吗？用供求图分析。（提示：错。广告使对健身器材的需求增加，需求曲线右移，价格和供给量上升。广告使需求上升是原因，价格上升是结果。价格上升不会抑制和拉低需求。此处应区分点移动和线移动以及因变量和自变量。）

交互式自测

3. 用供求图分析劝导性的"吸烟有害健康"广告与征收高额烟草税对香烟市场的不同影响。(提示:广告影响需求,需求曲线左移。征税影响供给,供给曲线左移。)

4. 为什么说生产要素价格理论就是分配理论?(提示:要素的市场供求决定要素价格,要素价格决定要素所有者的收入,所以,市场化分配产生收入差距。)

5. 生产要素市场和商品市场有何不同,有何联系?(提示:从市场主体和供求角度分析。)

练习题或案例题

1. 需求价格弹性的大小决定了需求曲线是陡峭还是平坦。$E_d>1$ 的富有弹性的商品(奢侈品)需求曲线较平坦,而 $0<E_d<1$ 的缺乏弹性的商品(必需品)需求曲线较陡峭。请作图并说明因弹性不同引起的不同价格变化对总收益的影响。(提示:总收益=单位商品价格×数量。)

2. 香烟的需求价格弹性是0.4,如果现在每盒香烟为12元,政府想减少20%的吸烟量,价格应该提高多少?(提示:$E_d=0.4=20\%/X$。即应该提高50%,从12元/盒提高到18元/盒。)

3. 已知某商品的需求方程和供给方程分别为:

$$Q_D = 14 - 3P$$

$$Q_S = 2 + 6P$$

试求该商品的均衡价格,以及均衡时的需求价格弹性和供给价格弹性。(提示:先求出均衡点,已知需求函数和供给函数的斜率分别为 -3 和 $+6$,代入下面的公式:

$$E_d = -\frac{dQ}{dP} \cdot \frac{P}{Q}, \quad E_s = \frac{dQ}{dP} \cdot \frac{P}{Q}, \quad E_d = 0.4, \quad E_s = 0.8 \text{。})$$

4. 假设某一特定劳动服务的市场是完全竞争的,劳动的供给函数为 $L_S=800W$,这里 L_S 为劳动供给的小时数。劳动的需求函数为 $L_D=24\,000-1\,600W$。试计算:

(1)当劳动的供求达到均衡时,均衡的工资(W)和均衡劳动小时数是多少?(提示:$W=10$元;$L_S=L_D=8\,000$小时。)

(2)当政府规定最低工资为20元/小时,劳动供给量和需求量各是多少?存在失业吗?如果存在,失业量是多少?

(3)如果政府对需求方(企业)每小时补贴15元,问:存在失业吗?新的均衡工资、均衡就业数量、财政补贴总额各是多少?

（4）请画均衡图标注回答以上问题。

（提示：① 均衡工资 $W=10$ 元/小时，均衡劳动小时数 $Q_E=8\,000$ 小时；② 当政府规定最低工资为 20 元/小时，劳动供给量和需求量分别是 16 000 小时、−8 000 小时（符号为负，含义为需求变供给，在第 2 象限），存在失业，失业量 = 16 000 − (−8 000) = 24 000（小时）；③ 补贴后新的劳动需求函数（曲线右移）变为 $L'_D=24\,000-1\,600(W-15)=48\,000-1\,600W$，令 $L'_D=L_S$，不存在失业，新的均衡工资、均衡就业数量、财政补贴总额分别是 20 元/小时、16 000 小时、24 万元；④ 参考第五节工资决定中的"即问即答"题和图 1–38。）

5. 说明影响汽车需求和供给的因素，解释汽车广告在影响汽车需求和汽车需求价格弹性方面的作用。（提示：一般来讲，汽车广告至少能发挥两方面的作用：① 刺激消费需求，使汽车市场需求曲线向右移动，使汽车均衡价格上升；② 降低汽车需求价格弹性，强化人们对该品牌或型号汽车的依赖性、品牌忠诚度，降低其替代性。）

6. 学习完供求均衡理论后，小明在读书笔记中写道："汽车供不应求时，买者竞争会推动价格上升，价格上升使需求下降和供给增加，需求下降和供给增加使价格下降，最后价格会比原来更低。"问：小明说得对吗？为什么？（提示：不对。他混淆了需求/供给与需求量/供给量。需求/供给会通过影响均衡而影响价格，需求量/供给量则是价格变动的结果。小明的话应改为：供不应求，价格上升，价格上升使需求量下降和供给量增加，达到均衡，形成均衡价格和均衡数量。）

挣钱不易，不管买什么，重要的是"性价比"，要使每元钱得到的满足相等，即 $MU_i/P_i = \lambda$

第二章
消费者行为分析

├ 关键概念

- ⊙ 效用
- ⊙ 边际效用
- ⊙ 边际效用递减规律
- ⊙ 消费者均衡原则
- ⊙ 消费者剩余

第二章 消费者行为分析

> **引导案例**
>
> ### 水的边际效用
>
> 边际效用递减规律被称为戈森定律，可以简单概括为"随着获得物品的递增则欲望和享受递减"。水对生命如此不可缺少，为什么价格却很低？200年以前，这一悖论困扰着亚当·斯密。现在，我们知道如何解答这一问题了。其答案如下：决定某一物品单位价格的是边际效用不是总效用。例如，第一桶至第三桶水的边际效用分别是900、100、80，那么，虽然水的总效用是1 080，但水的边际效用却是80，如果一单位边际效用的支付意愿是1元，则消费者对水的支付意愿是80元。
>
> 第一至第三个单位的钻石的边际效用分别是100、99、98，那么，钻石的总效用是297，钻石的边际效用是98，则消费者对钻石的支付意愿是98元。所以，钻石比水贵。但水的总效用仍然是钻石的3.64倍，因为，水更有用。
>
> 结论：边际效用决定消费者的支付意愿，边际效用小，价格就低。

问题

边际效用递减规律与需求曲线向右下方倾斜的关系是什么？

目标

掌握收入约束下的消费者如何实现效用最大化；能解释需求曲线向右下方倾斜的原因。

要点

1. 边际效用学派的基数效用理论、帕累托的序数效用理论分别用边际效用、无差异曲线和预算线等概念来说明消费者如何才能实现效用最大化。

2. 消费者购买商品的均衡原则：在收入和价格既定时，要使每一种商品的边际效用与价格之比相等。

知识点：了解基数效用论的总效用、边际效用概念及边际效用递减规律与需求曲线；理解消费者均衡原则和消费者剩余概念。

能力点：序数效用论主要以无差异曲线、边际替代率和预算线与无差异曲线的切点上的均衡来解释消费者行为和需求曲线。

注意点：基数效用理论着眼于不同商品边际效用与价格的比较，序数效用论着眼于不同商品组合的成本比较，两种理论只有形式上的区别。当人们说汽车、住房的价值大、有用，一般是指总效用，决定商品价格的往往是边际效用，这就应了"物以稀为贵"的古话；消费者剩余把边际效用与市场价格结合起来。

第一节 效 用 论

一、效用是选择的基准

※ 效用的主观性

消费者选择商品的依据是什么呢？答案是购买商品的"成本与收益"的比较，成本是消费者支付的货币，收益就是效用。

效用是指什么呢？效用就是满足，是消费者的收益，"满足程度"的大小即效用大小。基数效用论者用边际效用分析方法，序数效用论者用无差异曲线的分析方法。

> **效用：**
> 消费者从消费某种商品或劳务中得到的主观上的享受或有用性。

基数和序数这两个术语来自数学。基数是指1，2，3，…基数是可以加总求和的。例如，基数3加9等于12，且12是3的4倍等。序数是指第一，第二，第三……序数只表示顺序或等级，序数是不能加总求和的。

在19世纪和20世纪初期，西方经济学家普遍使用基数效用的概念。表示效用大小的计量单位被称为效用单位。例如，对某一个人来说，吃一顿丰盛的晚餐和听一场音乐会的效用分别为6个效用单位和12个效用单位，且后者效用是前者效用的2倍，二者效用之和为18个单位。

到了20世纪30年代，序数效用的概念为大多数西方经济学家所使用。序数效用

微课： 效用的三大特点

论者认为，效用的大小是无法具体衡量的，效用之间的比较只能通过顺序或等级来表示。

| 大女婿的布鞋生意 | 二女婿的雨伞生意 | 二女婿的雨伞生意 | 大女婿的布鞋生意 |

※ 效用的主观性

二、边际效用及边际效用递减规律

边际效用：
消费者在一定时间内增加消费一单位某种商品和劳务带来的满足或效用。

边际效用是指消费者在一定时间内增加消费一单位某种商品和劳务带来的满足或效用。现在设想消费者A连续消费了8个汉堡，第8个单位汉堡给他带来的效用被称为边际效用（最边上的或最后的那个单位增加的效用）。如表2-1所示，如果消费者仅消费3个单位，那么边际效用为5。

微课：
边际效用

动画：
杰克的汤

表2-1 效 用 表

商品数量	总效用	边际效用
0	0	—
1	7	7
2	13	6
3	18	5
4	22	4
5	25	3
6	27	2
7	28	1
8	28	0
9	27	-1

边际效用递减规律是指随着个人连续消费越来越多的某种商品,他从中得到的增加的效用量是递减的。边际效用递减规律的特征如下:① 边际效用的大小与欲望强弱成正比,与消费商品的数量成反比;② 边际效用是在特定的连续的时间段里起作用,不同的时间里具有再生性、反复性;③ 边际效用具有主观性,商品价格由边际效用决定,数量少,边际效用大,价值就高。

也有例外情况,如成套邮票、毒品等。不过,这不影响边际效用递减规律的合理性和普遍性,多样化、少而精、戒多戒贪、拒腐寡欲、济贫扶弱、自由选择的哲理都可以在边际效用递减规律中找到答案。

> **边际效用递减规律:**
> 随着个人连续消费越来越多的某种商品,他从中得到的增加的效用量是递减的。

动画: 边际效用递减规律

三、总效用与边际效用

表2-1中,如果消费者A消费4个汉堡包,他的总效用是第一到第四个边际效用之和,即7+6+5+4=22。随着消费量增加,只要边际效用为正值,其总效用也增加。但是,当边际效用下降为零时,即第八个时,总效用便停止增加。

边际效用能否变为负值呢?如果消费者的产品多到必须扔掉部分,多到造成麻烦、破费或痛苦时,它就变为负值。

表2-1中的数字可以用图2-1表示。

在表2-1和图2-1中都可以看到,当消费者A消费得越来越多时,A得到的总效用会以越来越缓慢的速度增长。这是因为,随着A消费商品数量的增加,边际效用递减。当汉堡消费到8时,边际效用为0,总效用最大。

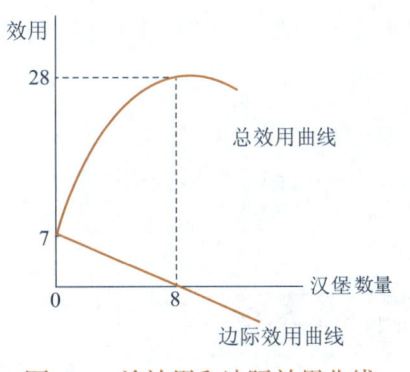

∠图2-1 总效用和边际效用曲线

微课: 理解边际效用递减性

即问即答

总效用与边际效用

某人吃了5个包子,感叹道:"早知道吃5个包子才饱,又何必吃前面4个呢?!"众人笑他。他为什么被人笑话?(答:他分不清5个与第5个,分不清总效用与边际效用。)

四、消费者均衡：成本与收益的比较

（一）购买一种商品的均衡原则：边际效用等于价格

如果不考虑成本支付或价格（免费），消费者消费商品的数量由边际效用决定（$MU \geq 0$）。

> **案例分析**
>
> **免费午餐中的 $MU=0$ 原则**
>
> 消费者免费吃汉堡，消费数量分别为0、1、2、3、4、5、6，其总效用（TU）为0、7、11、13、14、14、13，边际效用（MU）分别为7、4、2、1、0、-1。所以，选择消费商品的数量为5个单位时，总效用最大（14）。这时，边际效用（MU）为0，继续选择消费会减少总效用量。

如果考虑成本支付或价格，假定1单位货币代表1单位效用。边际效用决定消费者的支付意愿（$MU \equiv$ 愿付价格，$MU=6$，表示消费者愿支付的货币为6元）。当市场价格为P时，$MU>P$，增加购买；$MU<P$，减少购买；$MU=P$，这时所购商品数量的总效用最大，停止购买。通过对比MU与P来找到购买商品的合适数量，即最后一个单位商品的边际效用等于商品的市场价格时就是合适数量，购买商品的数量要遵循$MU \geq P$原则。

一种商品数量选择的最大效用原则：

$$MU=P \text{ 或 } MU/P=1$$

> **案例分析**
>
> **购买选择中的 $MU=P$ 原则**
>
> 消费者可以选择购买的汉堡数量分别为0、1、2、3、4、5、6个单位，其总效用（TU）分别为0、7、11、13、14、14、13，边际效用（$MU \equiv$ 愿付价格）分别为7元、4元、2元、1元、0元、-1元。如果已知汉堡市场价格$P=2$，购买多少合适呢？
>
> 答案是买3个汉堡。当给定汉堡的市场价格（销售价格）$P=2$，消费者买1、2、3、4、5、6个汉堡的总效用与成本之差额（净效用）分别为5、7、7、6、4、1。理性的消费者会买3个汉堡。净效用（$TU-P \times Q$）为$13-2 \times 3=7$。

因为买第4个汉堡时，$MU<P$，即1<2。为了保证效用（净效用）最大化，消费者不会买第4个汉堡。

当给定汉堡市场价格$P=1$时，消费者才会购买4个单位商品；当给定汉堡市场价格$P=0$时，消费者会选择吃5个汉堡；当给定汉堡市场价格$P=-1$（领一个汉堡商家还送一单位货币，当然这种情况不会经常出现）时，消费者会领取总共6个汉堡。6个汉堡总支付意愿（TU）是13；净效用$=13-(-1\times6)=19$。这就是免费赠物品送礼券引起排长队的原因。

由上可见，在决定一种商品的数量水平时，只要消费到边际效用等于市场价格（$MU=P$，或$MU/P=1$），消费者就能实现总效用最大。同时，我们还发现MU曲线决定需求方的支付意愿并影响市场需求曲线，需求概念或需求定理也可以用MU来解释。

即问即答

在上面的案例中，当市场上的汉堡价格分别等于4元和1.5元时，他应该买多少？净效用分别是多少？（答：2个，3个；净效用分别为$3=11-4\times2$，$8.5=13-1.5\times3$。）

（二）多种商品数量选择的消费者均衡原则：每种商品的边际效用与其价格之比相等

消费者购买多种商品是为了效用最大化，存在一种最优决策的原则吗？人们在决定购买组合发生前要考虑两个因素：第一，各种商品的边际效用；第二，该商品的

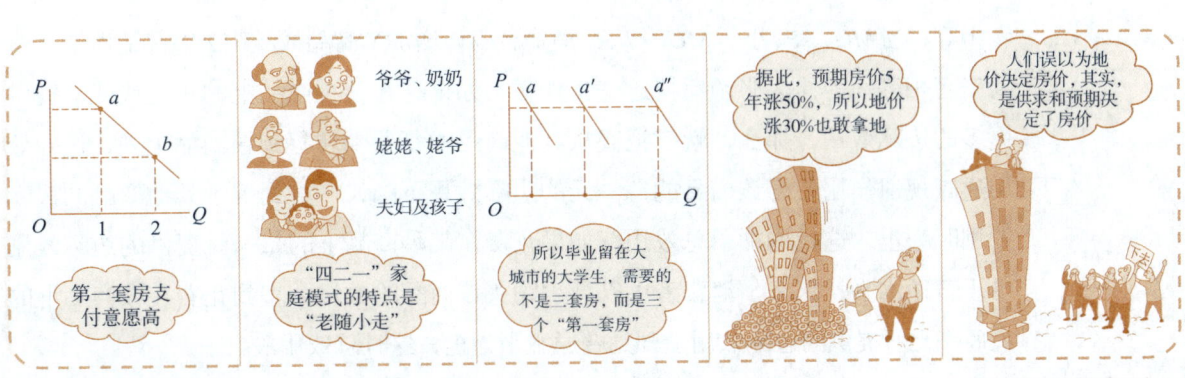

※ 支付意愿

消费者均衡原则：

在消费者的收入和各种商品市场价格既定的条件下，当花费在任一种商品上的最后一元所得到的边际效用正好等于花费在其他任何一种商品上的最后一元所得到的边际效用时，该消费者得到了最大的满足或效用。

价格及消费预算。人们购买的最后一个鸡蛋和最后一双鞋提供的边际效用不会正好相等，而且一双鞋的成本远远高于一个鸡蛋的成本，因而所付出的价格也不同。

人们应该如此安排他们的消费（消费者最大效用原则或消费者均衡原则）：在不超过消费预算的前提下，每种单个商品上花费的每元支出给他带来的边际效用相同。满足"比例相等"的购买组合，消费者能得到最大的满足或效用。

画龙点睛

两种均衡的区别

请问均衡价格与消费者均衡的区别是什么？

答：均衡价格是供给量与需求量相等时的价格，是"数量相等"；消费者均衡是购买不同商品的边际效用与其价格之比相等时的状况，是"比例相等"。

我们用两个公式来简练地表达消费者均衡原则。假定消费者选择购买两种商品 X 和 Y，消费者均衡的基本条件可以用两个公式来简练地表达：

$$I = P_X X + P_Y Y$$

$$MU_X / P_X = MU_Y / P_Y$$

第一个公式是收入和价格约束条件公式，即消费预算方程式，I 为收入，X 和 Y 为两种商品的数量，P_X 和 P_Y 为两种商品的价格。第二个公式是实现效用最大化的消费者均衡条件。MU_X 和 MU_Y 为两种商品的边际效用。

当 MU_X / P_X 大于 MU_Y / P_Y，消费者应该增加 X 商品或减少 Y 商品的购买，直到二者相等；当 MU_X / P_X 小于 MU_Y / P_Y，消费者应该增加 Y 商品或减少 X 商品的购买，直到二者相等。为什么必须保持这一条件呢？如果花在某种商品上的一元钱能够提供更多的边际效用，那么，就应把钱从其他商品的花费中转移到该商品上去，边际效用递减规律作用使得该商品的每一元的边际效用下降，一直到等于其他商品的边际效用时为止，这就增加了总效用。如果花费在某种商品上的每一元提供的边际效用少于普通水平，那么，消费者可以减少购买该商品的数量，直到花费在该商品上的最后一元所提供的边际效用上升到普通水平为止，这时总效用最大。

学无止境

物以稀为贵的几何表示

水和钻石为什么价格差距那么大？

从供给曲线看，水相当丰富，成本很低，水的供给曲线向右下方移动容易，见图2-2。钻石十分稀缺，得到1单位钻石的成本很高，它的供给曲线向右下方移动困难，见图2-3。

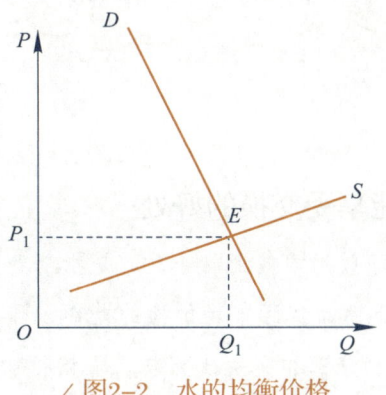

∠图2-2　水的均衡价格 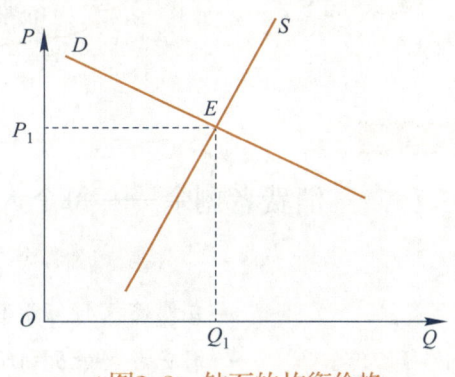　　　　∠图2-3　钻石的均衡价格

从需求曲线看，水的需求曲线由边际效用决定，曲线向右下方倾斜且越来越陡（需求价格弹性小）。水越多，它的边际效用越小。同样，钻石的需求曲线也是由边际效用决定的。水或钻石的均衡价格的高低取决于供求均衡的位置。我们发现，正是水的无限供给量使其边际效用大大减少，因而降低了这一极其重要商品的价格。假如有一天，水的供给大幅度减少，供给曲线向左上方移动，高的边际效用和高的均衡点就会使得"水贵如油"。

正如一位学生所言，经济学的价值论并不难懂，只要你记住：在经济学中，是狗尾巴摇动狗身子。摇动价格和数量这个狗身子的是边际效用这条狗尾巴。

结论：容易得到的物品，总效用大，但边际效用小，价格就低，比如水；稀罕的物品，总效用低，边际效用大，价格就高，比如钻石。

微课：
水与钻石
之谜

第二章 消费者行为分析

※ 消费者剩余

> 幸福就是渴有水、寒有衣

> 1元钱对富者来说边际效用低，消费者剩余也低，对穷者却可能很高

> 福利分配是冒险游戏

原理运用

消费者剩余——每个人都能享受交换的好处

消费者剩余：

消费者愿意支付的价格高于商品实际市场价格的差额，即消费者剩余＝边际效用－销售价格。

消费者剩余又叫净效用或效用剩余，它是指消费者愿意支付的价格高于商品实际市场价格的差额，即消费者剩余 $S=MU-P$。分工和交换社会中，每个人都可能享受消费者剩余，原因在于：市场竞争总会形成相对稳定的均衡价格，我们所购买的每一个鸡蛋或每一杯水，我们支付相同的价格。根据边际效用递减规律，对于我们来说，前面的单位要比最后的单位具有更高的效用。因此，我们就从前面的每一单位中享受了消费者剩余（效用剩余）。

图2-4说明了一个人消费水的消费者剩余概念。比如说，水的价格为每单位1元。图2-4中位于1元的水平线表示了这一点。该消费者应该购买多少水呢？根据 $MU=P$ 这一效用最大化原则，该消费者购买8个单位的水，他得到的总效用为44个单位，实际支付8元，他的消费者剩余最大，为36个单位（44－8＝36）。第1单位的水能够消除极度的干渴，消费者愿意为它支付9元，消费者剩余为8；第2单位的水，消费者剩余为7……如此下去，直到第8单位。在 E 点时，消费者达到了均衡，此时，支付意愿为1元，市场价格为1元，消费者剩余为0。继续购买是不理智的，超过 E 点，消费者剩余将为负，总效用会下降。

在图2-5中，供求相互作用决定的均衡价格为 P_1，消费者购买商品数量 OQ_1 所支付的成本总额为 OP_1EQ_1，但得到的总效用是 $OPEQ_1$，这样总效

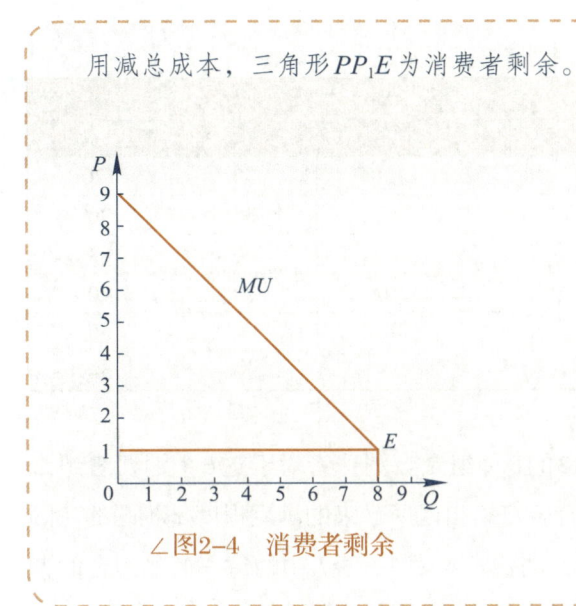

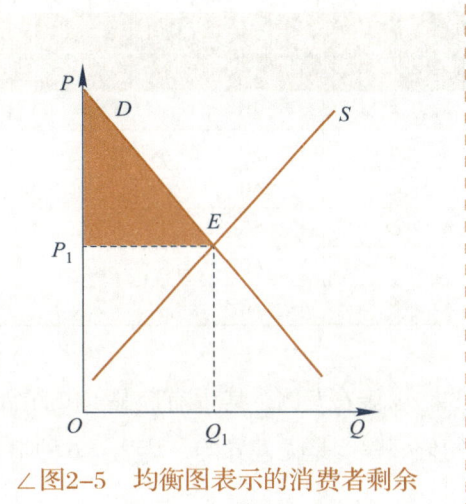

用减总成本，三角形PP_1E为消费者剩余。

∠图2-4 消费者剩余

∠图2-5 均衡图表示的消费者剩余

第二节 序数效用

一、无差异曲线及其特征

序数效用论用"偏好"取代基数效用论的"效用单位"，用"商品组合"替代"商品"。序数效用论者指出：消费者对于各种不同的商品组合的偏好（爱好）程度是有差别的，这种偏好程度的差别决定了不同商品组合的效用的大小顺序。

无差异曲线是表示两种商品的不同数量的组合能给消费者带来同等效用水平或满足程度的曲线。与无差异曲线相对应的效用函数为：

$$U=f(X_1, X_2)$$

式中：X_1和X_2分别为商品1和商品2的数量；

U为常数，表示某个效用水平。

由于无差异曲线表示的是序数效用，所以，这里的U只需表示某一个效用水平，而不在乎其具体数值的大小。

无差异曲线可以用表2-2和图2-6来说明。

表2-2是由某消费者关于商品1和商品2的一系列组合所构成的无差异表。该表由三个子表，即表I_1、表I_2和表I_3组成。每一子表中有商品1和商品2的不同数量组合的6种情况。每一张子表中的6种组合给消费者带来的效用水平被假设为是相等

表 2-2　某消费者的无差异表

商品组合	表I_1 X_1	表I_1 X_2	表I_2 X_1	表I_2 X_2	表I_3 X_1	表I_3 X_2
A	20	130	30	120	50	120
B	30	60	40	80	55	90
C	40	45	50	58	60	83
D	50	35	60	50	70	70
E	60	30	70	44	80	60
F	70	27	80	38	90	54

的。以表I_1为例,其中有商品1和商品2的6种组合。消费者对于这6个消费者组合的偏好程度是无差异的,认为这6种组合各自给自己所带来的满足程度是相同的。同理,消费者对表I_2、表I_3中的每一商品组合的偏好程度也是相同的。

根据表2-2可绘制成无差异曲线,如图2-6所示。由于消费者具有无穷多个无差异子表,因此,做出的无差异曲线也可有无数条。图2-6所示不过是其中3条。

图中的每一条无差异线曲线上的任何一点,如无差异曲线I_1上的A点、B点、C点、D点、E点和F点所代表的商品组合给消费者带来的效用水平都是相等的,无差异曲线是消费者偏好相同的两种商品的各种不同组合的轨迹。每一条无差异曲线代表一个效用水平,不同的无差异曲线代表不同的效用水平。

∠图2-6　某消费者的无差异曲线

无差异曲线具有以下特征:

第一,离原点越近的无差异曲线代表的效用水平越低,离原点越远的无差异曲线代表的效用水平越高。

第二,任意两条无差异曲线不会相交。

第三,无差异曲线斜率为负值且凸向原点。无差异曲线不仅是向右下方倾斜(斜率为负值),而且,无差异曲线是凸向原点的,即随着商品1的数量连续增加,无差异曲线斜率的绝对值是递减的。无差异曲线的这一特性是由商品的边际替代率及其递减规律决定的。

二、边际替代率及其递减规律

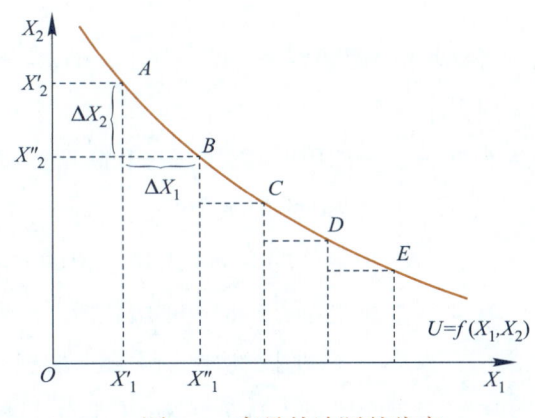

（一）商品的边际替代率

边际替代率是指在维持效用水平不变的前提下，消费者增加某种商品的消费量所需放弃的另一种商品的消费量。以 MRS 代表商品的边际替代率，则商品1对商品2的边际替代率的公式为：

$$MRS = -\frac{\Delta X_2}{\Delta X_1}$$

式中：ΔX_1 和 ΔX_2 分别为商品1和商品2的变动量。

由于 ΔX_1 和 ΔX_2 的符号肯定是相反的，为了使商品的边际替代率取正值以便于比较，所以，在公式中加了一个负号。

用图2-7具体说明商品的边际替代率的概念。

图2-7中的无差异曲线所对应的效用函数为 $U=f(X_1, X_2)$。如果消费者的购买沿着这条无差异曲线由 A 点运动到 B 点，由于效用水平不发生变化，因此，当商品1的数量由 X'_1 增加到 X''_1 时，商品2的数量会相应地由 X'_2 减少为 X''_2。消费者愿意放弃 ΔX_2 数量的商品2，以取得 ΔX_1 数量的商品1。在这种情况下，两种商品的变化量之比的绝对值即 $\Delta X_2 / \Delta X_1$，便是由 A 点到 B 点的商品1对商品2的边际替代率。

∠图2-7 商品的边际替代率

假定商品数量的变化量趋于无穷小，即当 $\Delta X_1 \to 0$ 时，则商品的边际替代率的公式可以写为：

$$MRS = \lim_{\Delta X_1 \to 0} -\frac{\Delta X_2}{\Delta X_1} = -\frac{dX_2}{dX_1}$$

显然，无差异曲线上任何一点的商品的边际替代率等于无差异曲线在该点的斜率的绝对值。

（二）商品的边际替代率递减规律

商品的边际替代率递减规律是指：在维持效用水平不变的前提下，随着一种商品消费数量的连续增加，消费者为得到每一单位的这种商品所愿意放弃的另一种商品的消费数量是递减的。例如，在图2-7中，在消费者由A点经B、C、D点，运动到E点的过程中，随着消费者对商品1的消费量连续等量的增加，消费者为得到每一单位的商品1所愿意放弃的商品2的消费量是越来越少的。也就是说，对于连续等量的商品1的变化量ΔX_1而言，商品2的变化量ΔX_2是递减的。

从几何意义上讲，商品的边际替代率递减表示无差异曲线的斜率的绝对值是递减的。商品的边际替代率递减规律决定了无差异线的形状凸向原点。

三、预算线及其变动

（一）预算线

预算线是指在消费者收入和商品价格一定的条件下，消费者所能购买到的两种商品不同数量的各种最大组合。

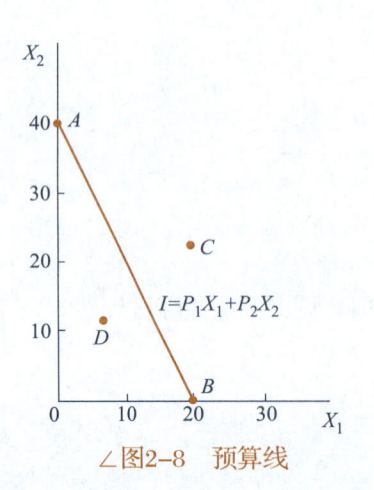

假定某消费者收入为80元，全部用来购买商品1和商品2，商品1的价格为4元，商品2的价格为2元。那么，全部收入可用来购买20单位的商品1或40单位的商品2。由此作出的预算线为图2-8中的AB线段。

在图2-8中，预算线AB把平面坐标图划分为三个区域：预算线AB以外的区域（如C点），是消费者利用全部收入也购买不到的组合点。预算线AB以内的区域（如D点），表示消费者购买该点组合后收入还有剩余。唯有预算线AB上的组合集群，才是消费者的全部收入刚好花完所能购买到的商品组合点。

如果I表示消费者的既定收入，以P_1和P_2分别

∠图2-8 预算线

动画：
预算线

表示已知商品1和商品2的价格，以X_1和X_2分别表示商品1和商品2的数量，那么预算线的方程为：

$$I = P_1 X_1 + P_2 X_2$$

该式表示，消费者的全部收入I等于他购买商品1的支出和购买商品2的支出总和。

（二）预算线的变动

消费者的收入I或商品价格P_1、P_2发生变化时，会引起预算线的变动。预算线的变动可以归纳为以下四种情况：

第一种情况：当两种商品的价格不变，消费者的收入发生变化时，预算线的位置会发生平移，见图2-9（a）。假定原有的预算线为AB，若消费者收入增加，则使预算线由AB向右平移至$A'B'$。若消费者收入减少，则使预算线由AB向左平移至$A''B''$。它表示消费者的全部收入用来购买其中任何一种商品的数量都因收入的增加（减少）而增加（减少）。

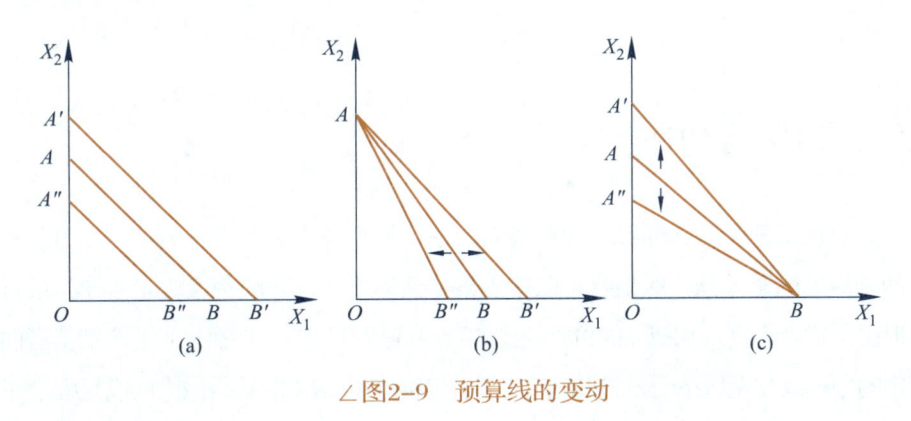

∠图2-9 预算线的变动

第二种情况：当消费者的收入不变，两种商品的价格同比例、同方向变化时，预算线的位置也会发生平移。这是因为，两种商品价格同比例同方向的变化并不影响预算线的斜率，而只能引起预算线的截距的变化。见图2-9（a）。如果两种商品的价格同比例下降，则预算线AB向右平移至$A'B'$；如两种商品的价格同比例上升，则预算线向左平移至$A''B''$。

第三种情况：当只有一种商品的价格发生变动时，不仅预算线的斜率会发生变化，而且预算线的截距也会发生变化。见图2-9（b）。假定原来预算线为AB，如商品1的价格P_1下降，则预算线由AB移至AB'。它表示消费者的全部收入用来购买商品1的数量因P_1的下降而增加，但全部收入用来购买商品2的数量并未受到影响。相反，如商品1的价格P_1提高，则预算线由AB移至AB''。

同样的道理，在图2-9（c）中，商品2的价格的下降与上升，分别使预算线由AB移至$A'B$和$A''B$。

> **即问即答**
>
> **预 算 线**
>
> 玛丽亚有10小时用于工作或休闲，用图说明她每小时赚取5元、8元、10元时的预算线。【答：用纵轴表示休闲（小时）并找到A点（0收入，10小时），用横轴表示工作得到的收入并找到B_1（50元，0小时）、B_2（80元，0小时）、B_3（100元，0小时）点。然后，连接AB_1、AB_2、AB_3，参阅图2-9（b）。】

第四种情况：当消费者的收入和两种商品的价格都同比例、同方向变化时，预算线不变。因为，此时预算线的斜率没变，预算线的截距也未变化。

四、消费者均衡

序数效用论把无差异曲线和预算线结合在一起来说明消费者均衡。一个消费者关于任何两种商品的无差异曲线组合可以覆盖整个坐标平面，即消费者的无差异曲线有无数条，但由消费者的收入和商品的价格决定的预算线只有一条。那么，当一个消费者面临一条既定的预算线和无数条无差异曲线时，他应该如何决策才能获得最大的满足程度呢？

序数效用论的消费者均衡条件是：既定的预算线与无数条无差异曲线其中的一条无差异曲线的相切点，是消费者获得最大效用水平或满足程度的均衡点或商品组合。

在图2-10中，假定AB线段表示在某消费者收入既定和商品价格已知条件下的预算线，I_1、I_2和I_3曲线表示在该消费者无数条无差异曲线中具有代表性的三条。现在的问题是：消费者应该如何选择两种商品的购买数量（X_1、X_2），才能

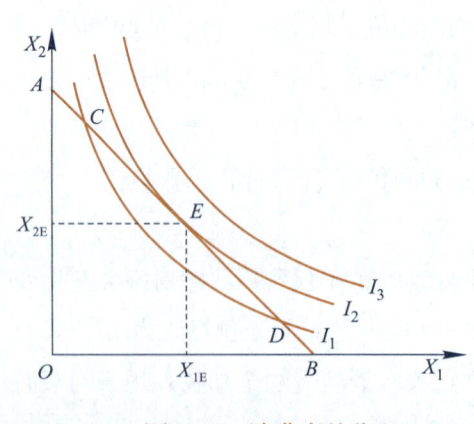

△图2-10 消费者均衡

获得最大的效用水平？

图2-10中，既定的预算线AB和其中一条无差异曲线I_2相切于E点，则E点就是在既定收入约束条件下消费者能够获得最大效用水平的均衡点。这是因为：①就无差异曲线I_3来说，虽然它代表的效用水平高于无差异曲线I_2，但它与既定的预算线AB既无交点又无切点，既定的收入水平负担不起。②C、D点的效用水平I_1低于E点上的效用水平I_2。无论选择C点还是D点，都必须放弃E点能达到的效用I_2；由于机会成本更大，C、D两点的商品组合不会给消费者带来最大满足。③理性的消费者选择会沿着AB线段由C点往右和由D点往左运动，最后必定在E点上达到均衡。显然，只有当既定的预算线AB和无差异曲线I_2相切于E点时，消费者在一定收入的约束下才获得了最大满足。

在切点E上，无差异曲线I_2和预算线AB的斜率相等。我们知道，无差异曲线斜率的绝对值可用商品边际替代率来表示，预算线斜率的绝对值可用两种商品价格之比来表示，所以，在E点有：

$$MRS = \frac{P_1}{P_2}$$

这是消费者均衡条件：边际替代率等于两种商品价格之比。它表示，在收入一定的条件下，为了得到最大的消费满足，消费者应在两种商品的边际替代率等于两种商品的价格之比的原则下进行购买。

原理运用

需求曲线证明

我们可以通过无差异曲线分析得到的价格—消费曲线说明消费者的需求曲线。

价格—消费曲线是指在消费者偏好、收入和其他商品价格不变的条件下，与某一种商品的不同价格水平相联系的消费者的预算线和无差异曲线相切的消费者效用最大化的均衡点的轨迹，见图2-11。

假定商品1的初始价格为P_1，相应的预算线为AB，它与无差异曲线I_1相切于E_1点，E_1点就是消费者的一个均衡点。再假定商品1的价格由P_1下降为P_2，相应的预算线由AB移至AB'，于是，预算线AB'与另一条较高的无差异曲线I_2相切于均衡点E_2。同理，若商品1的价格由P_1上升为P_3，预算线由AB移至AB″，于是，预算线AB″与另一条较低的无差异曲线I_3相切于均衡点E_3。显然，在商品1的每一个价格水平上，总可以找到一个与之相对应的消费者的均衡点。随着商品1价格的不断变化，就可以找到无数个消费者的均衡点。它们的轨迹就是价格—消费曲线，即图中的曲线PC。

由消费者的价格—消费曲线可以推导出消费者的需求曲线。

分析图2-11（a）中价格—消费曲线PC上的三个均衡点E_1、E_2和E_3，可以看出，在每一个均衡点上，都存在商品1的价格与商品1的需求量之间一一对应的关系。这就是：在均衡点E_1，商品1的价格为P_1，则商品1的需求量为X_1；在均衡点E_2，商品1的价格由P_1下降为P_2，则商品1的需求量由X_1增加为X_2；在均衡点E_3，商品1的价格由P_1上升为P_3，则商品1的需求量由X_1减少为X_3。根据商品1的价格和需求量之间的这种对应关系，把每一个P数值和相应的均衡点上的X数值绘制在商品的价格—数量坐标图上，便可得到单个消费者的需求曲线。从这一推导过程中，可以清楚地看到，需求曲线上与每一价格水平相对应的需求量，都可以给消费者带来最大效用水平或满足程度。换句话讲，消费者正是在追求最

动画：
价格—消费曲线和消费者的需求曲线

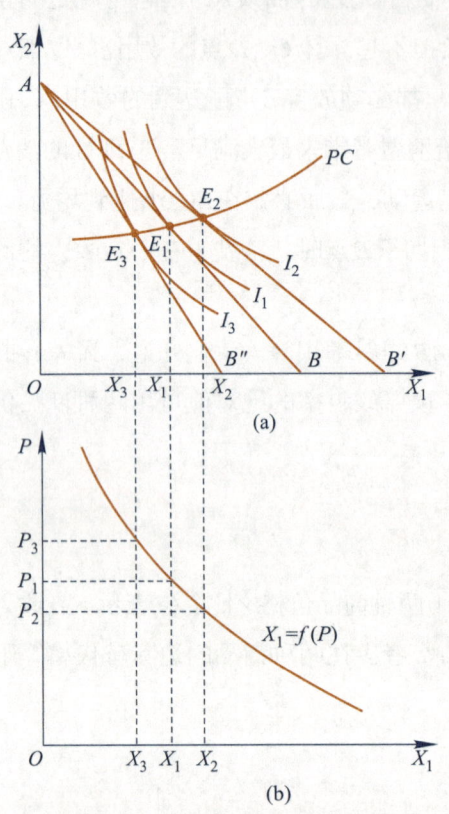

∠图2-11　价格—消费曲线和消费者的需求曲线

大效用或满足中使需求曲线向右下方倾斜的。商品价格对商品需求量的影响可以用价格变动的替代效应（用其他商品替代涨价的商品）和收入效应（涨价使消费者实际收入下降并减少所有商品的购买）来说明。

通过把所有消费者的需求量加总，我们可以得到某一商品的整个市场的需求曲线。每一个消费者都具有一条需求曲线，该曲线是根据需求量与价格而描绘的，它一般向右下方倾斜。如果所有的消费者都具有完全相同的需求曲线，而且，如果有100万个消费者，那么，我们可以想象，市场需求曲线就是每一个消费者的需求曲线的100万倍。

然而，人们并不是完全一样的。一些人有较高的收入，一些人的

收入较低；有些人很喜欢喝咖啡，另一些人喜欢喝茶。为了得到总的市场需求曲线，我们所要做的全部事情就是计算在每一价格水平上不同的消费者的消费总量。然后，我们把总量作为一点描绘在市场需求曲线上。见图2-12。

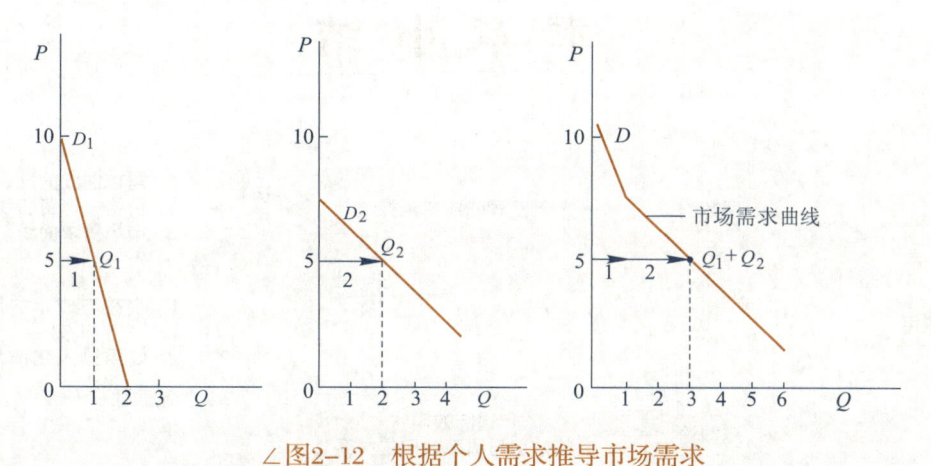

∠图2-12　根据个人需求推导市场需求

图2-12表明，在5元价格下，把消费者A的1单位需求量和消费者B的2单位需求量水平相加，得到了3单位的市场需求。

某一种商品的市场需求总量曲线表示：在每一个买者的收入和一切其他价格既定时，总需求量与价格呈反方向变化。这里，凡是个别需求曲线是真实的，那么，总需求曲线也必然真实。

本 章 简 评

第二次世界大战前，西方经济学界流行基数效用论，但效用的主观性使其很难找到统一的客观衡量标准，不少西方学者对"效用单位"提出异议并用序数效用论取代了基数效用论。同时，边际效用递减规律为平均主义和福利主义找到了理论依据。为了避免均贫富思潮泛滥，西方经济学宣扬效用不能衡量只能比较，这样，第二次世界大战后，序数效用论就流行开来。基数效用论用边际效用递减规律、消费者支付意愿、效用剩余来证明需求曲线。序数效用论用无差异曲线与预算线、两种商品的边际替代率来证明需求定理或需求曲线右下倾。必须指出，效用、边际效用及递减率、边际替代率递减规律确实存在于消费者行为中，经济分析中也经常会用到无差异曲线分析。但是，效用论与效用价值论是两个不同的概念，如果认为商品的价格和价值完全由效用决定，那就陷入了错误的主观效用价值论误区。

本 章 小 结

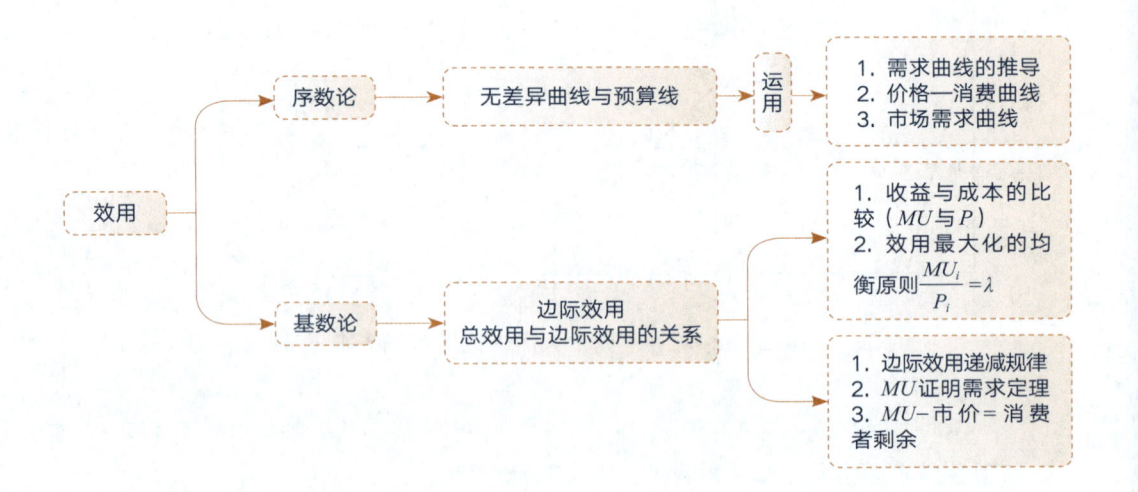

```
          ┌─ 序数论 ─→ 无差异曲线与预算线 ─运用→ 1. 需求曲线的推导
          │                                    2. 价格—消费曲线
          │                                    3. 市场需求曲线
  效用 ──┤
          │                                    ┌─ 1. 收益与成本的比较（$MU$与$P$）
          │                                    │  2. 效用最大化的均衡原则 $\frac{MU_i}{P_i}=\lambda$
          └─ 基数论 ─→ 边际效用 ──────────┤
                       总效用与边际效用的关系   │  1. 边际效用递减规律
                                                └─ 2. $MU$证明需求定理
                                                   3. $MU-$市价$=$消费者剩余
```

讨论及思考题

1. 基数效用论和序数效用论各自是怎样解释消费者均衡的？（提示：前者用不同商品边际效用与价格之比，后者用两种商品边际替代率等于两种商品价格之比来说明消费者均衡。）

2. 解释边际效用和边际效用递减规律。举例说明边际效用与总效用的关系并画图。（提示：$MU>0$，TU↗；$MU<0$，TU↘；$MU=0$，TU最大。参考图2-1。）

3. 说明边际效用曲线与需求曲线、边际效用与支付意愿、边际效用与市场价格和消费者剩余的关系。（提示：MU决定人们的支付意愿并影响需求曲线；消费者剩余$S=MU-P$。）

4. 说明无差异曲线的特点。（提示：参考本章第二节，无差异曲线的特征。）

5. 说明消费者均衡及其条件。（提示：约束条件及消费者均衡原则。）

6. "消费者购买的每种商品的边际效用均相等。""每一货币单位所购买的不同商品的边际效用均相等。"前面两种表述，哪一个是消费者购买的明智原则？（提示：第二个。）

7. 消费者行为的分析要说明什么问题？（提示：既定收入和价格条件下，消费者如何实现效用或满足最大化。）

练习题或案例题

1. 如果有两种商品 X 和 Y，$MU_X/P_X < MU_Y/P_Y$，消费者怎样进行调整，才能达到效用最大化？若 $MU_X/P_X > MU_Y/P_Y$，消费者应如何调整两种商品的购买量？为什么？（提示：多种商品数量选择的消费者均衡原则，前面一种情况，可以增加 Y 商品的购买或减少 X 商品的购买；后面一种情况则相反。）

2. 假定消费者消费两种商品 X 和 Y，X 的边际效用函数为：$MU_X = 40 - 5X$，Y 的边际效用函数为：$MU_Y = 30 - Y$，消费者的货币收入 $M = 40$，并且 $P_X = 5$，$P_Y = 1$，那么消费者的最佳消费组合应是怎样的？（提示：多种商品数量选择的消费者均衡原则，$X = 3$，$Y = 25$。）

3. 若消费者张某的收入为 55 元，全部用于购买食品和衣服，食品和衣服的价格分别为 5 元和 10 元。已知两类商品对张某的边际效用值如下表所示，问张某购买食品和衣服各多少？

消费量	消费食品的边际效用	消费衣服的边际效用
1	25	40
2	23	35
3	20	30
4	18	25
5	15	20
6	10	15

交互式自测

（提示：根据基数效用论的多种商品数量选择的消费者均衡条件 $MU_i/P_i = \lambda$，计算出两种商品边际效用与价格的比值并列表；找到不多不少用完 55 元而且比值相等的购买数量组合，即食品 5，衣服 3。进一步理解：有三种组合符合消费者均衡，即 A（食品 3，衣服 1）、B（食品 5，衣服 3）、C（食品 6，衣服 5）。但是，只有 B 组合满足预算约束条件 55 元。所以，张某的最优购买数量组合是 B。参阅本章"消费者均衡原则"的两个公式。）

第三章
厂商理论

谁的贡献大？要增加产量，应该增加哪种投入？最优要素投入重要的是比例：要使每元钱带来的收益相等，即 $MP_i/C_i=\lambda$

劳动　资本　土地　企业家才能

⊢ 关键概念

- ⊙ 生产函数
- ⊙ 边际产量
- ⊙ 边际收益递减规律
- ⊙ 最优要素投入组合点
- ⊙ 边际成本
- ⊙ 平均成本
- ⊙ 平均可变成本
- ⊙ 盈亏平衡点
- ⊙ 停止营业点
- ⊙ 边际收益
- ⊙ 经济利润

第三章 厂商理论

引导案例

上大学的会计成本和机会成本

上大学是要花钱的,这就是上大学的成本。从目前来看,每位大学生在四年期间学费、书费等各种支出约为4万元。这种钱要实实在在地支出,是在账面上要记录下来的成本,称为会计成本。

上大学的代价绝不仅是这种会计成本。上大学放弃工作的机会和工资收入就是上大学的机会成本。例如,如果一个人不上大学而去工作,每年可以得到1万元,这四年的机会成本就是4万元。上大学的总成本=会计成本与机会成本之和,共计8万元。

不同的人上大学的总成本是不一样的。一个达到NBA水平的篮球天才,如果高中毕业后上大学,他大学四年的总成本可能高达504万美元,其中有500万美元是机会成本。因此,有这种天才的青年,即使学校提供全额奖学金,他也会在去上大学与去NBA打篮球之间犹豫。有些具备当模特气质与条件的女孩,放弃上大学也是因为上大学机会成本太高。当你了解机会成本后就知道为什么有些年轻人不上大学的原因了。可见机会成本这个概念在我们日常生活的决策中也是十分重要的。

问题

厂商为了实现利润最大化,需要了解哪些规律?

目标

理解和掌握产量(收益)变化规律、成本变化规律以及利润最大化原则。

要点

1. 生产函数是反映投入产出关系的一个概念。短期中,增加一种要素的投入量,所得到的产品增量会逐渐递减,这就是边际收益递减规律。

2. 长期中,厂商的利润最大化是通过扩大规模和寻找要素的最优投入组合来实现的。利润、收益和成本都与产量有关,都是产量的函数。利润最大化原则可以概括为:$MR=MC$。这个等式有两方面的应用价值:(1)它是确定最优产量的依据;(2)它是获得最大利润的均衡条件。

知识点:本章要求学生了解生产函数,理解短期中一种变动投入下的生产函数、产量规律及边际收益递减规律,掌握长期中生产要素的最优组合以及规模收益。

能力点:理解和掌握产量规律、成本规律、利润最大化原则。

注意点： 规模经济分析研究产量规模扩大使得平均成本上升还是下降的问题；而规模收益是比较投入增长率与产出增长率。

第一节　厂商的生产活动：投入与产出

一、生产函数

厂商是从事生产活动的，生产就是将投入转化为产出的活动，经济学用生产函数描述生产活动。 生产函数 是指能生产出最大产出量与这一产出所需要的投入之间的关系。它反映了一定物质技术的状况。假定产量为 Q，投入的要素分别为资本（K）、劳动（L）、土地（N）、企业家才能（N_e），则生产函数可表示为：$Q=f(K,L,N,N_e)$。

> **生产函数：**
> 生产出最大产出量与这一产出所需要的投入之间的关系。

> **微课：**
> 生产者的难题

案例分析

生产函数的表示

（1）一个农学家有一本关于农业生产函数方面的书，该书说明了能够生产出不同数量的玉米的土地和劳动的各种组合。其中一页上有生产100千克玉米所需要的土地和劳动的各种组合，另一页上列出了生产200千克玉米所需要的投入组合等。

（2）通过输油管传送的原油量。工程师知道，产出量取决于油管的直径、输送泵的功率和地形等因素。所列出不同的管道直径、输送泵的功率和其他因素，以及与之相应的石油产出的表格，代表了输油量的生产函数。

（3）已知某企业的生产函数为：$Q=5+5L+2L^2$。求：平均产量 AP 和边际产量 MP。解：$AP=TP/L=Q/L=(5+5L+2L^2)/L=5/L+5+2L$；$MP=\mathrm{d}TP/\mathrm{d}L=\mathrm{d}Q/\mathrm{d}L=Q'=5+4L$。

有成千上万个不同的生产函数，每个生产函数对应于一种产品，尽管它们并没有被记入工程手册上。生产函数描述了一个企业如何能够生产出它的产品组合，同时，生产函数也是决定企业的成本曲线的重要因素。

二、短期生产函数：总产量、平均产量和边际产量

经济学根据生产中要素投入变动情况，把生产分为长期和短期。短期定义为在这样一个时期，企业不能改变固定要素（如机器设备），但能够通过改变可变要素（如原料和劳动）来调整生产，或者说至少有一种要素投入不能变；而把长期定义为一个足够长的时期，以至于包括设备资本在内的所有要素都能得到调整。

从企业的生产函数中，我们可以得到三个重要产量概念：总产量、平均产量和边际产量。

总产量（TP）是一定投入所得到的用实物单位衡量的产出总量，如多少吨小麦或多少桶石油。见表3-1第2栏和图3-1。

动画：
总产量、平均产量、边际产量的关系

表3-1 总产量、边际产量和平均产量表

（1）L 劳动单位	（2）TP 总产量	（3）MP 边际产量	（4）AP 平均产量
0	0	—	—
1	2 000	2 000	2 000
2	3 000	1 000	1 500
3	3 500	500	1 167
4	3 800	300	950
5	3 900	100	780

表3-1和图3-1表明，随着劳动单位投入量的增加，总产量的增长呈现为越来越小的阶梯式。

平均产量（AP）是总产量除以总投入的平均数（见表3-1）。

边际产量：
在其他投入不变时，增加某一种投入所增加的产量或额外产出量。

边际产量（MP）是指，在其他投入不变时，增加某一种投入所增加的产量或额外产出量。例如，我们保持土地、机器和其他投入不变，劳动的边际产量就是从增加1单位的劳动中得到的额外产量。见表3-1第3栏和图3-2。

表3-1和图3-2表明，第1个单位劳动，劳动的边际产量为2 000；第5个单位劳动，劳动的边际产量仅为100。图3-2中，边际产量呈现为阶梯式递减。如使增

长阶段变光滑就可给出边际产量递减曲线。该曲线以下面积，即矩形画线部分的面积加总，等于图3-1所示的总产量。总产量的变化受限于边际产量的变动。边际产量递减决定了总产量以越来越小的阶梯式增长。当边际产量为负值时，理性的厂商会停止劳动投入，并且调整劳动投入量直到 $MP \geq 0$，这时总产量最高。

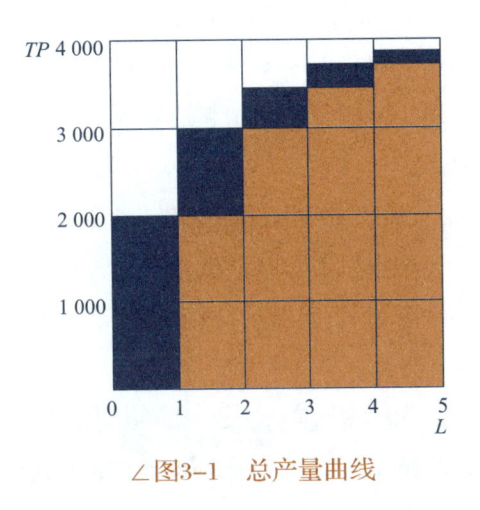

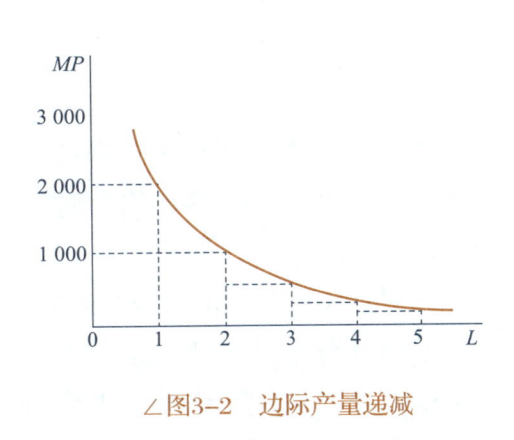

∠图3-1　总产量曲线

∠图3-2　边际产量递减

总产量、平均产量、边际产量的关系为：$AP = TP/L$，$MP = \Delta T/\Delta L$。如图3-3所示。

根据总产量曲线、平均产量曲线和边际产量曲线及其相互关系，可以确定劳动这一可变要素投入量的合理区域。

在图3-3中，劳动投入量 L_1 对应着边际产量与平均产量曲线的交点，L_2 对应着边际产量等于零或总产量最大的点。这样，劳动的投入量被分成为三个区域：从 O 到 L_1 为第一阶段 A；L_1 到 L_2 为第二阶段 B；超过 L_2 之后为第三阶段 C。

在劳动投入量的第一阶段内，平均产量呈现上升趋势，劳动的边际产量大于劳动的平均产量。

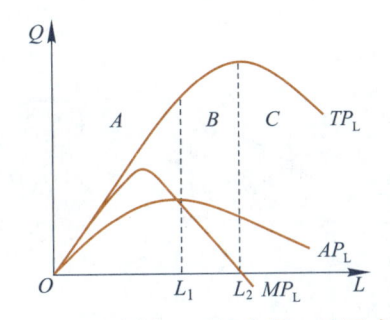

∠图3-3　总产量、平均产量、边际产量

这意味着，劳动的边际水平超过平均水平，因而理性的厂商不会把劳动投入量确定在这一领域。与这一区域相对应的第三阶段，在这一区域内，可变投入劳动的边际产量小于零，即增加投入不仅不增加产量，反而会促使产量下降，因而厂商也不会把投入确定在这一阶段上。因此，理性的生产者只会把劳动投入量选择在第二阶段上。

在可变投入的第二阶段 B，即可变投入位于平均产量与边际产量曲线的交点以及边际产量等于0之间的区域，称为可变生产要素的合理投入区。

115

三、短期生产中的一般规律：边际收益递减规律

边际收益递减规律：
　　在保持技术和其他投入不变时，连续增加同一单位的某一种投入所增加的产量迟早会逐步减少，从而引起边际收益（产量）减少。

假定价格不变，边际产量就等于边际收益（$MP = MR$）。边际收益递减规律是一个普遍规律，是指在保持技术和其他投入不变时，连续增加同一单位的某一种投入所增加的产量迟早会逐步减少，从而引起边际收益（产量）减少。

为什么生产函数通常遵守边际收益递减规律呢？其原因在于：随着某一种要素的不断投入，如劳动的更多单位增加到固定数量的土地、机器和其他投入上，劳动可使用的其他要素越来越少。土地变得更加拥挤，机器超负荷运转，投入的劳动所增加的产量越来越少，从而引起的收益递减。

中国寓言故事中提到的"一个和尚挑水吃，两个和尚抬水吃，三个和尚没水吃"，反映的就是资本不变（木桶不增加）时，增加劳动越多，可利用的资本（木桶）就越少，以至于互相攀比、推诿，出现人浮于事、大锅饭、平均主义，劳动的边际产量（收益）递减趋势。

※ 边际收益递减规律

画龙点睛

边际收益递减规律

　　在农作物生产中，对于水的投入而言，收益递减是很容易理解的。第1单位的水关系到作物的生命；以后的几单位水保持作物健康、快速生长。但是，随着水的增加量越来越多，土地被淹没，大多数作物实际上会死亡。
　　边际收益递减规律只是一条被广泛观察到的经验性规律，而不是像地球引力规律那样的普遍真理和自然规律。

四、长期生产函数：规模收益和要素投入最优组合

（一）规模收益

以上考察的是一种要素投入的情形，下面看所有要素投入下的产出（规模问题）。

规模收益是指所有生产要素同时同比例增加的投入与产出的关系。例如，如果土地、劳动、水和其他投入都增加相同的比例，小麦产量会发生何种变化呢？或者，如果劳动、计算机、橡胶、钢和厂房的空间都增加1倍，汽车产量会有何种变化呢？这些问题都涉及规模收益，即投入的规模扩大对收益或产量的影响。当所有投入同比例增加时，总产量有三种反应。

1. 规模收益递增

规模收益递增表示所有投入的增加比例小于产出增加比例。例如，一位正在设计一个小规模化工厂的工程师发现，把劳动、资本和原料增加20%，会引起总产出30%的增长，即规模增加的幅度小于收益增加的幅度。管理工程研究发现，那些达到当今最大规模的工厂的许多制造过程都享有适度的规模收益递增。

2. 规模收益不变

规模收益不变表示所有投入的增加比例导致相同的产出的增加比例。例如，如果劳动、土地、资本和其他投入增加20%，那么，在规模收益不变的情况下，产出也增加20%，即规模增加的幅度等于收益增加的幅度。许多手工业（如在发展中国家使用的手织机）表现为规模收益不变。

3. 规模收益递减

规模收益递减表示所有投入的增加比例大于总产出增加的比例。譬如，一个农民的玉米地，种子、劳动和机器都增加了20%。如果总产出仅仅增加了15%，这种情况表现为规模收益递减，即规模增加的幅度大于收益增加的幅度。许多涉及自然资源的生产活动，如种植酿酒的葡萄或栽培树林等，都表现为规模收益递减。

当所有投入的同比例平衡增加导致了产出更大比例、同比例或更小比例的增加时，生产表现为规模收益递增、不变或递减。

当今的生产中哪一种边际收益形式最为普遍呢？经济学家常常认为，大多数生产活动应当能够达到规模收益不变。他们的理由是：如果生产能够通过对现有工厂一

次又一次的简单重建而得到调整，那么，生产者很容易使投入和产出保持相同比例的增长。在这种情况下，你可以观察到在任何产出水平上的规模收益不变。

当企业的规模变得越来越大时，管理和协调的问题也就日益难以处理。在无情地追逐较高利润过程中，企业可能发现它的市场已经扩展到能够有效管理的范围之外。正如扩张得太单薄的帝国那样，规模过大的企业会发现它们自己面临较小、更敏捷的对手的入侵。因此，尽管技术上可能产生规模收益不变或递增，但是，对管理和监督的需要可能最终导致大企业的规模收益递减。所以，企业并不是越大越好或越小越好，而是适度才好。

（二）最优投入组合

不同生产要素投入的比例和组合实际上是不同的，带来的产出量也是不同的。有理性的生产者会选择最优投入组合进行生产。确定最优投入组合需要运用等产量线和等成本线。

1. 等产量线

等产量线是指在技术水平一定的条件下生产同一产量的两种生产要素投入量的各种不同组合所形成的曲线。以 Q 表示既定产量水平，L 表示可变要素劳动的投入量，K 表示可变要素资本的投入量，则与等产量曲线相对应的生产函数为：

$$Q=f(L, K)$$

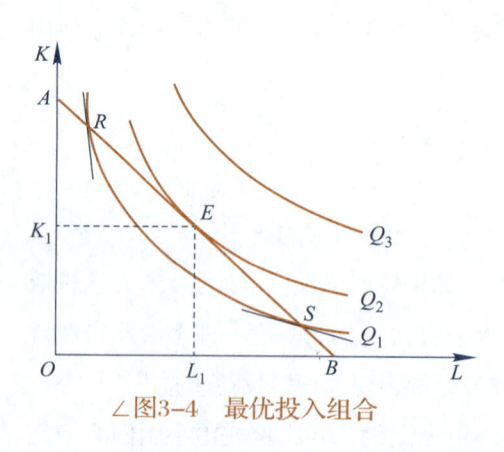

图3-4中有三条等产量曲线，它们分别表示可以生产出 Q_1、Q_2 和 Q_3 产量的各种生产要素的组合。与无差异曲线相似，等产量曲线与坐标原点的距离的大小表示产量水平的高低：离原点越近的等产量曲线代表的产量水平越低；离原点越远的等产量曲线代表的产量水平越高。同一平面坐标上的任意两条等产量曲线不会相交。等产量曲线是凸向原点的。

∠图3-4 最优投入组合

2. 边际技术替代率及其递减

等产量线表示了生产者可以通过对两种要素之间的相互替代，来维持一个既定的

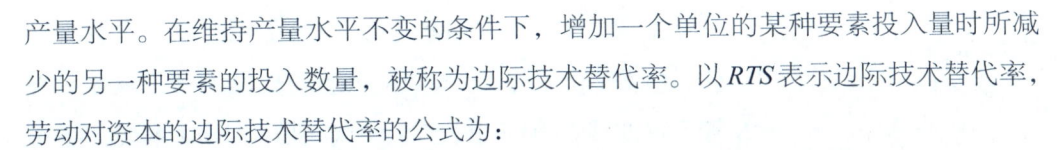

产量水平。在维持产量水平不变的条件下,增加一个单位的某种要素投入量时所减少的另一种要素的投入数量,被称为边际技术替代率。以 RTS 表示边际技术替代率,劳动对资本的边际技术替代率的公式为:

$$RTS_{LK} = -\Delta K/\Delta L$$

公式中的 ΔK 和 ΔL,分别表示资本投入的变化量和劳动投入的变化量。公式中加一负号是为了使 RTS 值在一般情况下为正值。

在两种生产要素的相互替代中,存在一种变动趋势,即在维持产量不变的前提下,当一种生产要素的投入量不断增加时,每一单位的这种生产要素所能替代的另一种生产要素的数量是递减的。这一趋势被称为边际技术替代率递减规律。

边际技术替代率递减的原因是:随着劳动对资本的不断替代,劳动的边际产量逐渐下降,而资本的边际产量不断上升。因此,随着劳动对资本的不断替代,作为逐渐下降的劳动的边际产量与逐步上升的资本的边际产量之比的边际技术替代率趋于递减。

3. 等成本线

等成本线是指在既定的成本和生产要素价格条件下,生产者可以购买到的两种生产要素的各种不同数量组合的轨迹。见图3-5。

在图3-5中,C 代表既定成本;w 代表劳动价格,即工资率;r 代表资本的价格,即利息。等成本线表示既定的全部成本所能购买到劳动和资本的各种组合。等成本线以内区域中的任何一点,如 A 点,表示既定的全部成本都用来购买该点的劳动和资本的组合以后还有剩余。等成本线以外的区域中的任何一点(如 B 点),表示用既定的全部成本购买该点的劳动和资本的组合是不够的。唯有等成本线上的任何一点,才表示用既定的全部成本能刚好购买到的劳动和资本的组合。

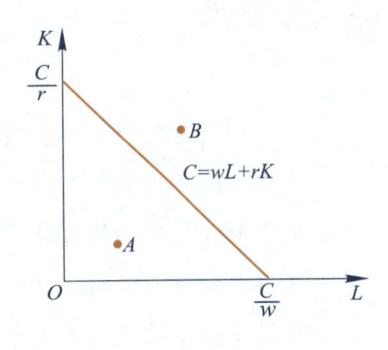

∠图3-5 等成本线

任何关于成本和要素价格的变动,都会使等成本线发生变化。关于这种变动的具体情况,与前面对预算线的分析是类似的,读者可以自己参照进行分析。

4. 最优投入组合

把企业的等产量曲线和相应的等成本线画在同一个平面坐标系中,就可确定企业在既定成本下实现最大产量的最优要素投入组合点,即生产均衡点。见图3-4。

> **最优要素投入组合点：**
>
> 企业在既定成本下实现最大产量的最优要素投入组合点，即生产均衡点，它是等成本线与等产量曲线相切的点。

在图3-4中，有一条等成本线AB和三条等产量曲线Q_1、Q_2和Q_3。图3-4中，唯一的等成本线AB与其中一条等产量曲线Q_2相切于E点，该点就是生产的均衡点。它表示：在既定成本条件下，企业应该按照E点的要素组合进行生产，即劳动投入量和资本投入量分别为OL_1和OK_1，这样，厂商就会取得最大的产量。

为什么E点是生产要素最优投入组合点呢？这是因为，图3-4中，等产量线Q_3代表的产量虽然高于等产量线Q_2，但唯一的等成本线AB与等产量线Q_3既无交点又无切点。这表明等产量线Q_3所代表的产量是企业无法实现的产量，因为企业利用既定成本只能购买到位于等成本线AB上或等成本线AB以内区域的要素组合。再看等产量曲线Q_1。曲线Q_1虽然与唯一的等成本线AB相交于R、S两点，但等产量线Q_1所代表的产量是比较低的。因为，此时企业在不增加成本的情况下，只需由R点出发向右或由S点出发向左沿着既定的等成本线AB改变要素组合，就可以增加产量。所以，只有在唯一的等成本线AB和等产量线Q_2的相切点E，才是实现既定成本条件下的最大产量的要素组合。任何更高的产量在既定成本条件下都是无法实现的，任何更低的产量都是低效率的。

学无止境

生产者均衡原则

确定生产要素最优投入还有另外一种方法，即在既定产量下当所花费成本最小时的要素组合为最优投入组合，要素投入满足$MP_L/C_L=MP_K/C_K$，其中MP_L是劳动的边际产量，MP_K是资本的边际产量。C_L、C_K为劳动和资本要素的单位价格。其道理类似于消费者均衡原则。生产要素最优投入的含义是：每元钱无论用于添置设备、增雇员工、增加营业面积，还是增加其他要素资源的投入，都要求得到相同的边际收益。

第二节　成　本　分　析

成本高低决定了利润多寡，同时，成本也是企业在市场竞争中进行决策的重要依据，因此，企业对成本极为重视。

一、短期成本

（一）总成本

总成本（TC）是指生产一定产量水平产量所需要的成本总额，它随产量的上升而上升。总成本等于固定成本加可变成本。见表3-2。

※ 固定成本、可变成本与边际成本

表3-2 固定成本、可变成本和总成本

产量Q	（1）固定成本FC（元）	（2）可变成本VC（元）	（3）=（1）+（2）总成本TC（元）
0	55	0	55
1	55	30	85
2	55	55	110
3	55	75	130
4	55	105	160
5	55	155	210

表3-2说明了各种不同产量简化了的总成本。TC随着Q的上升而上升。这是很自然的，因为生产某一商品的更多产量必须使用更多的劳动和其他投入；增加的生产要素引起货币成本的增加。生产2单位商品的总成本为110元，生产3单位商品的总成本为130元等。这里，总成本等于会计成本（显成本）加上机会成本（正常利润或隐成本）。

（二）固定成本

固定成本是指不随产量变动而变动的成本，即使产量为零也必须支付的开支总额。

固定成本也称"经常开支"或"沉积成本"。固定成本包括许多项目，如契约规定的建筑物和设备租金，装修支出，债务的利息支付，长期工作人员的薪水等。

固定成本用 FC 表示，在表3-2中，FC 为55元，保持不变。

（三）可变成本

可变成本（用 VC 表示）是指随着产出（产量）水平变化而变动的开支。包括原材料、工资和燃料，即包括不属于固定成本的所有成本。它随着产量增加而增加。实际上，TC 的增加量就是 VC 的增加量。因为，FC 的数值一直不变。

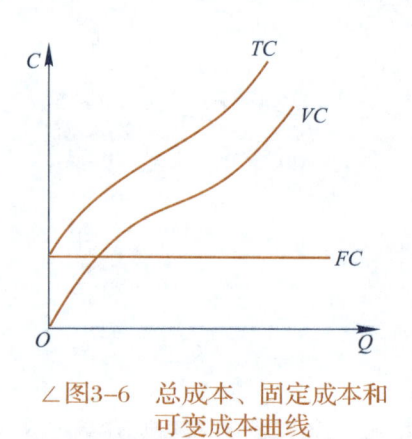

由表3-2可做出总成本、固定成本和可变动成本曲线图（见图3-6）。

在图3-6中，FC 曲线与横轴平行。这是因为在短期固定成本不会随产量的变动而变化。TC 曲线在产量为零时是固定成本的高度，随产量变动向右上方倾斜，开始较快，而后渐缓，最后又加快。VC 曲线是从 O 点出发向右上方倾斜，其变动趋势与 TC 一致。因为 FC 一定时，TC 的变动取决于 VC。

∠图3-6　总成本、固定成本和可变成本曲线

（四）边际成本

边际成本是成本概念中最重要的概念。边际成本是指生产增加一单位产出所增加的成本。例如，一个企业生产1 000张硬盘的总成本为10 000元。如果生产1 001张硬盘的总成本为10 015元，那么，生产第1 001张硬盘的边际成本为15元。边际成本可用 MC 表示，见表3-3。

边际成本：
生产增加一单位产出所增加的成本。

表3-3　边际成本的计算　　　　　　　　　　　单位：元

产量 Q	（1）总成本 TC	（2）边际成本 MC
0	55	—
1	85	30
2	110	25

续表

产量Q	（1）总成本TC	（2）边际成本MC
3	130	20
4	160	30
5	210	50

表3-3使用表3-2中的数据，说明了如何计算边际成本。MC数值来自TC减去前一单位的TC。例如，第一单位的MC是30元（85元-55元）。第二单位的边际成本是25元（110元-85元）。以此类推。

根据表3-3可做出图3-7。

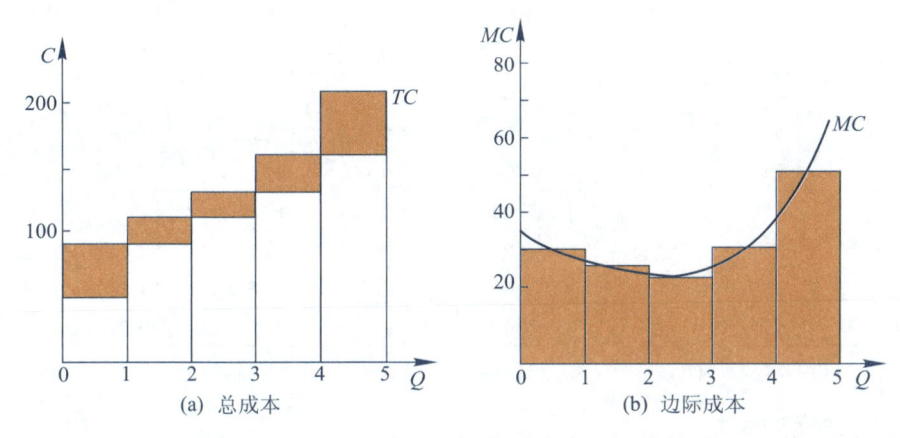

图3-7 总成本与边际成本之间的关系

图3-7中（a）和（b）的阴影部分是边际成本。TC与MC之间的关系类似于总产量与边际产量，或者总效用与边际效用之间的关系。经验告诉人们，对于大多数短期生产活动，以及对于农业和许多小企业来说，边际成本曲线是如图3-7（b）所示的U形曲线。这种U形曲线在开始阶段下降，接着达到最低点，然后开始上升。正是MC曲线的这一特性，决定了TC曲线的运行轨迹。

（五）平均成本、平均固定成本和平均可变成本

1. 平均成本

平均成本 也称单位成本，是指总成本除以总产量所形成的成本。其公式为：

$$平均成本 = AC = TC/Q$$

> **平均成本：**
> 也称单位成本，是总成本除以总产量所形成的成本。

根据总成本和产出量可计算出平均成本,见表3-4。

在表3-4第6栏中,当产量仅为1个单位时,平均成本必然等于总成本,即85元/1＝85元。当产量为2时,平均成本为110元/2＝55元。应该注意,在开始时,平均成本越来越低,当产量为4时,平均成本降到最低点,此后缓慢上升。

表3-4　根据总成本计算的各项成本　　　　　　　　　　　单位:元

（1）产量 Q	（2）固定成本 FC	（3）可变成本 VC	（4）总成本 TC	（5）边际成本 MC	（6）平均成本 AC	（7）平均可变成本 AVC	（8）平均固定成本 AFC
0	55	0	55	—	∞	0	∞
1	55	30	85	30	85	30	55
2	55	55	110	25	55	27.5	27.5
3	55	75	130	20	43.3	25	18.3
4	55	105	160	30	40	26.3	13.8
5	55	155	210	50	42	31	11
6	55	225	280	70	46.6	37.5	9.2
7	55	315	370	90	52.9	45	7.9
8	55	425	480	110	60	53.1	6.8
9	55	555	610	130	67.8	61.6	6.1
10	55	705	760	150	76	70.5	5.5

2. 平均可变成本

正如总成本可分解为固定成本和可变成本一样,平均成本也可细分为平均固定成本和平均可变成本两部分。

平均可变成本:
　　总可变成本除以产出量所得出的单位成本。

平均可变成本是总可变成本除以产出量所形成的成本。其公式为:

$$平均可变成本 = AVC = VC/Q$$

在表3-4第7栏,AVC的数值随产量增加先下降,然后上升。

3. 平均固定成本

平均固定成本是指总固定成本除以产出量的成本。其公式为:

$$平均固定成本 = AFC = FC/Q$$

见表3-4第8栏。如果我们采用产量的小数单位,那么,AFC在开始时为无穷大,随着产量增加AFC越来越小。因为,有限的FC为越来越多的产量所分摊。

> **例 题**
>
> **短期成本计算**
>
> 已知总成本函数 $TC = Q^3 + 2Q^2 + 80Q + A$,其中,$A$ 为任意一常数。
>
> 求:FC、VC、AC、AVC、AFC、MC。
>
> 解:$FC = A$;$VC = Q^3 + 2Q^2 + 80Q$;$AC = TC/Q = (Q^3 + 2Q^2 + 80Q + A)/Q = Q^2 + 2Q + 80 + A/Q$;$AVC = (Q^3 + 2Q^2 + 80Q)/Q = Q^2 + 2Q + 80$;$AFC = A/Q$;$MC = \mathrm{d}TC/\mathrm{d}Q = 3Q^2 + 4Q + 80$。

二、短期成本分析

根据表3-4,可做出平均可变成本、平均成本和边际成本曲线图,见图3-8。

短期成本曲线具有以下特征:

(1)曲线呈U形。MC、AC、AVC三条曲线呈U形,这一特征是由边际成本递增规律(边际成本的性质)确定的。随着可变投入的增加,边际成本在开始时递减,但很快就开始不断上升,使得AC、AVC也上升。

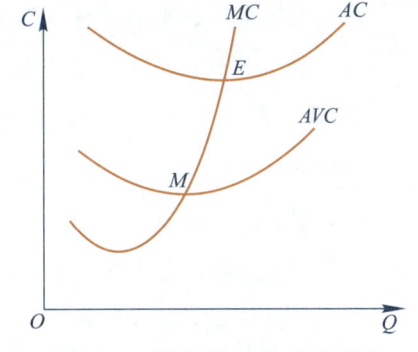

∠图3-8 根据总成本曲线得出其他成本曲线

(2)MC与AC、AVC相交于其最低点。在MC曲线上升的过程中,总是穿过AC曲线的最低点E。因为,如果MC小于AC(MC曲线位于AC曲线的下方),那么AC必然会下降;如果MC大于AC(MC曲线位于AC曲线的上方),AC必然会上升;当AC等于MC时,AC曲线既不上升,也不下降。同理,可以说明MC与AVC的关系。

如果厂商销售商品的市场价格P或平均收益AR等于E,产量在E点左边时亏损,只有增加产量降低平均成本AC;产量在E点右边时也是亏损,这时减少产量可以降低平均成本;产量在E点时,增加和减少产量都会亏损,只有这一点正好价格等于平均成本$P = AC$。这时收支相抵(盈亏平衡)。图3-8中的E点被称为收支相抵点(盈亏平衡点)。

> **盈亏平衡点:**
>
> 边际成本与平均成本最低点相交的点,当平均收益或单位价格与该点相等时,厂商收支相抵。

第三章　厂商理论

停止营业点：

　　边际成本与平均可变成本最低点相交的点，当平均收益或单位价格与该点相等时，厂商停止营业。

　　同样道理，在 M 点，当 $P=AVC$ 时，厂商刚好收回可变成本，增加和减少产量都收不回可变成本（变动投入）。图3-8中的 M 点被称为 停止营业点 。$P>AVC$ 时亏损情况下，能收回部分固定成本，可以继续营业。$P\leqslant AVC$ 时亏损，连可变成本也不能完全收回，就必须停止营业。

案例分析

门庭冷落的保龄球场为什么不停业？

　　在现实中，我们经常会看到一些保龄球场门庭冷落，但仍然在营业。这时打保龄球的价格相当低，甚至低于成本，他们为什么这样做呢？

　　在短期中，保龄球场经营的成本包括固定成本与可变成本。保龄球场的场地、设备、管理人员是短期中无法改变的固定投入，用于场地租金设备折旧和管理人员工资的支出是固定成本。固定成本已经支出无法收回（称为沉没成本）。保龄球场营业所支出的各种费用是可变成本，如电费、服务员的工资等。如果不营业，这种成本就不存在，营业量增加，这种成本增加。由于固定成本已经支出，无法收回，所以，保龄球场在决定短期是否营业时，考虑的是可变成本。

　　假设每场保龄球的平均成本为20元，其中固定成本为15元，可变成本为5元。当价格低于20元时，收益低于成本。保龄球场应该停止营业吗？假设现在每场保龄球价格为10元，是否应该经营呢？可变成本为5元，当价格为10元时，在弥补可变成本5元之后，仍可剩下5元，这5元可用于弥补固定成本。固定成本15元是无论经营与否都要支出的，能弥补5元，当然比一点也弥补不了好。因此，这时仍然要坚持营业。这时企业考虑的不是利润最大化，而是损失最小化——能弥补多少固定成本算多少。

　　当价格下降到与可变成本相等的5元时，保龄球场经营不经营是一样的。经营正好弥补可变成本，不经营这笔可变成本不用支出。因此，价格等于平均可变成本之点称为停止营业点，在这一点之上，要经营，在这一点之下，无论如何都不能经营。

　　门庭冷落的保龄球场仍在营业，说明这时价格仍高于平均可变成本。这就是这种保龄球场不停业的原因。

　　有许多行业是固定成本高而可变成本低，例如，旅游、饭店、游乐场

> 所等。所以，在现实中这些行业的价格可以降得相当低。但这种低价格实际上仍然高于平均可变成本，因此，经营仍然比不经营有利，至少可以弥补部分固定成本，以实现损失最小化。

三、要素投入最优组合的确定：最小成本原则

运用边际产量概念可以说明在给定各种投入的价格的条件下，厂商如何选择最小成本进行生产。假设厂商追求生产成本的最小化，即厂商应该在最低可能的成本上进行生产，从而使利润达到最大。

当存在许多种可能的投入组合时，选择投入最优组合的一般程序为：① 计算劳动、土地、资本等每单位投入的成本。② 计算每一种投入的边际产量。当每一元投入的边际产量对于各种投入都相等时，就得到了最小成本的投入组合。这也就是说，每一元的劳动、土地、石油等对于产量的边际贡献必须正好相等，企业的生产总成本达到了最低。在满足预算约束条件 $C=wL+rK$（C 代表既定成本，w 代表劳动价格即工资率，L 代表劳动数量，r 代表资本的价格即利息率，K 代表资本数量）的情况下，最小成本规则可用公式表示为：

$$MP_L/C_L = MP_K/C_K$$

企业的这一规则（$MP_L/C_L = MP_K/C_K$）完全相似于追求效用最大化的消费者所遵循的原则（$MU_X/P_X = MU_Y/P_Y$）。

最小成本原则的一个推论为：如果一种要素价格下降，而所有其他要素的价格不变，那么，企业用现在更便宜的要素替代所有其他要素是有利可图的。

以劳动为例。劳动的价格下降会提高 MP_L/C_L 的比率，从而使 MP_L/C_L 高于所有其他投入的 MP/C。根据收益递减规律，增加劳动的雇佣量会降低 MP_L，从而降低 MP_L/C_L。在这一过程中，劳动的较低价格和较低的 MP，会使每一元的劳动边际产品重新与其他要素的比率相等，从而实现最小成本原则。

最小成本原则的意义为：① 帮助企业比较各种要素投入的边际产量与边际成本，以便决定增加或减少不同要素的投入；② 每个企业都遵循最小成本原则可以使社会资源配置达到最优均衡状态。

> **画龙点睛**
>
> 要素投入最优组合、最小成本原则、生产者均衡原则有何不同？
>
> 它们没有不同。要素投入最优组合是成本既定下的产量最大的最优要素投入组合点（生产者均衡），最小成本原则是产量既定下的成本最小的要素最优投入组合（生产者均衡）。二者都是生产者均衡条件，是边际分析工具的运用范例。

四、长期成本分析

在长期内厂商可以根据产量的要求调整全部的生产要素投入量，甚至进入或退出一个行业。在长期内，厂商所有的成本都是可变的，没有固定与变动的区别。所以，厂商的长期成本可以分为三种：长期总成本（LTC）、长期平均成本（LAC）和长期边际成本（LMC）。

（一）长期总成本

长期总成本（LTC）是指厂商在长期中在各种产量水平上通过改变生产规模所能达到的最低总成本，即对应各个产量水平下的最低成本。从长期看，厂商的每一产量水平可以面对不同的生产规模（投入及组合）。

> **案例分析**
>
> **规模与长期总成本**
>
> 在长期中，要生产同样的产量，厂商的成本可大可小。为了得到100千克水，可雇一个人挑，或找两个人抬，或请三个人运，不同的生产规模（投入及组合），总成本是不一样的；每天销售5万个汉堡，可以是一个店，也可以开3个或10个分店，厂商选择的生产规模和生产方式当然是生产成本最低的。

（二）长期平均成本

长期平均成本（曲线）可以根据短期平均成本（曲线）求得。在图3-9中有三条短期平均成本曲线SAC_1、SAC_2和SAC_3，它们各自代表了三个不同的生产规模。在长期内，厂商可以根据产量要求，选择最优的生产规模进行生产。假定厂商生产Q_1的产量，则厂商会选择SAC_1曲线所代表的生产规模，以OC_1（a点）的平均成本（最低）进行生产。假定厂商生产的产量为Q_2，则厂商会选择SAC_2曲线所代表生产规模进行生产，相应的最小平均成本为OC_2（b点），$OC_1 > OC_2$；假定厂商生产的产量为Q_3，则厂商会选择SAC_3曲线所代表的生产规模进行生产，相应的最小平均成本为OC_3（c点）。

在长期中，厂商总是可以在每一产量上找到相应的成本较低的最优生产规模进行生产。在短期内，厂商做不到这一点。假定厂商现有生产规模为SAC_1曲线所代表，需要生产的产量为OQ_2，那么，厂商在短期内只能以SAC_1曲线上的OC_1的平均成本来生产，而不可能是SAC_2曲线上以较低的平均成本OC_2来生产。

由于长期内可供厂商选择的生产规模是很多的，在理论分析中，可以假定生产规模可以无限细分，从而可以有无数条SAC曲线，于是，便可得到长期平均成本LAC曲线。

在图3-10中，长期平均成本曲线是无数条短期平均成本曲线的包络线。在这条包络线上，连续变化的每一个产量水平都存在LAC曲线和一条SAC曲线的相切点。该SAC曲线所代表的生产规模就是生产该产量的最优生产规模，该切点所对应的平均成本就是相应的最低平均成本。LAC曲线表示厂商在长期内在每一产量水平上可以实现的最小的平均成本。

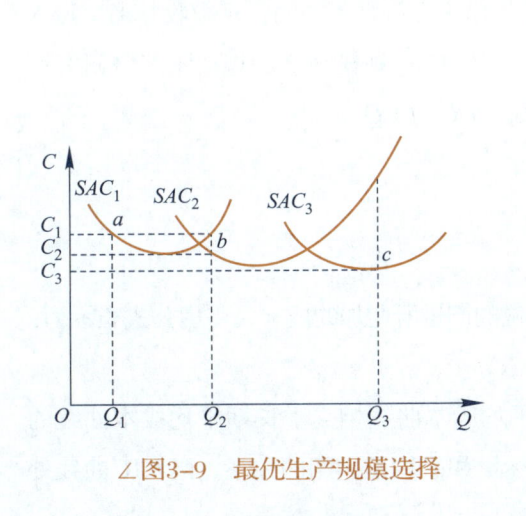

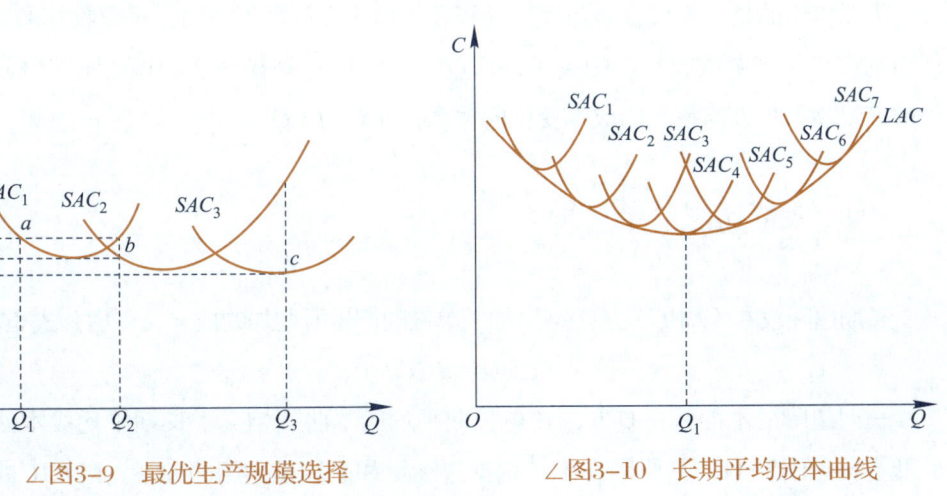

∠图3-9　最优生产规模选择　　　　∠图3-10　长期平均成本曲线

（三）规模经济与长期平均成本

短期平均成本曲线呈U形的原因是短期生产函数的边际收益递减规律的作用。长期平均成本曲线先降后升，呈U形，其原因却不是边际收益递减规律的作用。因为，边际收益递减规律作用的条件是只有一种要素投入变化，长期内所有生产要素投入量都可变。所以，边际收益递减规律不对长期平均成本曲线的形状产生影响。长期平均成本曲线的U形特征主要是由长期中各种要素投入规模是否经济决定的。

1. 规模经济

在企业生产规模扩张的开始阶段，厂商的产量上升而平均成本递减。规模经济是指产量规模扩大使得长期平均成本降低的情况。例如，厂商把所有要素投入都增加80%，结果产量增加97%，生产率提高，长期（单位）平均成本下降。

2. 规模不经济

当生产扩张到一定的规模以后，继续扩大生产规模，厂商的产量上升而平均成本就会递增。例如，厂商把所有要素投入都增加80%，结果产量增加50%，生产率下降使长期（单位）平均成本递增。

这种规模经济和规模不经济都是由厂商变动自己的企业生产规模所引起的，所以，也被称作为规模内在经济和规模内在不经济。规模内在经济和规模内在不经济的原因是劳动分工、专业化、技术因素、管理效率等。正是规模内在经济和规模内在不经济，决定了长期平均成本（LAC）曲线表现为先下降后上升的U形特征。

需要指出的是，规模收益与规模经济和规模不经济是不同的，规模收益考察投入规模与产出（产量或收益）的关系，即 $Q = f(L, K)$；规模经济和规模不经济研究产出或产量规模扩大与投入的成本变化的关系，即 $C = f(Q)$。

（四）长期边际成本

长期边际成本（LMC）是指每增加一单位的产量所增加的成本，可用公式表示为：

$$LMC = dLTC / dQ$$

长期边际成本曲线呈U形，它与长期平均成本曲线相交于长期平均成本曲线的最低点，见图3-11。其原因在于：根据边际量和平均量之间的关系，当LAC曲线处于下降段时，LMC曲线一定处于LAC曲线的下方，也就是说，此时LMC＜LAC，LMC将LAC拉下；相反，当LAC曲线处于上升段时，LMC曲线一定位于LAC曲线的上方，也就是说，此时LMC＞LAC，LMC将LAC拉上。因为LAC曲线在规模内在经济和规模内在不经济的作用下呈先降后升的U形，这就使得LMC曲线也必然呈先降后升的U形，并且，两条曲线相交于LAC曲线的最低点E点。

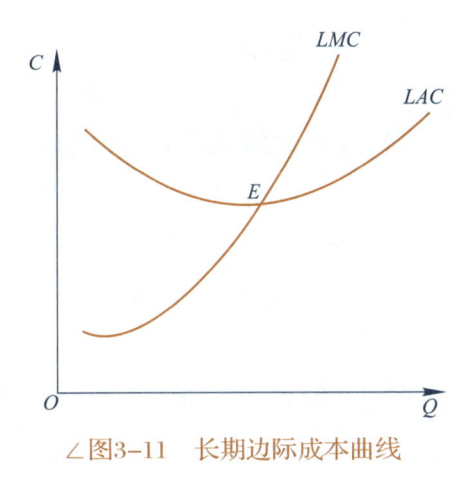

∠图3-11　长期边际成本曲线

第三节　成本、收益、利润和产量

一、显成本、隐成本

企业成本包括显成本和隐成本两个部分。显成本是指厂商在生产要素市场上购买或租用所需要的生产要素的实际支出，如工资、利息、地租等。显成本又叫会计成本。隐成本是指厂商自己所拥有的那些生产要素的机会成本。

> **画龙点睛**
>
> ### 隐　成　本
>
> 一个厂商除了使用工人、银行贷款和租用土地之外（这些均属显成本支出），还动用了自有的资金、土地、自我管理才能。厂商使用自有要素时，也应该得到报酬。所不同的是，现在厂商是自己向自己支付利息、地租和薪金。所以，这笔价值也应该计入成本之中。由于这笔成本支出不如显成本那么明显，故被称为隐成本。隐成本必须从机会成本的角度按照企业自有生产要素在其他最佳用途中所能得到的收入来支付，否则，厂商会把自有生产要素转移出本企业，以获得更高的报酬。
>
> 从经济学的观点来看，隐成本虽然不能反映在企业账目中，但这些都是真正的成本，应该计算在总成本内。对于生产和投资而言，隐成本（机会成本）举足轻重，企业会斤斤计较、仔细权衡比较。

微课：上大学的会计成本和机会成本

动画：隐成本

二、收益

厂商的收益就是厂商的销售收入。厂商的收益可分为总收益、平均收益和边际收益。它们的英文简写分别为 TR、AR 和 MR。

总收益是指厂商按一定价格出售一定量产品时所获得的全部收入。以 P 表示既定市场价格，以 Q 表示销售总量或产量，则有：

$$TR = P \cdot Q$$

平均收益是指厂商平均每一单位产品销售所获得的收入。公式可表示为：

$$AR = TR / Q$$

边际收益是指厂商增加一单位产品销售所获得的收入增量。公式可表示为：

$$MR = \Delta TR / \Delta Q$$

> **边际收益：**
> 厂商增加一单位产品销售所获得的收入增量。

三、利润

（一）利润公式

利润是总收益与总成本之间的差额。用公式可表示为：

$$\pi(Q) = TR(Q) - TC(Q)$$

利润（π）、收益（TR）、成本（TC）都与厂商的产量（销售量）有关，都是产量的函数，随着产量的变化而变动。

（二）利润最大化原则

利润最大化原则又叫最大利润规律或 MR=MC 法则，是指企业只有根据边际收益（MR）等于边际成本（MC）原则来决定产量才能获得最大利润。利润最大化原则的内容是：当 MR>MC，增加产量；MR<MC，减少产量；MR=MC，产量处于最佳水平。

利润最大化原则有两方面的应用价值：① 它是厂商最优产量抉择的依据。MR>MC 则增加产量；MR<MC 则减少产量；MR=MC 产量处于最佳水平。② 它是获得最大利润的均衡条件。MR>MC 时，如果不增加产量，可以赚到的利润没有赚到；$MR<MC$ 时，如果不减少产量，总利润不会增加；只有当产量满足 $MR=MC$ 时，总利润才最大。

这个规律具有普遍意义。尤其是在完全竞争下经营的厂商，其产品价格为市场所确定，厂商只是既定价格的接受者，要解决的只是按市场价格，提供多少数量的产品。生活中，你做每一件事情，只要比较 MR 与 MC，就能够抉择是否应该继续下去。

（三）经济利润与会计利润

上面提到的利润是经济利润。**经济利润**是指企业的总收益与总成本（包括显成本和隐成本两个部分）之间的差额。其中，总成本＝显成本＋隐成本＝显成本＋机会成本。

在西方经济学中，需要区别经济利润和会计利润。会计利润大于经济利润，因为，会计利润未考虑机会成本。会计利润＝总收益－显成本＝经济利润＋机会成本。当厂商的经济利润为零时，厂商仍然可得到会计利润。

> **经济利润：**
> 企业的总收益与总成本（包括显成本和隐成本两个部分）之间的差额。

即问即答

利润最大化原则

一个完全竞争的厂商面临着一条平行于数量轴的需求曲线，他每天利润最大化的收益为 5 000 元。此时，厂商的平均成本 $AC=8$ 元，边际成本 $MC=10$ 元，平均变动成本 $AVC=5$ 元。厂商每天的产量是多少，固定成本是多少？（答：每天实现利润最大化要满足 $MR=MC$，$MC=10$，由于 $MR=P$，只需要满足 $MC=P=10$ 就能实现利润最大化；$TR=PQ=5\,000$，得 $Q=TR/P=5\,000/10=500$；固定成本 $=AC\cdot Q-AVC\cdot Q=8\times500-5\times500=4\,000-2\,500=1\,500$。）

学无止境

$MR=MC$ 模型的运用

为什么 $MR=MC$ 是确定产量的准则？因为，我们不能根据 TR 与 TC 的比较去确定产量而只能依靠 $MR=MC$ 得到最优产量。请看表 3–5。假设产量表示癌症科研课题研究小组的数量。当课题研究小组为7个时，得到的总收益 $TR=56$，付出的总成本 $TC=37$。请问：此时应该增加还是减少小组的数量？

不管增加还是减少小组，收益总是大于成本的，我们难以决策。从 $TR=56>TC=37$，你可能做出继续增加癌症研究投入的错误决定。事实上，总成本和总收益的比较不能帮助我们进行选择，总量概念是不可靠的。只有边际概念，即边际收益与边际成本的比较才能帮助我们做出明智的决策。第7个小组带来的收益 MR_7 是8，而成本 MC_7 是10，显然，我们应该减少而不是增加产量。当产量为6时，$MR_6=MC_6$ 时，产量最优，此时边际利润为零（$MR_6-MC_6=8-8=0$），总利润最大（48-27=21）。

表3-5　依靠 $MR=MC$ 得到最优产量

产量Q	0	1	2	3	4	5	6	7	8
总成本TC	8	9	10	11	13	19	27	37	48
总收益TR	0	8	16	24	32	40	48	56	64
边际成本MC	8	1	1	1	2	6	8	10	12
边际收益MR	0	8	8	8	8	8	8	8	8

本 章 简 评

投资决策离不开机会成本，投资决策需要比较相同稀缺资金在不同生产用途中获得的收益大小，并不断地把资源从低收益用途生产或项目转移到高收益用途上去。所以，普及和深化对机会成本的认识，在宏观上立法促进竞争，推动要素自由流动，实现社会主义市场经济资源合理高效配置有着非常重要的意义。

在社会主义市场经济条件下，从企业微观层面看，应怎样保障净收益最大化（利润最大化）？答案是调整产量。随着产量的变化，成本曲线和收益曲线轨迹是不同的（"U"形和反"U"形）。因此，不同的生产规模，厂商的总利润是不同的。为了实现总利润最大化，厂商必须不断调整产量。怎样调整？不是根据总量进行调整，也不是比较总收益与总成本。总量调整不精确、不可靠，只有通过边际量的比较（边际收益和边际成本的比较）才能确定最优产量。当 $MR=MC$ 时，这时候的产量水平就是总利润最大化时的产量水平。

最后需要说明的是，成本曲线尤其是长期平均成本曲线LAC在西方经济学理论中总是被假定为U形，产量调整总是能找到LAC的最低点。事实上，不少行业尤其是互联网行业，其长期平均成本曲线LAC并非U形，而是呈现L形，其长期边际成本LMC趋近于零。

本 章 小 结

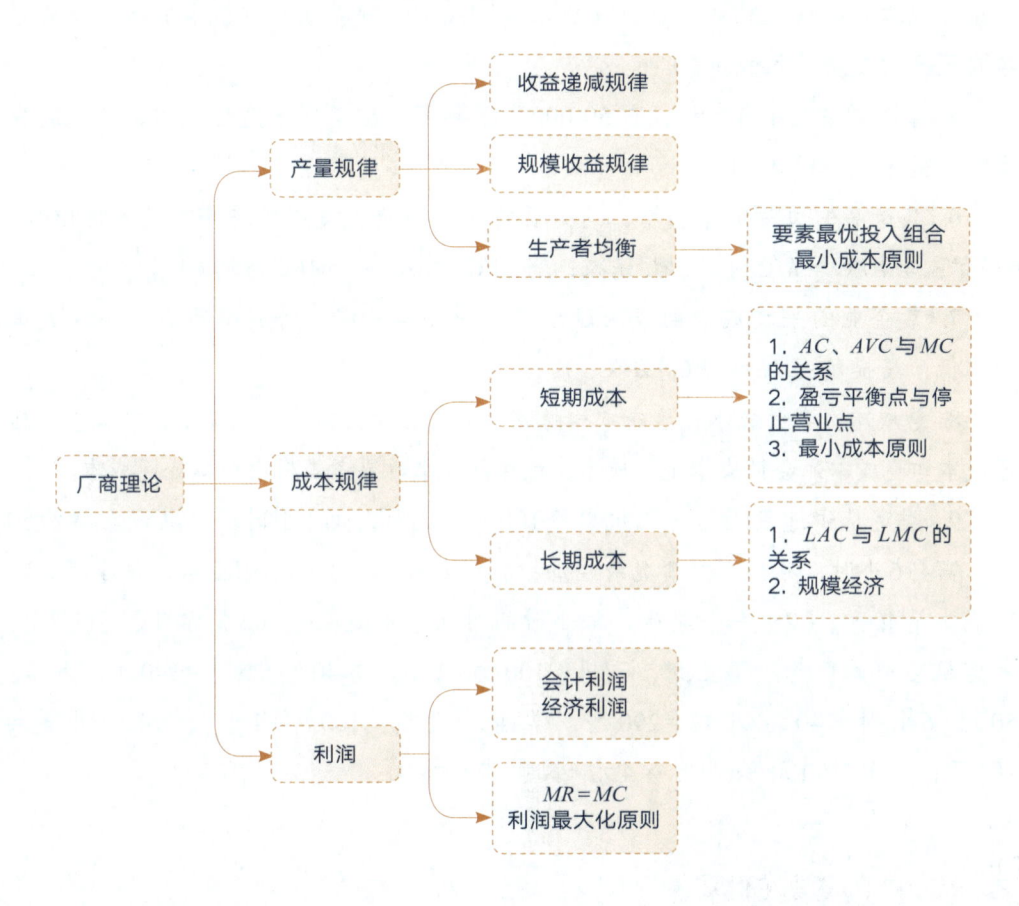

```
                          ┌── 收益递减规律
              ┌─ 产量规律 ─┼── 规模收益规律
              │           └── 生产者均衡 ── 要素最优投入组合
              │                              最小成本原则
              │
              │                           ┌ 1. AC、AVC与MC的关系
              │           ┌── 短期成本 ──┤ 2. 盈亏平衡点与停止营业点
厂商理论 ─────┼─ 成本规律 ─┤              └ 3. 最小成本原则
              │           │
              │           └── 长期成本 ──┌ 1. LAC与LMC的关系
              │                          └ 2. 规模经济
              │
              │           ┌── 会计利润
              └─── 利润 ──┤    经济利润
                          └── MR = MC
                              利润最大化原则
```

讨论及思考题

1. 在只有一种可变要素投入时，为什么产出的增加少于投入增加的比例？（提示：复习边际收益递减规律；原因：随着某一种要素不断投入，可使用的其他要素越来越少。）

2. 一个企业在生产中有两种可变要素投入，且这两种要素之间存在有效替代关

135

系。如果现在其中一种要素的价格提高了，那么企业是否会在保持产量不变的前提下减少这种要素投入？如果是，那么企业会在多大限度内减少这种要素的投入量？（提示：根据最小成本原则，企业用现在更便宜的要素替代所有其他要素是有利可图的。）

3. 规模收益递减、规模收益不变和规模收益递增，你预计这些情况分别会在什么时候出现？（提示：管理瓶颈会导致规模收益递减；技术运用和生产初期可能出现规模收益递增；大多数生产活动在一次又一次重复生产中能保持规模收益不变。）

4. 某小零售店女店主自己做账，你将如何计算她的各项成本？（提示：总成本由显成本和隐成本构成，计算显成本和隐成本，都必须考虑机会成本。女店主给自己开的工资计入成本。）

5. 某公司支付1名会计人员50 000元的年薪，这笔费用是显成本，还是隐成本？（提示：显成本。）

6. 某产品的边际成本递增，这是否意味着平均可变成本递增？请作图解释。（提示：当$AVC>MC$时，AVC递减；当$AVC<MC$时，AVC递增。）

7. 某企业的平均成本曲线为U形，为什么其平均可变成本曲线比平均成本曲线低？（提示：$AC=AFC+AVC$。）

8. 总成本、会计成本、显成本和隐成本之间有什么关系？（提示：总成本包括显成本和隐成本，会计成本是显成本，计算总成本时要考虑机会成本或隐成本。）

9. 假定从甲地到乙地，飞机票价100元，飞行时间1小时；公共汽车票价50元，需要6小时，考虑下列情况最经济的旅行方法：（1）一个企业家，每小时的时间成本是40元；（2）一个学生，每小时的时间成本是4元；（3）你自己。（提示：考虑机会成本概念。企业家，飞机：100元+1小时×40元/小时=140元；汽车：50元+6小时×40元/小时=290元。学生，飞机：100元+1小时×4元/小时=104元；汽车：50元+6小时×4元/小时=74元。）

微课：
坐飞机贵还是坐火车贵？

❓ 练习题或案例题

某钢铁厂的生产函数为$Q=5LK$，其中Q为该厂的产量，L为该厂每期使用的劳动力数量，K为该厂每期使用的资本数量。如果每单位资本和劳动力的价格分别为2元和1元，那么每期生产40单位的产品，该如何组织生产？（提示：由$Q=5LK$求导可得$MP_K=5L$，$MP_L=5K$；按照厂商组织生产的最小成本原则$MP_L/C_L=MP_K/C_K$可得出$5K/5L=1/2$；又，$40=5LK$。联立解出$K=2$，$L=4$。）

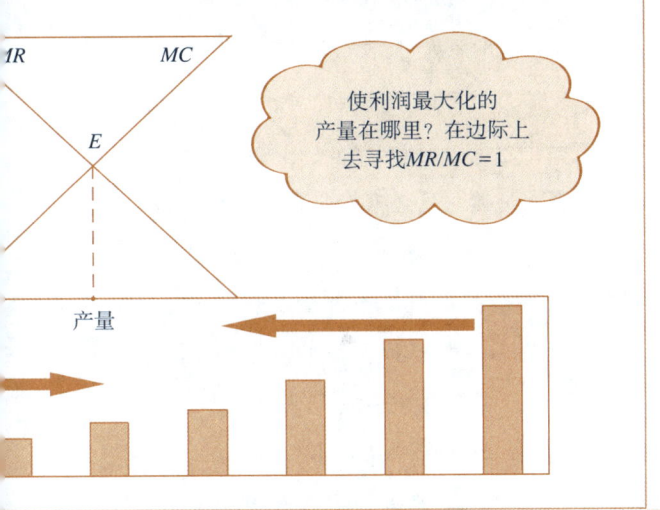

第四章
市场理论：竞争与垄断

使利润最大化的产量在哪里？在边际上去寻找 $MR/MC=1$

⊢ **关键概念**
- ⊙ 博弈论
- ⊙ 完全竞争市场
- ⊙ 不完全竞争市场

第四章 市场理论：竞争与垄断

引导案例

"钻石恒久远，一颗永流传"

德比尔斯公司是位于南非的垄断型钻石开采公司，它控制了全世界钻石矿的80%以上。凭借这种资源垄断优势，该公司可以不用做广告，即不用通过广告来介绍和创造自己的产品特色。但德比尔斯公司每年都要花费巨资在各国做广告，它的广告词"钻石恒久远，一颗永流传"已经家喻户晓。作为垄断者的德比尔斯公司为什么还要做广告呢？

形成垄断需要两个条件。一是进入限制；二是没有相近替代品。没有第二个条件，垄断只是一种无保障的垄断——垄断地位随时可以被替代品打破。钻石的替代品是宝石，作为装饰品，钻石与宝石有相当大的替代性。如果宝石可以替代钻石，德比尔斯的垄断地位就被打破了。

那么，宝石能否代替钻石呢？这就取决于消费者偏好。如果消费者认为，钻石和宝石不能互相替代，德比尔斯公司就可以保持其垄断地位，无保障的垄断就能成为有保障的垄断。

广告正是影响消费者偏好的重要因素。无论广告说的是对还是不对，狂轰滥炸、持之以恒的广告还是能在一定程度上左右消费者偏好的。德比尔斯公司做广告的目的正是让消费者认识到，宝石不能代替钻石。因为只有钻石才有"永恒"的含义，人们都追求婚姻的永恒，所以始终只有送钻戒才是最合适的。

德比尔斯公司的这个广告保证了它的产品需求价格缺乏弹性以及需求曲线右移。在展销会上它对自己的钻石实行一口价，不许讨价还价。这显然是垄断者的做派。

动画：
钻石恒久远
一颗永流传

问题
为什么不完全竞争厂商需要做广告，而完全竞争厂商不需要做？

目标
理解和掌握不同厂商为实现利润最大化而采取的不同策略。

要点
四种类型的厂商确定产量（均衡产量）的根据是 $MR=MC$。

知识点：本章要求学生了解完全竞争市场、垄断市场、垄断竞争市场和寡头市场四种市场类型及其特点。

能力点：能够结合实际说明，在不同市场类型的条件下经济效率（即市场绩效）的差异。

注意点：厂商均衡分析的基本方法是 $MR=MC$ 和长期短期分析方法；本章重要的是结论而不是图表；寡头垄断的分析比对其他市场类型的分析更为复杂。

第一节 市 场 类 型

一、四种市场类型

根据市场竞争的范围和程度，微观经济学将市场划分为四种类型：完全竞争市场、垄断竞争市场、寡头市场和垄断市场。见表4-1。

微课：
企业类型及竞争策略

表4-1 市 场 类 型

市场结构	厂商产品差别程度	代表性领域和进出行业难易程度	企业对价格控制的程度	销售方式与策略
完全竞争市场	同质产品	农业；很容易	没有；厂商是价格的被动接受者	市场交易或拍卖
垄断竞争市场	差别很小或没有差别，或幻想的差别	零售业；轻易	一定程度	广告、质量竞争
寡头市场	厂商的产品有某些差异	钢铁、化学、汽车、计算机；困难	较大程度	广告、产品竞争与勾结
垄断市场	产品无接近的替代品	水、电、气等公共事业；不能进入	很大程度，但受政府管制	产量与价格控制

二、不同市场类型的成因

（一）成本条件

分工和专业化基础上的规模经济，使大企业能够快速地、有效率地、低成本地生产并保持垄断，对其他企业形成进入障碍。

（二）法律限制和竞争障碍

政府的法律限制包括专利、经营许可牌照、进入特许和外贸关税与配额。

政府常常授予企业提供某种服务（主要是自来水、电力、天然气、邮政、电话通信、广播电视）的排他性权利，作为回报，该企业同意限制它的利润。在市场经济中，减少和排除竞争障碍的需要是公共政策的主要目标之一。

（三）产品差别、市场细分与垄断

例如，汽车、软饮料或香烟的总需求被分割成许多有差别产品的较小的市场。在这种市场上，每一种有差别的产品的需求是如此之小，不能容纳众多企业，产品差别和关税一样导致了更高的集中程度和垄断。

三、不同市场类型企业的竞争策略

（一）完全竞争企业

在完全竞争市场上，有成千上万的买者和卖者，每一家厂商都无法决定和影响价格，而只是市场价格的被动接受者。假如你是一个市场销售经理，你必须看清市场、把握市场。你经营水果产品时，减价大甩卖，会发现别的厂商没有反应，仍然各行其是，就好像在人数众多的广场或全校大会上，你扮了一个鬼脸，根本没有引起大家的注意。完全竞争的基本状态是：统一市场价、众多厂商、产品同质、自由进出、没有门槛、没有歧视、信息通畅。

竞争策略。为了在市场上立住脚，企业必须不断地调整销售量，把握进货时机，低进高出。而长期来看，企业必须突出产品特色。基于产品的差别性，由市场价格的接受者变为价格的创造者才是取胜之道。

完全竞争企业左右不了价格，只能不断地努力降低成本。但是，别人也会这么做。价格上涨会吸引新厂商进来，价格下降会有厂商退出。从长期看，厂商为了盈利，都尽量调整自己的产量和生产规模按照最低平均成本进行生产。大家都这么做的时候，整个行业的成本降低，经济效率提高，单位产品价格（平均收益）与长期平均成本、长期边际成本趋于一致，即 $P=AR=LAC=LMC$。就是说，完全竞争企业长期中就会不盈不亏，经济利润为零。

注意，完全竞争企业得到的所谓利润是正常利润，是企业创业的报酬，等同于个人劳动的报酬。个人不管是自己创业还是为别人工作，都应该得到平均的劳动报酬，企业也是如此。

（二）垄断竞争企业

垄断竞争企业在短期接近完全垄断，长期接近完全竞争。在垄断竞争市场上，因为部分地存在产品差别，竞争手段和策略常常是让人眼花缭乱的广告大战，而注重特色、树立形象、推出品牌，最终也能达到控制产量、提高价格的目的。在垄断竞争市场上，每一个公司的产品都有自己的特点，由于其替代品的存在，在掌握价格竞争策略时，了解市场对本产品的需求及需求价格弹性极其重要。一般而言，短期中，在垄断竞争市场领域的公司有控制产量和价格的能力，但长期来看，由于竞争，新公司可以加入，利润会被摊薄，直至消失。

（三）寡头企业

什么是寡头？"寡"就是少的意思。多少算"寡"呢？一个行业厂商数量达到使它们相互之间处于"相互注视""相互影响""相互依存"的状态，就是寡头行业。在寡头市场上，几家厂商垄断了该行业产品的生产和销售，它们的竞争策略是密切注意对手的一举一动，开发和拥有一种独具特色的产品。在广告宣传上，它们互不相让、攻势如潮，最后产生的效益相互抵消，结果几败俱伤。再往后，它们会在价格、市场份额上达成协议，协调议定价格和涨价幅度。

第四章 市场理论：竞争与垄断

> **画龙点睛**
>
> **为什么寡头企业总是想避免竞争？**
>
> 一般而言，寡头之间会尽力避免价格竞争，防止为了人为创造需求控制价格而进行的广告大战。美国历史上的香烟广告大战、汉堡包大战、麦片粥大战以及各领风骚的汽车争斗、刀光剑影的航空业价格战，都曾留下惨烈的故事。

（四）完全垄断企业

在垄断市场上，垄断者没有了竞争对手、没有了替代品，控制了供销渠道，拥有了产品定价权。它唯一不能做到的就是控制需求，必须在高价少卖和低价多卖之间权衡。

垄断企业最有效的竞争手段是维持垄断地位、阻止其他公司加入，垄断产品原料、生产技术和发明，维持较大生产规模，最终控制产量和价格。

结论：大公司之间的竞争很少在价格上展开，那样的话，只会相互损害，伤其元气；常见的是在广告、产品差别、服务质量上明争暗斗。

第二节 完全竞争市场

一、单个厂商面对的需求曲线

单个厂商在完全竞争市场中不能决定需求和价格，价格由整个行业的市场供求决定，产品的需求价格弹性是无穷大的，如图4-1所示。所以，在完全竞争市场条件下，单个厂商面临的需求曲线为一条水平线，而且，由于价格不变，厂商所面临的需求曲线、平均收益曲线以及边际收益曲线这三条线是重合的，即 $d=P=AR=MR$。

> **画龙点睛**
>
> **为什么完全竞争企业面临的需求曲线、平均收益曲线以及边际收益曲线这三条线是重合的？**
>
> 原因有如下几点：① 买者和卖者的市场份额都极小，供给者按同一价格销售，需求者按同一价格购买，使 $P=P_1=d$。② 不管单个厂商销量增加或减

少，都不足以影响市场价格，厂商只是价格的被动接受者。P不变，单位收益不变，即$AR=P$。③P不变，增加一个单位产量，增加的收益等于单位收益或平均收益，即$P=P_1=MR=AP$。所以，$d=P=P_1=AR=MR$。厂商不能决定需求和价格，它所能做的就是确定产量，为了保证最大利润，厂商要使$MR=MC$。

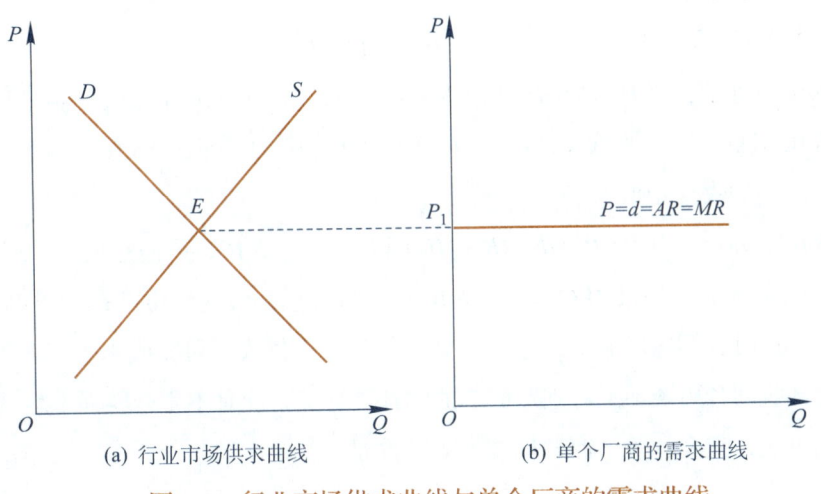

∠图4-1 行业市场供求曲线与单个厂商的需求曲线

二、完全竞争厂商的短期均衡

在完全竞争市场条件下的短期生产中，不仅产品市场的价格是既定的，而且生产中的不变要素投入量是无法改变的，即厂商只能用既定的生产规模（SAC）进行生产，所以，厂商只有通过对产量的调整来实现$MR=MC$的利润最大化的均衡条件。厂商短期均衡时的盈亏状况可以用图4-2来说明。

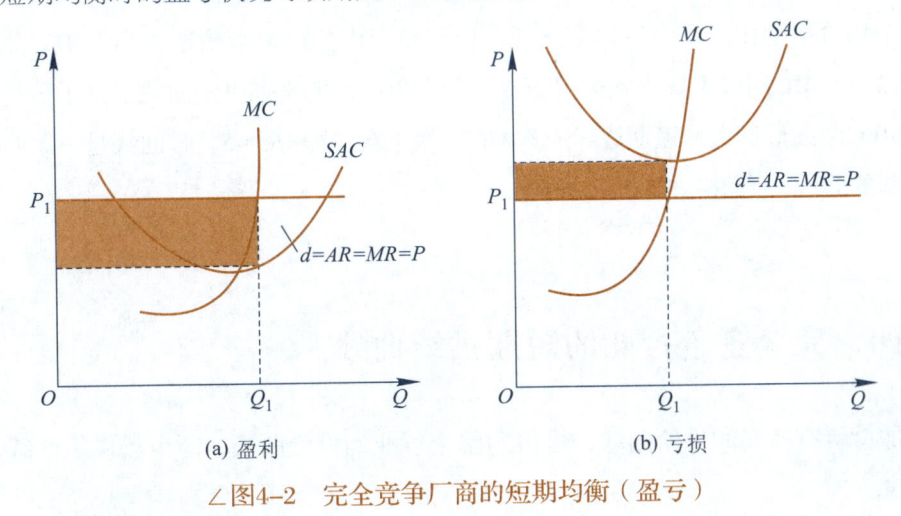

(a) 盈利　　(b) 亏损

∠图4-2 完全竞争厂商的短期均衡（盈亏）

对图4-2进行分析，可以得出如下结论：

（1）"价格"由行业供求决定，对单个厂商而言，需求线是一条水平线。

（2）"产量"根据$MR=MC$法则决定，Q_1点以左$MR>MC$，增加产量；Q_1点以右$MR<MC$，减少产量；$MR=MC$为最佳产量。所以，其产量为Q_1，因为，只有这样才满足利润最大化条件。

（3）"利润"大小由厂商平均成本SAC的高低决定：

① SAC在水平线（$P=P_1=d=AR=MR$）以下，$P_1>SAC$，厂商获得利润。

② SAC最低点与水平线（$P=P_1=d=AR=MR$）相切，即$P_1=SAC$，厂商的利润刚好为零，厂商的收支相抵。

③ SAC在水平线（$P=P_1=d=AR=MR$）以上，$P_1<SAC$，厂商亏损。亏损情况下，厂商面临两种选择：如果$AVC<P_1<SAC$，厂商亏损，但继续生产；如果$P_1\leqslant AVC$，停止营业。这时，假定厂商继续生产，其全部收益仅仅收回可变成本甚至连可变成本都无法全部收回，更谈不上对固定成本的弥补。显然，此时不生产要强于生产。

综上所述，完全竞争厂商短期均衡的条件是：

$$MR=MC$$

短期中，P是既定不变的（$P=P_1=d=AR=MR$），在根据$MR=MC$确定了均衡产量后，由于SAC高低不同，厂商可能盈利、亏损或利润为零。

三、完全竞争厂商的短期供给曲线

在短期中，完全竞争厂商所能做的事情很有限，只是依据$MC=MR$原则调整产量，市场价格变化厂商产量也变化。厂商愿意提供的产量都出现在高于AVC曲线最低点以上的MC曲线上。由此可得出：完全竞争厂商的短期供给曲线与高于平均可变成本AVC曲线最低点的短期边际成本MC曲线重合，即$MC=S$。该曲线是一条向右上方倾斜的曲线。见图4-3。

动画：完全竞争厂商的短期供给曲线

四、完全竞争行业的短期供给曲线

加总所有厂商的供给曲线，可得到整个行业的供给曲线，即市场供给曲线。见图4-4。

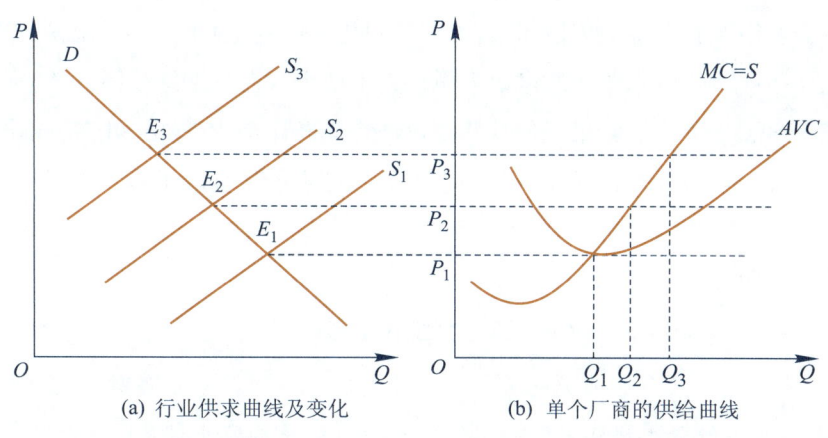

▱ 图4-3 完全竞争厂商的短期供给曲线

图4-4用两个企业的情况来说明这一点。为了得到行业的供给曲线S，需要把在同一价格水平上所有企业的供给曲线S_1、S_2以水平方向加在一起。在40元的价格下，A企业供应5 000单位，而B企业供应10 000单位。因此，如图4-4所示，行业的供给曲线把两种供应量加在一起，并且发现，在40元的价格下，行业的总供给为15 000单位。如果有200万个企业，而不是两个企业，我们仍然可以在现行市场下把200万个企业的供应量加在一起而得到行业的供应量。在每一价格水平上，把产量以水平方向加总便得到了行业的供给曲线。

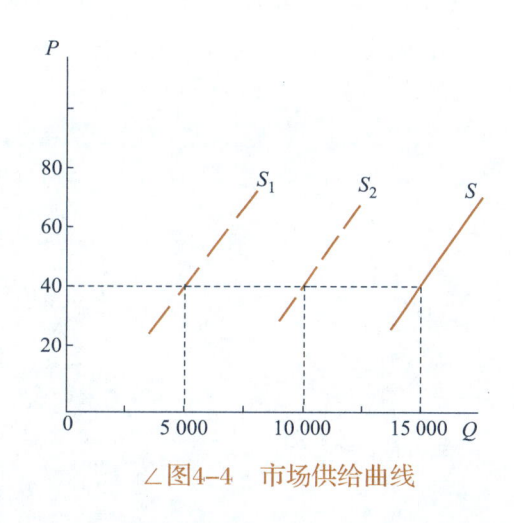

▱ 图4-4 市场供给曲线

五、完全竞争厂商的长期均衡

我们已经说明，短期中，企业即使亏损，只要价格能弥补它们的可变成本，即$P=MR=AR>AVC$，就会继续营业。但是，在长期内，所有的成本都是可变的。企业可以付清债券，可以解雇管理人员，可以终止租约。在长期内，当所有承诺都可以再次加以选择时，

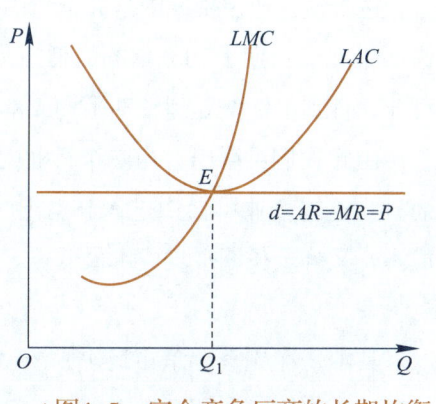

▱ 图4-5 完全竞争厂商的长期均衡

企业仅仅在价格等于或高于收支相抵点，即$P=MR=AR\geq LAC$时，才愿意进行生产。

用图4-5所示的成本曲线的术语来说，为了使企业在长期继续经营某一行业，价格必须等于或高于E点。如果任何其他企业都完全像该企业一样，处在关键性的能够补偿全部成本的收支相抵的价格之下，那么，长期供给量会等于零。

> **即问即答**
>
> ## 完全竞争市场
>
> 某小区内只有"美美发屋"一家理发店，请问该店是垄断厂商吗？为什么该店不能取得经济利润？（答：因为该店不能阻止其他厂商进入，所以，它不是垄断厂商；一旦该店有经济利润就会有竞争者流入导致经济利润消失，故长期中不存在经济利润。）

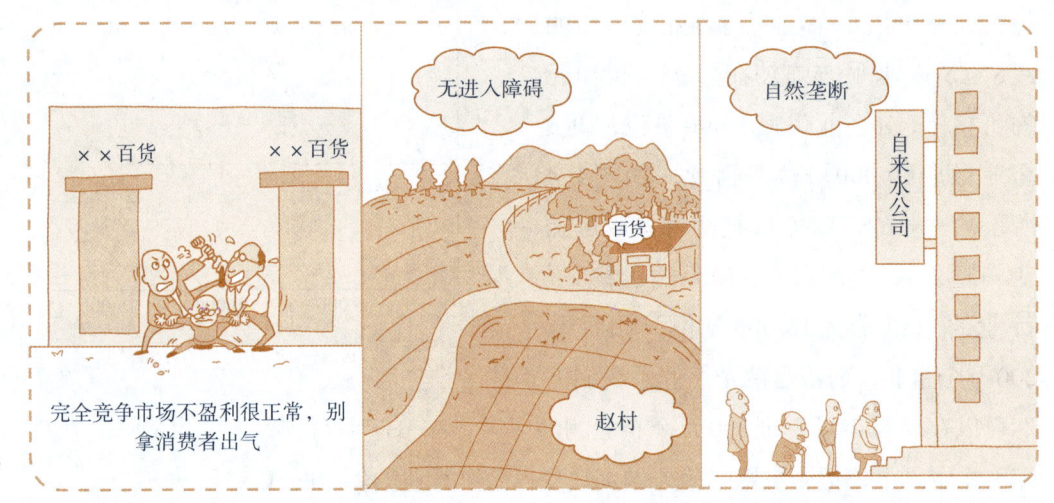

※ 完全竞争

进入该行业在长期内是完全自由的，盈利和亏损都会引起资源流进流出。长期价格如果高于长期平均成本的最低点，新企业就会进入该行业；反之企业就会离开该行业，直到价格恢复到长期平均成本最低点为止。

由此我们可得出，当一个行业的供给是由具有相同成本曲线的竞争企业所提供，而且当这些企业可自由进入和退出时，厂商长期均衡的条件是：价格等于长期边际成本，又等于长期平均成本最低点。公式如下：

$$P=LMC=LAC$$

其中，在完全竞争市场上，$P=MR=AR=LMC=LAC$，消费者为每单位商品支付的价格不仅等于长期平均成本而且等于长期边际成本，长期厂商的经济利润为零。

第三节 垄断市场

一、垄断厂商的需求曲线和收益曲线

（一）垄断厂商的需求曲线

与完全竞争不同，垄断厂商可以控制产量和价格，所以，垄断厂商所面临的需求曲线就是市场的需求曲线，它是一条向右下方倾斜的曲线。图4-6（a）中的 D 曲线就是垄断厂商所面临的需求曲线。假定商品市场的销售量等于市场的需求量，于是，垄断厂商所面临的向右下方倾斜的需求曲线表示垄断厂商可以通过改变销售量来控制市场价格，即以销售量的减少来抬高市场价格，以销售量的增加来压低市场价格，垄断厂商的销售量和市场价格呈反方向变动。

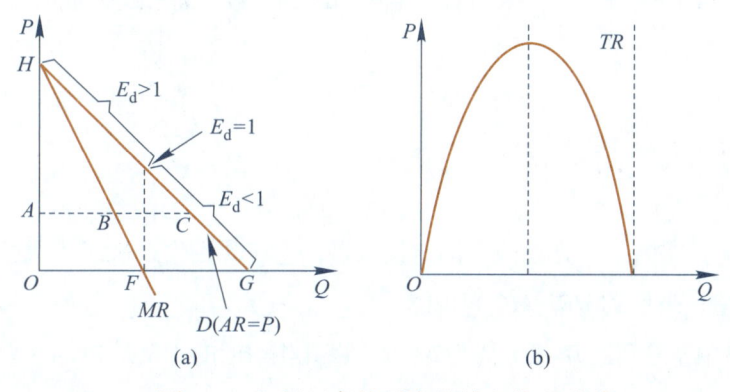

∠图4-6 垄断厂商的需求曲线和收益曲线

（二）垄断厂商的总收益、平均收益和边际收益曲线

厂商所面临的需求状况直接影响厂商的收益，见表4-2。

在表4-2中，商品的市场价格 P 随着垄断厂商的商品销售量不断增加而下降。与此相对应，从收益看，垄断厂商的平均收益 AR（$AR=P$）也是不断下降的；垄断厂商的总收益 TR 是先增后减，如图4-6（b）所示；垄断厂商的边际收益 MR 亦呈不断下降的趋势。总收益 TR 和边际收益 MR 之间的关系是：在 MR 为正值时，TR 是上升的；在 MR 为负值时，TR 是下降的。此外，在每一个销售量上，边际收益都小于平均收益，即 $MR<AR$。根据表4-2，可得到各项收益曲线，如图4-6（a）所示。

表4-2 垄断厂商的收益

（1）数量Q	（2）价格 P=AR=TR/Q	（3）总收益 TR=P×Q	（4）边际收益 MR
0		0	
1	180	180	180
2	160	320	140
3	140	420	100
4	120	480	60
5	100	500	20
6	80	480	−20
7	60	420	−60
8	40	320	−100
9	20	180	−140

在表4-2中，边际收益小于价格和平均收益，因此，在图4-6中，边际收益曲线向右下方倾斜，且位于需求曲线和平均收益曲线的左下方。它表示，在每一销售量上厂商的$MR<AR$，或$MR<P$。当需求富有弹性时，MR为正数；需求缺乏弹性时，MR为负数。

二、垄断厂商的短期均衡

在短期内，垄断厂商无法改变固定投入量，它在既定生产规模下通过对产量和价格的同时调整，来贯彻$MR=MC$的规律。

在表4-3中，总利润TP最大值为200元。以此相对应的产量是3或4个单位，单位价格为140或110元，总收益减去总成本，利润最大。根据$MR=MC$原则，$MR>MC$，企业应增加产量；若$MR<MC$，企业则减少产量。显然，最佳利润点发生在边际收益等于边际成本这一点上，企业的产量应为4，因此，垄断厂商的短期均衡的条件是：$MR=MC$。

垄断厂商的短期均衡也可用图形加以说明，见图4-7。

（1）产量。垄断厂商根据$MR=MC$确定产量，即两条曲线交点E向下作垂直线，与横轴相交于Q_1，这时，产量为4个单位。

（2）价格。从$MR=MC$的交点E点向

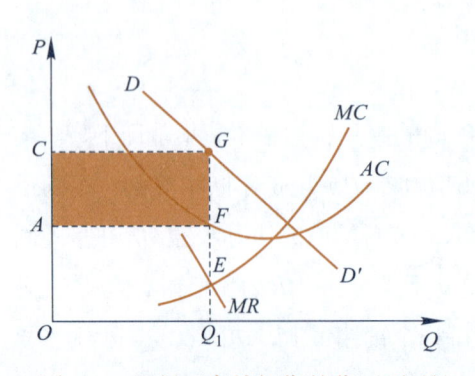

动画：
垄断厂商的短期均衡（盈利）

∠图4-7 垄断厂商的短期均衡（盈利）

表4-3 垄断厂商的短期均衡

（1）产量 Q	（2）价格 P	（3）总收益 TR	（4）总成本 TC	（5）总利润 TP	（6）边际收益 MR	（7）边际成本 MC	MR与MC的比较
0		0	145	−145			
1	180	180	175	5	180	30	MR>MC
2	160	320	200	120	140	25	
3	140	420	220	200	100	20	
4	110	440	240	200	20	20	MR=MC
5	90	450	300	150	10	60	
6	80	480	370	110	30	70	MR<MC
7	60	420	460	−40	−60	90	
8	40	320	570	−250	−100	110	

上做垂直线，与 DD' 曲线相交于 G 点。此时的价格为110元。

（3）盈亏。G 点的平均收益（$AR=P$）高于 F 点的平均成本（AC），保证了 E 点可获得利润。利润的实际数量由图中阴影部分 $AFCG$ 表示。

垄断厂商在短期内并不是总能获得利润。如果 AC 过高，在 E 点以上，即亏损。造成垄断厂商短期亏损的原因，可能是既定的生产规模的成本过高（表现为 SAC 曲线的位置过高），也可能是垄断厂商所面临的市场需求过小（表现为相应的 D 曲线的位置过低）。垄断厂商短期均衡时的亏损情况如图4-8所示。

在图4-8中，垄断厂商遵循 $MR=SMC$ 的原则，将产量和价格分别调整到 Q_1 和 P_1 的水平。在短期均衡点 E，垄断厂商是亏损的，单位产品的平均亏损额为 GF，总亏损额相当于图中矩形 HP_1FG 的面积。与完全竞争厂商相同，在亏损的情况下，若 $AR>AVC$，垄断厂商就继续生产；若 $AR<AVC$，垄断厂商就停止生产。若 $AR=AVC$，垄断厂商则认为生产和不生产都一样。在图4-8中，平均收益 FQ_1 大于平均可变成本 IQ_1，所以，垄断厂商是继续生产的。

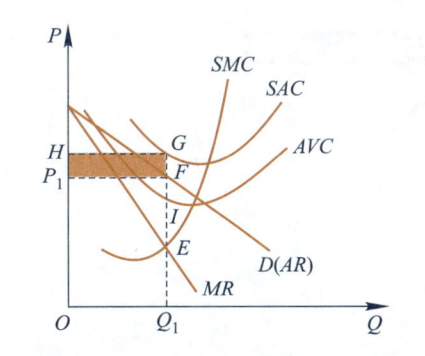

∠图4-8 垄断厂商的短期均衡（亏损）

在垄断市场上，垄断厂商可以阻止其他厂商进入，因此，垄断厂商的供给就是垄断市场的供给。但是，垄断市场上，并不存在具有规律性的供给曲线。

垄断厂商是通过同时调整产量和价格来贯彻 $MR=MC$ 的利润最大化规律的，并且，P 总是大于 MR。随向右下倾斜的需求曲线的位置移动，厂商的价格和产量之间不再必然存在如同完全竞争市场的那种一一对应的关系，有可能出现一个价格水平对应几个不同的产量水平，或一个产量水平对应几个不同的价格水平的情形。

三、垄断厂商的长期均衡

垄断厂商在长期内排除了其他厂商加入，而且可以调整全部生产要素的投入量即生产规模，垄断厂商在长期内对生产的调整一般可以有两种可能的结果：

（1）垄断厂商在短期内是亏损的，长期中继续亏损，该厂商退出该行业；或在长期中，通过对最优生产规模或产量的选择，摆脱亏损状况。

（2）垄断厂商在短期内利用既定的生产规模获得盈利，长期中他通过对生产规模的调整，获得更大的利润；或在长期内出现亏损并退出该行业。

由此可见，垄断厂商并不一定能保证在长期内获得利润，但获得垄断利润要满足两个条件：① 长期内企业的生产规模是可变的；② 产品没有替代品且市场对新加入厂商是完全关闭的。

垄断厂商的长期均衡的条件是：$MR=LMC=SMC$。

在垄断市场上，当垄断厂商获得垄断利润时，其价格不仅高于长期边际成本而且高于长期平均成本，即 $P>LAC>LMC$。

> **即问即答**
>
> **利润最大化原则**
>
> 已知一垄断厂商成本函数为：
>
> $$TC=4Q^2+20Q+10$$
>
> 产品的需求函数为：
>
> $$Q=140-P$$
>
> 试求该厂商利润最大化的产量、价格及利润。（答：由 $Q=140-P$，即 $P=140-Q$，得到 $TR=P\times Q=(140-Q)Q$，求导得 MR，求导 TC 得 MC。注意产量、需求量和销售量在这里是一致的。$MR=140-2Q$，$MC=8Q+20$，令 $MR=MC$，利润最大化时的 $Q=12$。总利润为 710，单位利润为 59.17。）

第四节　垄断竞争市场

垄断竞争市场最大的特点是短期中具有垄断性，长期中具有竞争性。短期中，产品很难找到相似的替代品，具有垄断性。一般说来，产品差别越大，厂商的垄断程度就越高。长期中，有许多买者和卖者自由进入或退出某一行业，差别产品之间又是很相似的替代品，每一种产品都会遇到大量的其他相似品的竞争。总体来说，垄断竞争市场是以竞争为主要特征的市场结构。

一、垄断竞争厂商的短期均衡

（1）产量。垄断竞争厂商根据 $MR=MC$ 选择产量。

（2）价格或收益。给定产量，垄断竞争厂商的产品价格由需求曲线的位置决定。按照利润最大化规律，最优产量是在边际收益曲线与边际成本曲线相交点上，该产量垂直向上与需求曲线相交得到单位价格。

（3）利润。如果 $P=AR>AC$，则盈利；如果 $P=AR<AC$，则亏损；如果 $P=AR=AC$，经济利润为零，获得正常利润。垄断竞争厂商的短期均衡图形与垄断厂商短期均衡图形一致，如图4-7和图4-8所示，盈亏取决于 AC 的高低位置。垄断竞争厂商的短期均衡的条件是：$MR=MC$。

二、垄断竞争厂商的长期均衡

垄断竞争厂商可能在短期获得相当可观的利润。但这不能长久下去。因为，利润会吸引新的生产者进入该行业。同样，亏损的情况短期存在，但长期中会有企业退出。

假设短期有利润、新旧企业成本相同，利润吸引新企业加入，新企业的产品会瓜分该行业市场份额。原有垄断竞争厂商的产品需求曲线会向左方移动。最终的结果是，企业不断进入，直到利润为零时停止。亏损退出会使留驻该行业的企业的需求曲线向右移动，这样亏损减少直到消失。进入和退出的过程会持续到经济利润为零。

图4-9说明了典型的垄断竞争厂商的长期均衡。需求曲线随进入者增加向左方移动，直到与该企业的 AC 曲线相切。G 点是长期均衡点，这时，没有企业企图进入或被迫退出该行业。垄断竞争厂商长期均衡的条件是：

动画：
垄断竞争厂商的长期均衡

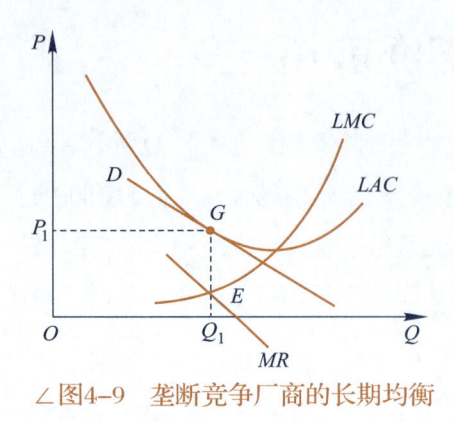

$$MR = LMC, \quad P = AR = LAC$$

其中，$P > MR$。由于垄断竞争厂商面临的需求曲线是向右下方倾斜的，所以，在长期均衡时的需求曲线D只能与长期平均成本曲线LAC相切于最低点的左边。这意味着，垄断竞争所提供的产量小于完全竞争的产量但高于完全垄断。

在垄断竞争市场上，$P = LAC$，$P > LMC$，消费者为每单位商品支付的价格高于长期边际成本但等于长期平均成本，与完全竞争相比价格高些而产量低些，但厂商没有经济利润这一点与完全竞争相同。

∠图4-9 垄断竞争厂商的长期均衡

第五节　寡头垄断市场

一、寡头垄断市场的三个特点

在寡头垄断市场上，每家厂商在该行业的总产量中都占有相当大的份额，以致其中任何一家厂商的产量或价格的变动，都会对市场的价格和供给量产生重大影响。寡头垄断市场包括汽车、钢铁、石化、计算机、银行、家电等。寡头在进行产量、价格和投资决策时必须考虑竞争对手的反应。

寡头垄断一般具有以下三个特点。

（一）相互依存

在寡头垄断市场上，每个厂商的收益和利润不仅取决于自己的产量或定价、广告、新产品研发，而且要受到其他厂商选择的影响。因此，每个厂商总是首先推测其他厂商的产量，然后根据最大利润原则来决定自己的产量。每个厂商既不是价格和产量的创造者，也非价格和产量的被动接受者，而是价格和产量的寻求者。面对其他厂商，寡头选择是：密切注视对手，合作或者竞争。

（二）进出障碍

由于规模、资金、信誉、市场、专利、法律等原因使其他厂商很难进入，由于投入巨大，寡头退出困难，损失巨大。

（三）操纵价格

与完全竞争和完全垄断不同，在寡头垄断条件下，价格不是由市场供求或一家厂商所决定的，而是由少数寡头通过有形无形的勾结、形式不同的协议或默契等方式决定的。这种价格被称为操纵价格或价格领导。寡头价格一般低于完全垄断价格。寡头价格一经确立，不易改变。如果生产条件没有发生较大变化，寡头厂商一般不会随着需求的变动而调整价格，而只是调整产量来应付需求的变化。在经济衰退或商品滞销时，寡头厂商通常会采取减少产量的办法；在经济好转时，则通过扩大产量来增加收益。

为了利润最大化，有时寡头勾结在一起共同行动，有时寡头也会采取独立的行动。我们首先分析勾结或串谋的寡头。

二、合作的寡头模型

影响市场结构的一种重要因素就是企业之间的合作程度。当企业采取完全合作的方式行动时，它们就相互勾结起来。勾结或串谋这一术语表示这样一种情况：两个或更多的企业共同确定它们的价格、产量、广告，避免竞争性减价或过度的广告投入，或者共同制定其他生产决策。

（一）公开的串谋：卡特尔

当企业认识到它们的利润取决于它们的共同行动时，它们就试图相互勾结起来。为了避免灾难性的竞争，企业公开相互勾结以提高它们的价格。在美国资本主义的早期阶段，寡头往往合并或形成一个托拉斯或卡特尔。卡特尔是生产相似产品的独立企业联合起来以提高价格和限制产量的一种组织，借助于午餐或宴会的形式相聚。1910年前后，美国钢铁公司的加里先生经常组织这种聚会，从事公开的勾结。

合作的寡头均衡。所有寡头一致行动，卡特尔就像一个垄断厂商。例如，设想一个行业，该行业有四个企业，它们具有完全相同的成本曲线，每一个企业都出售完全相同的产品，如石油或工业用化学药品。每一个企业——把它们称为A、B、C和D——现在都拥有1/4的市场份额。

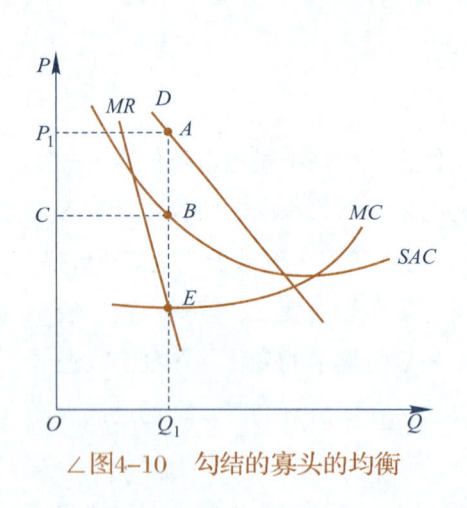

在图4-10中，A的需求曲线D，是通过假设所有其他企业都会跟随A企业的价格上升或下降来描绘的。这样，企业的需求曲线与行业的需求曲线具有完全相同的弹性。只要所有其他企业都索取相同的价格，A企业就会得到1/4的市场份额。在这种情况下，企业可能相互勾结，以寻求勾结的寡头的均衡，从而使它们的共同利润达到最大。这种情况常称为联合利润最大化。

∠图4-10 勾结的寡头的均衡

对于勾结的寡头来说，最大利润的均衡就是图4-10中所示的E点，即企业的MC曲线与MR曲线的相交点。这里，需求曲线为D。它考虑到了其他企业也会索取与A企业相同的价格。勾结的寡头的最优价格显示在D曲线的A点。它在E点的正上方。

当寡头可相互勾结，使它们的共同利润达到最大时，考虑到它们之间的相互依赖性，其价格和产量类似于单个垄断者的价格和产量。

（二）不公开的串谋：价格领导

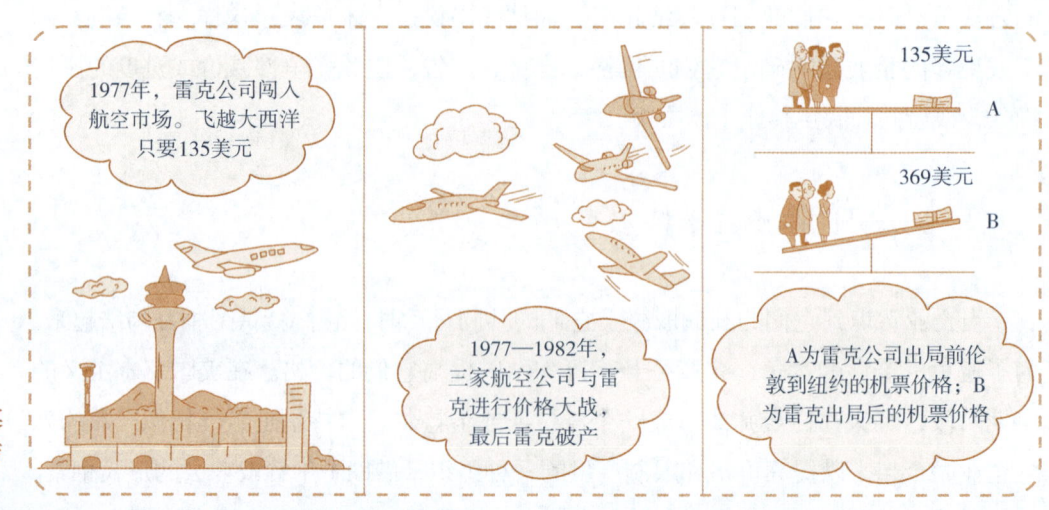

※ 竞争的寡头到勾结的寡头

1977年，雷克公司闯入航空市场。飞越大西洋只要135美元

1977—1982年，三家航空公司与雷克进行价格大战，最后雷克破产

135美元 A
369美元 B

A为雷克公司出局前伦敦到纽约的机票价格；B为雷克出局后的机票价格

今天，在大多数市场经济国家，公司相互勾结起来共同确定价格或瓜分市场是非法的。然而，如果在某一行业里只有少数几个大企业，那么，它们就可能暗中勾结，在没有明确或公开协商的条件下，寡头们会心照不宣地与行业中最大的厂商保持一致。通过这种无形的协议或默契把价格确定在较高水平，抑制竞争、瓜分市场。

三、竞争的寡头模型

（一）折弯的需求曲线（斯威齐模型）

折弯的需求曲线由美国经济学家斯威齐于1939年提出，被称为斯威齐模型。这一模型分析的是独立行动的寡头之间竞争的情形，用于说明价格刚性的现象。在这里，价格刚性是指寡头厂商变动价格的后果具有不确定性，它们都尽可能减少价格变动。

折弯的需求曲线经济学含义是：

（1）如果一个厂商提价，其他厂商不会跟进，并乘机占领市场，提价者销售量会大幅度下降。如图4-11所示，现有价格水平为P_1，假定企业A提高它的价格，但其他企业并不跟着加价。这意味着，现行价格水平已很高，它们反对任何加价。

（2）如果企业A单方面减价，从D_1可见其在销售上大得好处，而其他企业损失很大。所以，其他企业不会善罢甘休，也会采取减价策略。于是，企业A的需求曲线不再沿着D_1继续向右运动，而是顺着D_2向下运动。这是因为受到其他企业一齐减价的影响。

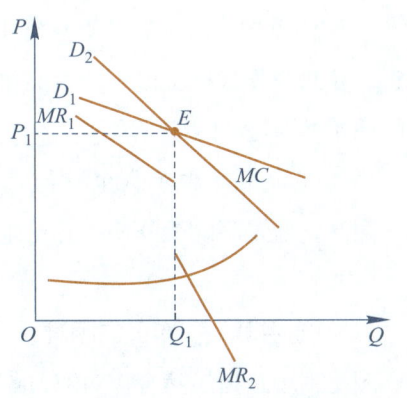

∠图4-11 寡头厂商折弯的需求曲线

（3）企业A的实际需求曲线先是沿着D_1向上，然后沿着D_2向下，形成D_1ED_2曲线。该曲线在现行价格水平上有一个"拐点"。需求曲线上的"拐点"意味着边际收益曲线MR上也会出现一个断裂。其间断部分为垂直虚线所示。断裂的边际收益曲线，可以解释寡头市场上的价格刚性现象。只要边际成本MC曲线的位置变动不超出边际收益曲线的垂直间断的范围，寡头厂商的均衡价格和均衡数量都不会发生变化。

虽然折弯的需求曲线模型为寡头市场较普遍的价格刚性现象提供了一种解释，但是该模型并没有说明具有刚性的价格本身,如图中的价格水平P_1是如何形成的。这是该模型的一个缺陷。

(二)博弈矩阵模型

20世纪上半叶,边际分析方法或微分学方法在经济学的运用引发了经济学中的"边际革命"。20世纪下半叶,信息经济学面对信息不完全和不确定性,用博弈方法分析大企业的相互关系,引起经济学的又一次新的革命——"博弈论革命"。

> **博弈论:**
> 在寡头市场上,厂商抉择的后果是不确定的,厂商行为后果主要受对手行为影响,厂商既相互勾结又相互欺瞒。博弈论是研究寡头厂商在价格、产量、广告、研发等方面对局策略的理论。

在寡头市场上,厂商既相互勾结又相互欺瞒,他们经常考虑的是采取什么策略打败对手。经济学用 博弈论 来分析在价格、产量、广告、研发等方面竞争寡头的对局策略。1994年,三位经济学家因在非合作寡头的博弈分析中做出了开创性贡献,同时获得诺贝尔经济学奖;1996年,又有两位经济学家因在博弈论应用方面的贡献同时获得诺贝尔经济学奖。同一领域五位学者获奖,这可是史无前例的,注重相互关系分析的博弈论把对局策略思维引入经济学,博弈论正在重构经济学的基础并将成为经济学的主流。保罗·萨缪尔森在谈到博弈论时说,要想在现代社会做一个有文化的人,你必须对博弈论有一个大致了解。博弈分析的原始模型是"囚徒困境"。

用同一个矩阵表示两个参与者得失的表达方法,来自博弈理论的先驱者托马斯·谢林,他发明的矩阵使博弈论走进数学大师以外的更广泛的领域。

1. 囚徒困境——串谋的困难

囚徒困境是指虽然合作对双方都有利,但理性和不相信对方使他们选择打击对手而使自己利益最大化的最优策略(知道合作对双方有利,但保持合作仍然很困难)。有两个犯罪嫌疑人A和B,因非法藏匿枪支(证据确凿)被抓并且被怀疑犯有杀人罪(证据不足)。被抓之前他们建立了攻守同盟,从矩阵模型(见表4-4)看,都保持沉默是最有利的,但经济理性导致没有人遵守协定。因为,A(B)选择坦白,他的结果(支付)为-8或0;A(B)选择抵赖,他的结果(支付)为-10或-1。所以,对于A(B)而言,无论对方做出何种选择,他的最优选择都是坦白,坦白符合个人理性需求,结果,都坦白构成均衡解(-8,-8)。这种无论对手选择何种战略,自己都选择唯一的以不变应万变的最优策略被称为占优策略。

表4-4　囚徒困境

A囚犯	B囚犯	
	坦白	抵赖
坦白	A−8，B−8	A0，B−10
抵赖	A−10，B0	A−1，B−1

动画：
囚徒困境

"囚徒困境"模型可以用来解释企业之间在产量、价格、市场等方面的竞争关系。化解"囚徒困境"的办法是对违约者实施有效惩罚，加大违约成本，使不合作的损失大于合作的利益损失。

> **案例分析**
>
> ### 寡头博弈
>
> 考虑两个寡头厂商，每一厂商都在"高"产量和"低"产量之间进行选择。根据每一厂商的不同选择，它们相应的获利情况见表4-5。
>
> 表4-5　寡头厂商产量博弈
>
> | 厂商B | 厂商A ||
> | --- | --- | --- |
> | | 高产量 | 低产量 |
> | 高产量 | A获利200万元
B获利200万元 | A获利100万元
B获利500万元 |
> | 低产量 | A获利500万元
B获利100万元 | A获利400万元
B获利400万元 |
>
> 不论厂商A做出什么样的选择，厂商B都会认为选择高产量是合理的：高产量厂商B获利为200万元或500万元，而低产量厂商B获利为100万元或400万元。同样，不论厂商B做出什么样的选择，厂商A都认为选择高产量是合理的。每个厂商都认为高产量策略是最优的，这种状况被称为产量博弈的"纳什均衡"（A 200，B 200）。纳什均衡是指相互作用的经济主体都选择自己最优战略的状态。虽然合作对各方都有利，但规则下的博弈结果却是不合作。

2. 斗鸡博弈

两人过独木桥，双方都进则两败俱伤，双方都退则一无所获（见表4-6）。

在表4-6中，两个寡头厂商都会避免两败俱伤（−3，−3）或一无所获（0，0），过独木桥的两个寡头厂商会有两个纳什均衡（2，0）（0，2），敌进我退，敌退我进。

表4-6 寡头厂商"斗鸡博弈"

厂商A	厂商B	
	进	退
进	A-3，B-3	A2，B0
退	A0，B2	A0，B0

究竟哪个纳什均衡会发生，取决于谁先采取行动（先动优势）。为了使对方不采取行动，寡头厂商会威胁对方，但这种威胁是不可信的，即"不可置信的威胁"。寡头厂商总是千方百计让对方相信自己传递的信息。在斗鸡博弈中，化解冲突靠第三方力量，协助沟通、谈判、协商、妥协、让步，最终达成共识。谈判中强势一方通常会做出更多让步，适当补偿弱势一方，因为，弱势一方不怕鱼死网破，博弈中损失会小些，反而具有优势。

3. 智猪博弈

猪圈有一大一小两头猪，食槽和开关分别在两边，按一下会有10个单位的猪食，不管是谁按，成本为2，即-2，同时去按，成本为-4=（-2）+（-2）。如表4-7所示。下面是四种情况：

（1）大猪、小猪同时选择按，大猪、小猪净收益为5=7-2、1=3-2。
（2）大猪选择按，小猪等待，大猪、小猪净收益为4=6-2、4。
（3）小猪选择按，大猪等待，大猪、小猪净收益为9、-1=1-2。
（4）大猪、小猪同时都等待，大猪、小猪净收益为0、0。

表4-7 智猪博弈

厂商A（大猪）	厂商B（小猪）	
	按	等待
按	（1）A5，B1	（2）A4，B4
等待	（3）A9，B-1	（4）A0，B0

小猪会按吗？"按"的净收益为1或-1，"等待"的净收益为4或0。不管大猪选择"按"还是"等待"，聪明的小猪的最优选择都是"等待"。

大猪如何选择？"按"的净收益为5或4，"等待"的净收益为9或0，它面临收益性和安全性之间的两难选择："按"的净收益为5或4，较安全，但收益不太高；"等待"的净收益为9或0，收益高（9），但风险大（0）。开始时，由于信息不充分，不知道小猪的选择，大猪会犹豫。如果小猪按，大猪会等待，如果小猪不按，大猪会按，大猪没有占优策略。但是，一旦大猪知道小猪选择等待，排除掉小猪按控制钮后，它会无奈地、责无旁贷地选择按（简化后的或者剔除小猪按以后的占优策略解）。所以，智猪博弈的均衡是大猪按、小猪等待（4，4）。

经济学应用：对于小厂商而言，经常存在多劳不多得的情况，选择被动等待不失为聪明的策略。大股东监督经理，小股东搭便车；大企业搞研发、做广告，小企业模仿；有钱人出资修路建桥，老百姓方便；大国与小国……厂商之间的博弈对整个社会和消费者而言，是一件好事。一个行业中存在企业领袖有利于技术进步、业务创新，负责任的行业领先者的形成是行业成熟的标志。

案例分析

产品竞争

汽车寡头都不敢在价格上进行竞争，价格大战只会带来相互伤害。厂商有时只有微小的配置增加或者象征性的产品变化，但是，也有真正的重大的变化。整个20世纪后半叶汽车的功率在不断增加，每千米耗油指标在下降，出现了自动变速、中央控制锁、驾驶方向盘助力、稳定系统、安全系统、自动巡航、舒适系统等，产品竞争从来就没有停止过。实力不强的汽车公司也总是在紧跟潮流谋求自己的市场份额。

案例分析

广告竞争

寡头厂商的产品广告不是信息广告，而是引导需求的广告，商业电视最为典型，其目的是使购买它们的产品成为一种生活方式。

根据有关人士对美国的研究，在41个产业中，仅就其中8个来看，广告费占总销售额的比重分别是：化妆品15%、食品10%、药品10%、肥皂9%、啤酒类饮料7%、果汁饮料6%、香烟5%、酒类5%。不过，汽车工业广告费用的绝对值名列前茅，只是销售额大，比率低。

广告常被作为一种投资，短期中，如果公司停止广告，这个牌子的商品还继续有好销路。但是，长期中，积累起来的商誉会有某种程度的衰颓。所以，某种程度的"防御性的广告"是必要的，以便维持其市场份额。

还有一种"进攻性的广告"。广告创造需求。雪佛兰的汽车广告目的是提高对雪佛兰牌汽车的需求，降低对其他品牌的需求。

> 一个寡头垄断者从事竞争性广告，试图向右移动他的需求曲线。他可能成功，也可能不成功，因为他的对手方也在作相同的努力。广告的竞争运动会使努力的效果互相抵消，结果使每个公司的需求曲线一如既往。不过，每家的费用因广告费而更加增高了。广告也有某种"军备竞赛"的味道，每个公司密切注视其他公司。如果福特公司多拨出一些钱搞广告，大众公司和丰田汽车公司就感到也非如此做不可。在这种情况下，寡头垄断者想到最好是协商一致，以减少广告预算，节省开支，分享"和平"红利。
>
> "广告竞赛"是新生产者的进入障碍，进入障碍越高，已确立的生产者就能把价格提得越高，所得利润也就越多。这可能是集团广告开支水平显著高于一般生产者水平的根据。

第六节　不同市场类型的经济效率比较

经济效率是指利用经济资源的有效性。不同市场类型的经济效率（包括产品价格、产量、成本、收益、盈亏、生产资源利用程度和有效性、消费者得到多少福利等）是不一样的。

西方经济学通过对不同市场条件下的厂商长期均衡的分析得出：完全竞争市场的经济效率最高，垄断竞争市场经济效率较高，寡头市场经济效率较低，垄断市场的经济效率最低。结论是市场竞争的程度越高，则经济效率越高；市场垄断程度越高，则经济效率越低。

一、价格和产量的比较

（一）完全竞争市场

在完全竞争市场下，厂商的需求曲线是一条水平线，且厂商的长期利润为零。在完全竞争厂商长期均衡时，水平的需求曲线与 LAC 曲线相切于其最低点，表明了产品均衡价格最低和产品的均衡产量最高，且生产的平均成本最低。

（二）垄断竞争市场

在垄断竞争市场上，厂商的长期利润为零。在垄断竞争长期均衡时，向右下方倾斜的、相对比较平坦的需求曲线与 LAC 曲线相切于其最低点的左边，表明产品均衡价格比较低和产品的均衡数量比较高，且生产的平均成本较低，企业存在多余生产能力。

（三）垄断市场

在垄断市场上，厂商在长期内可获得利润。在垄断厂商的长期均衡时，向右下方倾斜的、相对比较陡峭的需求曲线与 LAC 曲线相交，表明产品的均衡价格最高和产品的均衡数量最低，且生产的平均成本最高。若垄断厂商放弃一些利润，价格可下降一些，产量便可增加。

（四）寡头市场

在寡头市场上，厂商的需求曲线不太确定。一般认为，寡头市场是与垄断市场比较接近的市场组织，在长期均衡时，寡头厂商的产品的均衡价格比较高，产品的均衡数量比较低。

二、价格和成本的比较

西方经济学认为，某个行业在长期均衡时是否实现了"价格等于长期边际成本"即 $P=LMC$，也是判断该行业是否实现了有效的资源配置的一个条件。商品的市场价格（P）通常被看成商品的边际社会价值，商品的长期边际成本（LMC）通常被看成商品的边际社会成本。当 $P=LMC$ 时，商品的边际社会价值等于商品的边际社会成本，它表示资源在该行业得到了最有效的配置。倘若不是这样，当 $P>LMC$ 时，商品的边际社会价值大于商品的边际社会成本，它表示相对于该商品的需求而言，该商品的供给是不足的，应该有更多的资源投入该商品的生产中来，以使这种商品的供给增加，价格下降，最后使该商品的边际社会价值等于商品的边际社会成本，这样，社会的境况就会变得好一些。

在完全竞争市场，在厂商的长期均衡点上有 $P=LAC=LMC$，它表明资源在该行业得到了有效的配置。在垄断竞争市场，在厂商的长期均衡点上有 $P=LAC>LMC$，它表示资源在行业生产中的配置是不足的。在垄断市场，在厂商的长期均衡点上有 $P>LAC>LMC$，它表示资源在行业生产中的配置严重不足。

三、垄断的利弊

垄断的弊端主要包括：① 阻碍技术进步；② 价高产量低；③ 不公平；④ 过于庞大的广告支出会造成资源浪费和抬高销售价格，过于夸张的广告内容误导消费者；⑤ 破坏价格机制的资源配置功能等。

垄断的优点主要有：① 技术创新。垄断厂商利用高额利润所形成的雄厚经济实力，有条件进行各种科学研究和重大的技术创新。② 规模经济。对不少行业的生产来说，只有大规模的生产，才能得到规模经济的好处，而这往往只有在寡头市场和垄断市场条件下才能做到。③ 产品的差别。在完全竞争市场条件下，所有厂商的产品都是完全相同的，它无法满足消费者的各种偏好。在垄断竞争市场条件下，众多厂商之间的产品是有差别的，多样化的产品使消费者有更多的选择自由，可满足不同的需要。但是，产品的一些虚假的非真实性的差别，也会给消费者带来损失。真正的产品差别来源于独创性或垄断性。④ 广告信息。垄断竞争市场和产品差别寡头市场的大量广告有些是有用的，它为消费者提供了信息。

> **学无止境**
>
> ### SCP模型
>
> 美国产业经济学家贝恩认为，市场结构 S（集中度、产品差异、进入壁垒等）决定了企业行为 C（产品价格、生产能力、广告和研发、投资行为），企业行为决定了整个行业的市场绩效 P（生产效率、效益、就业等），这就形成"结构"→"行为"→"绩效"因果链条。

本 章 简 评

不同的市场类型，竞争程度不同，通过其产量和价格决定的比较会发现：完全竞争市场经济效率最高，是一种最理想的市场组织。然后依次是垄断竞争市场、寡头垄断市场和完全垄断市场。完全垄断市场资源配置的经济效率最低。在解释垄断形成的原因方面，西方经济学从产品差别、规模经济、行业进出难易程度、政府特许等角度进行了解释。事实上，许多中小微企业，生产服务有特色，产品有差异，随时面临对手的竞争压力，随时可能被取代。所以，我们还是需要深入到资本主义经济制度内部去寻找垄断的经济根源，深入分析会发现，垄断是资本主义生产方式内在基本矛盾的外化，是资本主义社会中社会资本的竞争、积聚与集中引起的生产的集中，垄断的产生具有必然性。

本 章 小 结

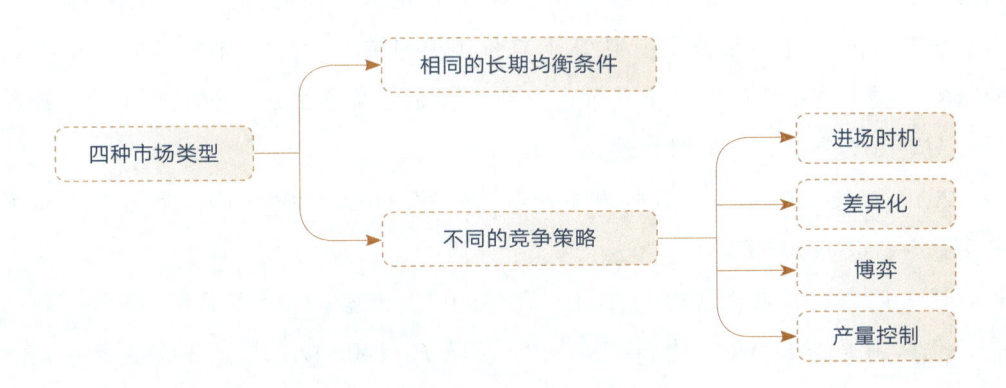

四种市场类型
- 相同的长期均衡条件
- 不同的竞争策略
  - 进场时机
  - 差异化
  - 博弈
  - 产量控制

讨论及思考题

1. 下列有关完全竞争企业的陈述对吗？为什么？

（1）一个企业将提高产量，直到价格等于平均可变成本的那一点为止。（提示：$P=AVC$，不对。决定产量大小的是利润最大化原则 $MR=MC$；完全竞争企业将提高产量直到价格（平均收益、边际收益）等于边际成本，即 $P=MC$。）

（2）当价格低于平均成本的最低点时，企业停止营业。（提示：$P<AC$，不对。短期中企业停止营业条件是 $P=AR \leqslant AVC$，长期中是 $P=AR<LAC$，企业退出该行业。复习停止营业点和盈亏平衡点。）

交互式自测

2. 为什么寡头垄断厂商会避免价格战？（提示：价格刚性。提高价格，无人喝彩，没有企业跟进；降低价格会引发行业内价格大战，降价企业增加的市场份额很有限，即需求价格弹性弱，使得企业避免价格战。）

3. 为什么每个卡特尔成员会有违背协议的动机？（提示：理性人追求利益最大化。博弈各方的行动既影响自己的利益，又影响其他方的利益。虽然只有采取合作对大家最有利，但利己动机使保持合作非常困难。）

4. 解释设置进入障碍、排他性经营、搭售和维持零售价格如何可以使寡头垄断者获得更高的利润。（提示：这些措施使其市场类型更接近完全垄断。）

练习题或案例题

1. $P=MC$ 的利润最大化原则与 $MR=MC$ 的利润最大化原则有什么区别与联系？（提示：区别是，后者是企业争取利润最大化时，确定产量的一般原则（$MR=MC$）；前者是完全竞争企业的利润最大化原则，因为企业产品的单位价格 P 不变，因而边际收益不变且等于单价（$P=MR$）。所以，$MR=MC$ 可以写成 $P=MC$。联系是：不管是完全竞争企业还是非完全竞争企业，确定产量时，都要满足 $MR=MC$ 原则，才能取得最大利润。）

2. 已知某垄断厂商，其总成本函数为：$TC=4Q^2+20Q+10$，市场上产品需求函数为：$Q=140-P$。

试求厂商利润最大化时的：（1）产量；（2）价格；（3）利润。（提示：利润最大化原则是 $MR=MC$。由 $Q=140-P$，便有 $P=140-Q$，得到总收益函数 $TR=P\times Q=(140-Q)\times Q=140Q-Q^2$，求导得到边际收益函数 $MR=140-2Q$；对总成本函数 TC 求导得到 $MC=8Q+20$。令 $MR=MC$，故：（1）产量 $Q=12$；（2）价格 $P=140-Q=128$；（3）利润 $=TR-TC=(128\times 12)-(4\times 12^2+20\times 12+10)=710$。）

第五章
外部性和公共物品

> 竞争有利无害。只有一种竞争才是悲剧：无代价的、免费的竞争资源或产品

关键概念

- 外部性
- 公共物品
- 市场失灵
- 产权
- 科斯定理
- 交易成本

第五章 外部性和公共物品

> **引导案例**
>
> ## 排污权交易
>
> 许多国家都制定了法律来保护环境，同时采取各种措施来控制环境污染的进一步加剧。
>
> 大多数环境管制都是通过限制企业或个人排放污染物来实现的，但是这种方法并不是很有效，只是政府的一种强制管制，没有考虑到排放量和治污成本之间的关系，没有考虑到激励因素，它可能产生低效率。
>
> 排污权交易通过政府发行一定数量的许可证来控制二氧化硫的排放量，它的创新之处就在于许可证可以自由交易。那些能以较低成本降低硫化物排放的厂商（如电力产业）会卖出他们的许可证。另外一些需要为新工厂争取更多额度许可证的，或没有减少排放余地的厂商会发现，比起安装昂贵的控污设备或是倒闭来说，购买许可证或许更经济一些。
>
> 排污许可证的买卖给了厂商足够的创新激励，厂商发现使用低硫煤比早先预想的要容易，而且更便宜。这个重要的试验为那些主张环境政策应以市场手段为基础，同时又主张政府发挥它应该具有的作用的经济学家们提供了强有力的支持。

动画： 排污权交易

问题

市场失灵（外部性、公共物品、垄断）怎样才能解决？

目标

了解市场失灵及原因；知道解决市场失灵的措施和手段。

要点

1. 经济运行中存在市场失灵。市场不能解决的问题有：外部性、公共物品、垄断、不完全信息等。
2. 针对市场失灵而采取的政策叫微观经济政策。

知识点：本章要求学生了解外部性、公共物品等基本概念、类型，理解外部性对资源配置效率的影响，掌握解决外部性的办法，熟悉科斯定理及产权的重要性。

能力点：能够解释经济运行中为什么不同程度地存在市场失灵和政府失灵。

注意点：市场失灵在一定程度上可以通过政府来解决，但并不总是能够通过政府来解决。因为存在政府失灵，需要政府出面解决，但同时又要引入市场竞争机制。

第一节 外 部 性

一、外部性、外部成本和外部收益

外部性是指生产或消费行为给他人带来成本或收益，却不用支付由此带来的成本或不能从这些收益中得到补偿。外部性不能通过市场价格反映出来，施加这种成本或利益的人也没有为此付出代价或得到收益。外部性也称外部影响、外部关系、外在性、溢出效应和毗邻影响。

按照外部性的性质，可将其分为正的外部性和负的外部性。前者是有益的，后者则是有害的。有害的带来外部成本，有益的带来外部收益。

> **外部性：**
> 生产或消费行为给他人带来成本或收益，却不用支付由此带来的成本或不能从这些收益中得到补偿。外部性也称外部影响、外部关系、外在性、溢出效应和毗邻影响。

外部成本。例如，两个相邻企业，一个生产眼镜，另一个生产焦炭，生产焦炭的企业处于上风位置，生产眼镜的企业处于下风位置。由于空气的污染程度会影响眼镜精密磨轮的运行，而污染程度决定于焦炭的产量，因此，眼镜的生产水平不仅决定于眼镜生产企业的投入要素多少，还受焦炭生产水平的影响，增加焦炭产量会使高质量的眼镜产量减少，焦炭生产带来的污染或外部成本无须焦炭生产者承担而是被转嫁给了眼镜生产企业。

外部收益。外部收益的著名事例是养蜂人与苹果生产者。蜜蜂需要通过吸取苹果花粉生产蜂蜜，苹果产量增加可以增加蜂蜜的产量，即苹果生产者给养蜂人带来外部收益；反之，蜜蜂在采蜜的同时可以为苹果传授花粉，增加苹果产量，因此养蜂人给苹果生产者也带来了外部收益。带来外部收益的主体并不能获得这一收益。

微课： 什么是外部性？

动画： 外部收益

二、社会边际成本和社会边际利益

（一）私人边际成本与社会边际成本（供给分析）

私人边际成本是指企业生产额外商品时，各种投入的费用增量。社会边际成本是指全社会生产额外商品和服务时，各种投入的费用增量。例如，工厂排放有毒物质到空气或水中，社会并没有为此向它收费。从社会观点看，这种损失应该算作生产费用的一部分。这样，社会边际成本＝私人边际成本＋外部成本，或表示为：社会边际成本－私人边际成本＝外部成本。

社会边际成本大于私人边际成本，就会产生外部成本。例如，某一企业向河流和空气排放废物所造成的污染，会使他人蒙受一定的损失，即对他人来说是一种成本，而污染的制造者却不必为自己所造成的环境质量下降支付费用。在这种情况下，私人的成本不能反映全部社会成本，私人成本小于该种活动的社会成本，从而引起外部成本。

外部成本也会发生在消费者身上。例如，一个人吸烟有害于另一个人的健康，但吸烟者却不必为其他受害者提供任何补偿。在这种情况下，消费者个人为其本人的消费所支付的成本只是这种消费活动的全部社会成本的一部分，从而产生外部成本。

私人边际成本和社会边际成本之间的矛盾，在整个社会经济中到处可见。社会对汽车的所有者，既不对他的排气污染收费，也不对他造成公路拥挤收费；航空公司不必为他们造成机场附近住户的不适付费；饮料瓶制造商只知道用不回收的瓶子便宜，但对废物处理的外部成本却不付分文。由于外部性的存在，产生了私人边际成本和社会边际成本的差别，见图5-1。

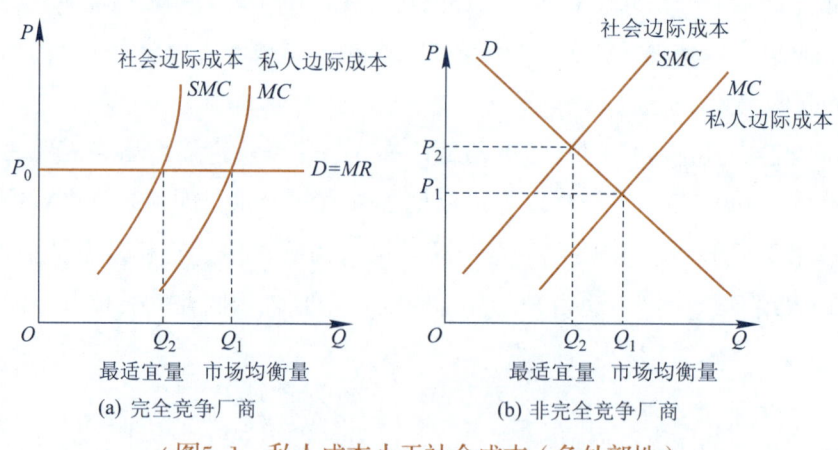

∠图5-1　私人成本小于社会成本（负外部性）

图5-1中，SMC代表社会边际成本。MC代表私人边际成本。两条曲线间的距离表示由于外部性所引起的外部成本。私人边际成本加外部成本构成社会边际成本。如图5-1所示，私人没有承担全部成本，其产量超过社会最适宜量，$Q_1 > Q_2$。

（二）私人边际利益和社会边际利益（需求分析）

私人边际利益是指某一经济主体通过市场上增加购买单位商品所得到的利益增量。社会边际利益是指一项新的经济活动使全社会获得的收益增量，包括从事经济活动的单位获得的私人边际收益，也包括其他经济单位获得的边际收益。社会边际利益＝私人边际利益＋外部利益，或社会边际利益－私人边际利益＝外部利益。企业的私人边际利益小于其社会边际利益，就产生外部利益。例如，某一个消费者出资建造外观上很漂亮的房屋，并在住宅周围种植花草，这不仅会使该消费者自己受益，也会使他的邻居受益；家长教育自己的孩子，使其成为有责任感的公民，也会给其邻居和社会带来好处。在这种情况下，消费者的私人边际利益只是他的消费活动所产生的全部社会边际利益的一部分，从而引起外部利益；当你发明一种更好的清除油外漏污染的方法时，其利益便会外溢到许多人之中，但那些人并不会给你任何支付。

私人边际利益大于其社会边际利益，就会产生负外部利益。例如，烟、酒的消费会使社会其他人的利益受损。

图5-2中，SMR代表社会边际利益或社会边际收益。MR代表私人边际利益或私人边际收益。两条曲线间的距离表示由于外部性所引起的外部利益。私人边际利益（收益）加外部利益构成社会边际利益（收益）。

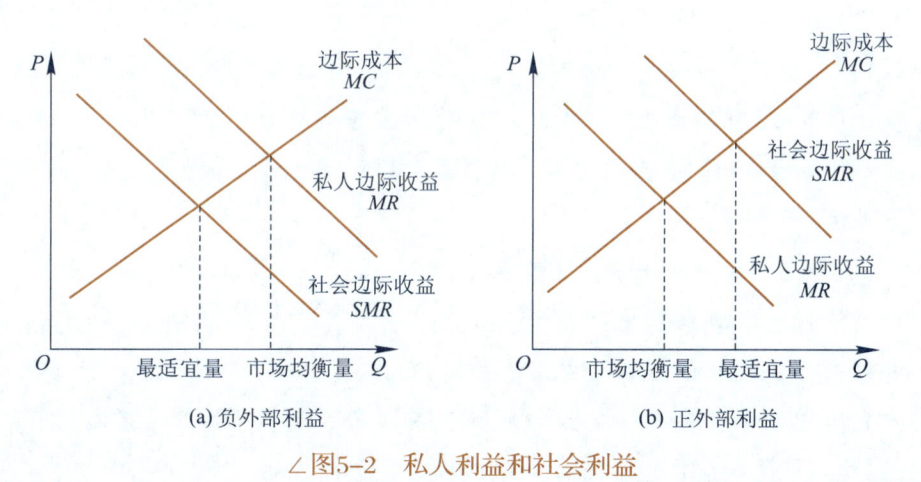

∠图5-2　私人利益和社会利益

三、外部性对资源配置的影响

由于存在未在市场中反映出来的外部性，外部性的存在会造成私人成本和利益与社会成本和利益之间的差别,从而影响市场配置资源的效率。

如果一个人的某种活动可以增进社会福利但自己却得不到报酬,他的这种活动必然低于社会最适宜量的水平,企业也是如此。因而,如果某种产品的生产可以产生外部利益,则其产量将可能少于社会最适宜量。经济学家说:"开办一所学校可以少盖一所监狱。"但投资者的私人收益少于社会收益,市场均衡量就会低于社会最适宜量(产出量)。

如果一个人的某种行为会增加社会成本,但这种成本却不必由其本人承担,他的这种活动在量上将会超过社会所希望达到的水平,企业也是如此。如果某种产品的生产会产生外部成本,则其产量将可能超过社会最优的产量。换言之,当存在外部性时,市场不能保证追求个人利益的行为使社会福利趋于最大化。

> **学无止境**
>
> ### 污染控制与资源配置
>
> **1. 污染最佳控制水平**
>
> 企业和家庭向空气和水中排放废弃物对其他企业或家庭造成负的外部性。这意味着其他企业或家庭为使环境恢复到可用的水平需要付出一定的费用。例如,水的污染会造成下游居民不得不花费更多的钱来净化水,位于下游的企业可能也不得不多费些钱提高水的质量使之适合需要。污染可能使鱼死亡,划船和游泳可能被禁止。废物和臭气可能减少娱乐休息区的吸引力。污染的程度可以用物理方法测出,各种物质污染程度的费用也能够计算出来。污染造成社会成本,减少污染将获得社会利益。
>
> 假定水在出口全部被污染,其质量为零。那么,水质需要清洁到什么水平为好呢?见图5-3。
>
> 在图5-3中,水平坐标轴表示清洁度的增加,用纯净水百分数表示。垂直坐标轴表示成本和收益。图中,改进清洁度1%的边际收益随清洁度的增加而下降(回忆一下,任何物品增加的消费都要遵守边际效用降低的法则)。清洁度由20%提高到21%,所得利益大约由85%提高到86%。这样,边际收益曲线就具有图5-3的 *MR* 的形状。
>
> ∠图5-3 最佳污染控制水平

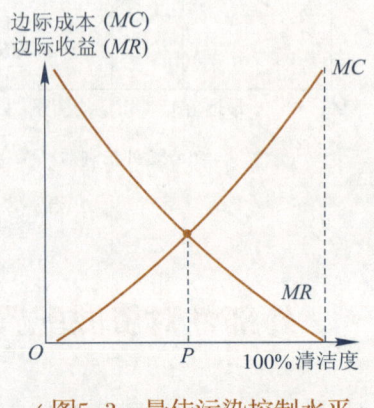

微课:
怎样解决外部性问题?

减轻污染需要利用经济资源,或者需要改变生产过程,或者需要净化系统进行处理。这都需要劳动和资本。不论是谁付钱,这都是社会成本。可以预期,清洁度每增加一个单位的单位成本,随着清洁度的日益提高而上涨。这是一个普遍的法则。水质改善的边际成本曲线一般形状为图5-3所示的 MC 曲线。

水净化程度增加一度,就会提高边际成本和降低边际收益。当边际成本等于边际利益时,决定了污染控制最佳水平,即图5-3中的 P 点所示。它表示控制污染的边际成本与其获得的社会边际收益一致时,污染控制达到最佳水平(回忆利润最大化原则 $MR=MC$)。

这一结论告诉我们:将任何程度的污染都看作绝对的坏,而把完全净化看作绝对的好,却不管其费用如何,这是没有道理的。水清洁到什么程度合算呢?通常经济的回答是看边际情形,只要进一步改进水质的边际收益超过改进水质的边际成本,水质的水平就应提高。也就是说,它应该提高到图5-3所示的 P 水平,而不是到100%。

2. 损失赔偿(污染者承担费用的情况)

污染受害者获得损失赔偿是一种权利,这等于创立了一种环境财产权,如同其他财产权那样予以保护。见图5-4。

图5-4讲的是一特定的污染源,MC 曲线表示清洁度连续单位的边际成本。达到这一清洁度的总费用是 MC 以下直到该点的面积($E+F+G$)。污染者被控诉造成的污染损失,等于 MR 曲线所示的消除污染的好处。污染者有责任赔偿的,表示在 MR 曲线下该点右边的面积($D+E+F$)。

如果污染者什么也不干,他的赔偿责任将是 MR 曲线下整个面积,即 $D+E+F$。这从他的立场看,不是最好的办法。对他来说,把污染减低到 P 点合算。因为直到此点以前,污染控制每增加一单位的费用,少于他应该支付的损失费用。超过 P 点情形则相反,污染控制费用大于损失赔偿费用。所以他愿意停止在 P 点,付给等于他没有清除的污染所造成的损失 F 面积的损失赔偿费。他的总费用是 $E+F$,这是对他而言最低的费用,而这也正是在前面我们说过的减轻污染的最佳

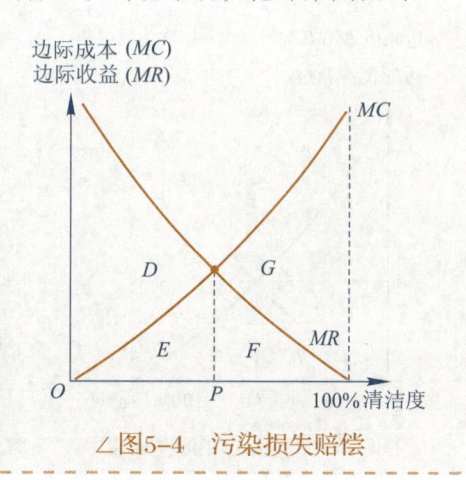

△图5-4 污染损失赔偿

程度。

损失赔偿的方法的显著优点是，不需要一个大的制定规章的机构。但是，如果执行机关的担子减轻，法院的担子就要加重。个人可能胆怯、缺乏知识、不愿控诉等，更大的困难是污染空气和水的来源很多，每一个来源的损害责任很难评价。

3. 贿赂和补助（被污染者承担费用的情况）

被污染损害的人可能聚合到一起，出钱给污染者，即贿赂污染者进行污染控制。这看来可能很不公道。但是，在一定条件下对他们有利。请再看图5-4。他们能够同意付全部费用把污染减到 P 水平，这全部费用为面积 E。因为他们从此得到的利益是 $D+E$。他们还有所得，而污染者像过去一样很好。这里，减轻污染的费用由受害者方面负担，而公司（及其消费者）不支付什么。

另外，如果政府同意支付安装污染控制设备费用，那么，政府就要给企业补助。控制污染的补助来自政府税收。因此，这种补助增加了政府税收负担，并且补助有可能刺激企业增加或夸大它的污染程度，以便取得更多的补助。

4. 征税

征税是对每个污染源根据排放废物的容量和毒性收税，通常将其称为浓度费。对污染者征税最终会被转移到购买者身上。控制污染征税的方法见图5-5。

在图5-5中，合乎理想的话，费用应该定为每单位为 OA，就是说，等于污染减轻到最佳程度 P 时的边际费用。污染者把他的排放减到 P 是合算的，因为直到此点边际费用少于他不减轻污染时要付的税金。他愿意付出等于 F 面积的清除污染费用而不愿付 $E+F$ 的税。

超过 P 点的污染，他将付给等于 $G+H$ 的税。他愿意这样做，而不愿出 $G+H+K$ 的费用去清除污染。政府补偿污染的受害者 G 以后，还留下等于 H 的收益，这可用作其他目的或者减低税率。

公司的整个费用或成本，共为 $F+G+H$。成本上升使企业供给线向左移

边际成本 (MC)
边际收益 (MR)

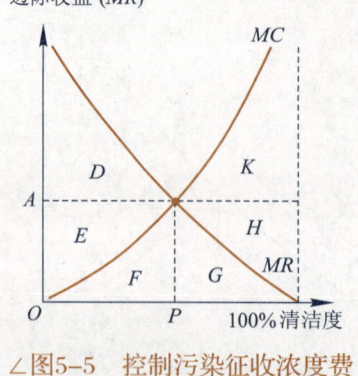

△图5-5 控制污染征收浓度费

动,结果商品价格上升,并且需求量下降,污染费用最终由生产者和消费者共同分担。认为产品消费者应该支付与产品有关的污染费用,这种思想很可能符合大多数人的公平观念。

第二节 公共物品

一、公共物品的概念

(一)公共物品与私人物品

※ 公共物品

经济学把物品分为公共物品和私人物品。那么,什么是公共物品和私人物品呢?请看下面的例题。

例题

高速公路是什么产品?

拥挤的收费高速公路;

拥挤的免费高速公路;

不拥挤的收费高速公路;

不拥挤的免费高速公路。

高速公路的以上四种状态使得高速公路成为不同的产品,请说明为什么。

> 解：(1)"拥挤的收费高速公路"是私人物品，具有竞争性和排他性。随着收费水平的不断变化，价格机制会调节汽车流量，最终解决拥挤问题。
>
> (2)"拥挤的免费高速公路"是共有准公共物品，因为"拥挤"意味着竞争性、相互影响并产生外部性；而不收费会激励人们竞争拥挤的、稀缺的东西。大家都去竞争稀缺的、免费的、没有产权所有者的"无主资产"，最后会产生"共有悲剧"，表现为资源浪费、资源消耗、共有产品短缺。与私人物品不同，共有物品具有竞争性和非排他性。
>
> (3)"不拥挤的收费高速公路"是自然垄断准公共物品，具有非竞争性和排他性。
>
> (4)"不拥挤的免费高速公路"是纯粹公共物品，是具有非竞争性和非排他性特征的物品。蔚蓝的天空、明媚的阳光、寂静的黑夜、维系生命的空气、孕育人类的青山绿水和山川河流等，这些极其珍贵而我们还能免费享用的东西，既具有非竞争性（丰富、充裕）又具有非排他性（免费获取），是最接近全民共同所有和使用的物品。

所以，以上例题中的(1)具有竞争性和排他性，是私人物品。(2)(3)(4)不同时具有竞争性和排他性，是公共物品。或者不具有竞争性，或者不具有排他性，或者同时不具有竞争性和排他性的物品，就是公共物品。公共物品包括：纯粹公共物品、自然垄断准公共物品、共有准公共物品三种。

1. 私人物品

私人物品即市场上的普通商品和劳务。它有两个特点：第一，竞争性。如果某人消费了一定量某种商品，则其他人的消费量就会减少。第二，排他性。对商品或劳务支付价格的人才能消费，其他人则不能如此做。

公共物品：
与私人物品对应的概念。在消费上或者具有非竞争性，或者具有非排他性，或者同时具有非竞争性和非排他性。公共物品分为三种：(1)纯粹公共物品；(2)自然垄断准公共物品；(3)共有准公共物品。

2. 公共物品

(1)纯粹公共物品。纯粹公共物品是指由集体消费并且在消费和使用上不具有竞争性和排他性特征的物品。例如，国防、道路、广播、电视、交通、秩序和公正（法律）、航空控制、气象预报、灯塔、环境保护、警察、蚊蝇控制和预防传染病的工作等。纯粹公共物品有两个特点：

第一，非竞争性。非竞争性是指某人对物品的消费或享用并不影响其他人的消费或享用，也不会对生产成本产生影响，即产品的边际成本为零。无论增加多少消费者，都不会减少其他人的消费量。消费者和消费数量的增加不会引起商品生产成本的增加。公共物品的边际成本为零，如果由私人来生产公共物品，那么依照于效率的条件，厂商的定价原则应该是价格等于边际成本。公共物品的价格应该等于0，结果私人不可能供给这些产品。新生人口享受国防提供的安全服务，并不能降低原有人口对国防的"消费"水平；海上的灯塔，10艘船利用它与20艘船利用它都一样，得到的便利也相同。正是由于这个特点，公共物品的消费就不必通过交易，即不用花钱去购买，私人提供公共物品就无利可图。

第二，非排他性。非排他性是指某个人在得到一种物品之后，并不能把其他的消费者排斥在获得该商品的利益之外，或者说任何人都可以无偿享用，消费者可以不支付成本获得消费的权利，而生产者不能把那些不付费的人排除在外。公共物品的非排他性使得通过市场交换获得公共物品的消费权利的机制出现失灵。由于公共物品的非排他性，公共物品一旦被生产出来，每一个消费者都可以不支付就获得消费权利。生产公共物品的厂商很有可能得不到抵补生产成本的收益，长期来看，这些厂商不会继续提供这种物品。

画龙点睛

海上灯塔

对一般物品来说，一个人能否享用通常取决于他是否为此支付了费用。支付费用者可以享用，不支付费用者不得享用。而公共物品则是一个例外。比如，在海上建立一座灯塔，很难不让不交费的人利用灯塔，因为在海上要对每一艘利用这座灯塔的船收费在技术上难以办到，即使能办到，在经济上也不合算，因为收取费用的成本很高。这样公共物品就无法避免"搭便车"。"搭便车"又称"免费搭车"，是指不支付费用而参与消费。例如，不交费而利用灯塔，不纳税而享受国防安全就属于"搭便车"。

即问即答

非排他性效应

外部性、共有准公共物品、纯粹公共物品都有一个共同点：非排他性。请问这种非排他性有什么后果？（答：在一个稀缺的世界里，非排他性使得行为人不承担行为的后果，不用支付行为代价。正外部性行为得不到张扬，负外部性不能被有效遏止，共有准公共物品越来越枯竭，公共物品受到污染，生命多样性面临威胁，交通拥挤，生态恶化等，都是"免费使用"惹的祸。)

（2）自然垄断准公共物品。具有非竞争性和排他性的物品是自然垄断准公共物品。例如，从桥上通过，可能不具有竞争性，满足非竞争性条件，却可以通过收取过桥费实现排他性使用。收费的道路、有线电视广播、付费桥梁、计费游泳池、政府提供的养老金、收费的不拥挤的公园和公路等，只要它们不具有竞争性，都属于自然垄断准公共物品。自然垄断准公共物品生产上的特点是产品在其规模不断扩大的过程中平均成本始终一贯地下降。

（3）共有准公共物品。具有竞争性和非排他性的物品是共有准公共物品。例如，可能无法通过收费的方式禁止某些渔船出海捕鱼，这样做的成本过于高昂，但捕鱼船的增加却会使鱼类资源趋于枯竭（竞争性）从而增加社会成本。例如，公共草坪、清洁的空气、失业补助、野生动物、公共厕所、公共过道、不收费的拥挤的公园和公路等。

微课：人人都爱大自然？

※ 产权与公地悲剧

案例分析

公地悲剧及解决办法

"公地悲剧"由美国学者哈定提出，又叫"哈定悲剧"。它是指缺乏排他性产权的资源会导致过度使用。15—16世纪，英国公共牧场涌入大量羊群使土地退化——"公地悲剧"出现。有人开始用围栏圈占地，"圈地运动"使大批农民、牧民失去土地。阵痛之后，英国人惊奇地发现，草场变好了，英国人的整体收益提高了。

> **即问即答**
>
> **共有准公共物品**
>
> 请问烟花与电影、公海与私人鱼塘、政府反贫困计划与 MBA 教育的最大区别是什么？（答：是"是否具有排他性"。烟花、公海、反贫困计划具有非排他性，受益人不用承担代价而获益。）

动画：共有产权下资源的过度使用

（二）政府与公共物品

政府提供的物品不全是公共物品（政府也提供与私人企业生产的相同的物品），但公共物品尤其是其中的纯粹公共物品通常由政府提供。因此，有的西方经济学教科书，把公共物品定义为私人不愿意生产或无法生产而由政府提供给群体享用的产品或劳务，包括国防、空间技术、公务人员劳务、司法、邮政、气象预报、社会公正、公共教育、卫生保健、社会保障、城市建设等，政府被定义为公共物品的生产者，公共物品有时也被定义为政府所生产的物品。

要使消费者的欲望得到满足，公共物品是必不可少的，但市场本身缺乏提供充足的公共物品的机制。政府提供公共物品也需要各种生产要素，也需要成本支出。政府为提供或生产公共物品而进行筹资的渠道是多种多样的，有：① 强制税收；② 发行政府债券；③ 资本市场筹资，组建股份制公司等。

二、公共物品与市场失灵

（一）非排他性导致的 市场失灵

任何购买公共物品的人都不可能因付费购买而独占该物品所带来的全部效用或收益。例如，美国某公司曾生产一种对汽车尾气进行过滤的装置，这种装置对净化城市空气大有益处，但却增加了汽车销售成本而遭到汽车制造商的拒绝，而消费者同样不考虑购买这种对每个人都能带来好处的东西。因为，清新空气不能阻止其他人享用，即使没有付费购买和使用该产品的人，也能获得该物品所提供的效用和收益。但是，每一个购买

> **市场失灵**：
> 由于经济生活中存在垄断进入障碍、外部性、公共物品，市场机制在许多场合不能形成资源的有效配置。

者肯定首先考虑自己购买的成本和收益，而不将其他人可能得到的好处作为一种收益考虑，尽管他们在增进他人福利时，不必增加自己付出的成本。所以，市场机制既不能促使私人厂商去生产这种物品，也不能让潜在的购买者做出支付或购买决策。只有当购买者能独占收益时，他才愿意负担公共物品生产中投入的成本。

（二）非竞争性导致的市场失灵

有些物品是非竞争性的，如不拥挤的桥梁和公路、宽敞的公共游泳池、疫苗、有线电视等，这些物品的使用和消费必须付费，以便收回生产成本。但是，如果不支付费用就不允许消费或使用，就意味着这些产品的浪费、闲置，使得资源配置效率降低，即市场机制不能促进资源的最优配置。例如，对不交费的家庭禁止观看有线电视节目，这种做法会损害效率；不太拥挤的桥梁禁止未付费者通过，也减少了社会总福利和社会满足感。

三、政府失灵的对策

（一）政府失灵的原因

公共选择理论认为，政府失灵的原因如下：第一，垄断性。政府各部门提供公共物品，没有竞争者，无法判断其成本的高低和产出的多寡。第二，规模最大化目标。政府官员不能把利润占为己有，不会追求利润最大化，但大规模化可以强化其预算支出，改善工作条件，减轻工作负担，提高其劳务成本，提升机会，增大其掌握的权力，提高其地位，办公条件也得以改善。第三，为获得更多选票和中间集团的资助，实施不利于大多数人的预算方案。这些都将导致公共物品生产中的低效率。

（二）竞争机制的导入

解决政府低效率问题，公共选择理论认为，可以采取以下措施：第一，公共部门权力分散化。一个国家可以有两个以上的电信部门，一个城市应有几个给排水公司。公共权力集中带来垄断和规模不经济，而公共部门权力分散有利于降低垄断程度，增加竞争成分，提高效率。第二，私人公司参与。例如，美国的高速公路由政府投资，

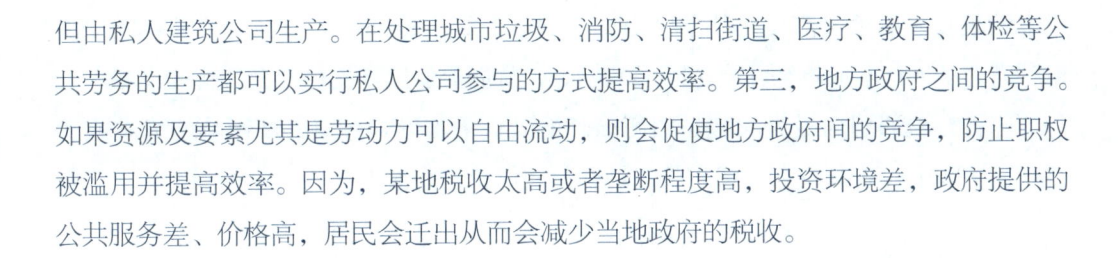

但由私人建筑公司生产。在处理城市垃圾、消防、清扫街道、医疗、教育、体检等公共劳务的生产都可以实行私人公司参与的方式提高效率。第三,地方政府之间的竞争。如果资源及要素尤其是劳动力可以自由流动,则会促使地方政府间的竞争,防止职权被滥用并提高效率。因为,某地税收太高或者垄断程度高,投资环境差,政府提供的公共服务差、价格高,居民会迁出从而会减少当地政府的税收。

第三节 市场失灵与微观经济政策

市场失灵是由于经济生活中存在垄断及进入障碍、外部性、公共物品等问题,使市场机制在许多场合不能实现资源的有效配置,社会需要执行微观经济政策,对这些缺陷加以弥补。

一、反垄断政策

西方许多国家都不同程度地制定了反垄断法或反托拉斯法,其中最突出的是美国。

19世纪末20世纪初,美国出现了第一次大兼并,形成了一大批经济实力雄厚的大企业。这些大企业被叫作托拉斯。从1890年到1950年,美国国会通过一系列法案和修正案来反对垄断。美国的这些反托拉斯法规定,限制贸易的协议或共谋、垄断或企图垄断市场、兼并、排他性规定、价格歧视、不正当的竞争或欺诈行为等,都是非法的。美国反托拉斯法的执行机构是联邦贸易委员会和司法部反托拉斯局。前者主要反对不正当的贸易行为,后者主要反对垄断活动。对违法者可以由法院提出警告、罚款、赔偿损失、改组公司甚至判刑。

二、解决外部性问题的政策措施

(一)税收和补贴政策

政府采取税收和补贴政策,向施加负外部经济影响的厂商征收恰好等于外部边际成本的税收，而给予产生正外部经济影响的厂商等于外部边际收益的补贴，以便使得厂商的私人边际成本与社会边际成本相等，从而促使厂商提供社会最优的产量。

这种方法遇到的最大问题是如何准确地以货币的形式衡量外部影响的成本或利益。在实践中，政府或有关部门往往是近似地估计这些成本。

（二）企业合并

将施加和接受外部成本或利益的经济单位合并。如果外部经济影响是小范围的，那么就可以采取这种方法。通过这种合并，企业的外部成本被内部化，从而使合并后的企业所决定的产量等于社会的最优产量。

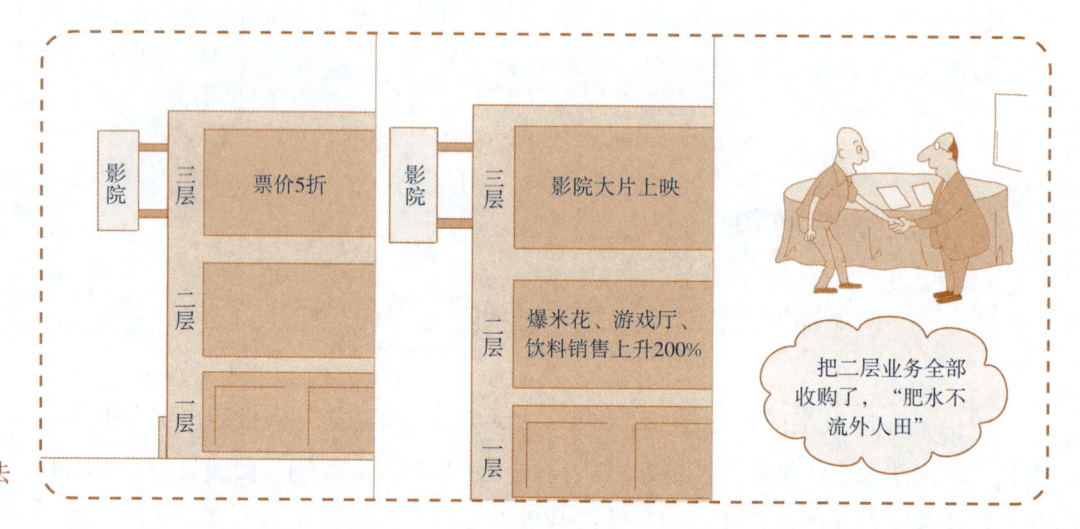

※ 外部性解决办法

（三）明确 产权 和谈判

产权：
拥有某种资源或利益并可以交易的权利。

如果产权是明确的并且可以无成本（交易成本很小）地进行协商和交易，则无论最初的产权属于谁，市场总会有效地配置资源并解决外部性问题，这就是著名的 科斯定理 。科斯定理是美国芝加哥大学教授科斯提出的，后被西方学者作为用于解决外部经济影响的市场化思路。

科斯定理在解决外部经济影响问题上的政策含义是，政府无须对外部经济影响进行直接的调节，只要明确施加和接受外部成本或利益的当事人双方的产权，就可以通过市场谈判加以解决。

科斯定理的结论是非常诱人的，但是其隐含的条件却限制了科斯定理在实践中的应用。首先，谈判必须是公开的无成本的，这在大多数外部经济影响的情况下是很难做到的。其次，与外部经济影响有关的当事人只能是少数几个人。在涉及多个当事人的条件下，不仅谈判成本增加，而且"搭便车"问题又会出现。因此，科斯定理并不能完全解决外部经济影响问题。

> **科斯定理：**
> 如果财产权是明确的并且可以无成本（交易成本很小）地进行协商和交易，则无论最初的财产权属于谁，市场总会有效地配置资源并解决外部性问题。

学无止境

科斯定理与交易成本

科斯定理和产权理论强调产权界定、市场交易、合约谈判在解决外部性问题中的作用，认为外部性的受害者可以通过与外部性的生产者进行谈判和交易，从而使其内部化来改善资源的配置。但谈判和交易很难实现，为什么？（答：因为交易成本太高。交易成本也称交易费用，通常是指在直接生产过程之外为克服交易障碍支出的费用。交易成本包括为克服人为障碍和自然障碍的支出。需要克服的人为障碍是指限制交易的法律、规章和政策，自然障碍是指交通、通信、谈判、协商等。中国神话故事《西游记》中的唐僧，到西天取经，交易成本无穷大，需要克服巨大的自然障碍：没有航海技术和指南针，没有交通和通信工具，没有翻译，要面对天上地下的妖魔鬼怪，要花一生的时间完成西行。）

> **交易成本：**
> 也称交易费用，通常是指在直接生产过程之外为克服交易障碍支出的费用。

三、保护消费者的政策

政府制定和实施的消费政策本质上是政府提供的公共物品或公共服务，这也是私人或厂商无法提供的。政府的消费政策包括：第一，商品质量标准以及对商品进行检验；第二，消费宣传的有关规定以及对某些产品广告宣传的限制（烟和烈性酒）；第三，消费禁止（如枪支、毒品、刺激性药物、不利于儿童健康的玩具和书刊）；第四，特殊服务的资格认定，如医生、律师、会计师、教师、评估师等；第五，限制价格政策（如生活必需品、公用事业服务、房租等商品价格限制政策）；第六，消费外部化干预政策，如禁止或限制人们对珍稀动物的消费，用阶梯价格来抑制人们对水资源的浪费，用小轿车增容购置费限制人们对小汽车的需求以减缓城市环境污染和交通拥挤。

另外，公共物品和公共服务也不一定完全由政府提供。例如，建立消费者协会、行业协会等非官方的组织，也可以接受消费者对产品与劳务质量、价格等方面的申诉，为消费者索赔，保护消费者利益。

本 章 简 评

在西方经济学中，垄断、信息不对称、不平等、外部性和公共产品问题是导致市场失灵的重要原因。在解决市场失灵问题时，西方学者陷入了矛盾：一方面，为了公正和平等，主张政府介入，采取税收、补贴和法律政策，净化环境，出台绿色环保政策，政府提供医疗、教育、交通、住房，缓解公共产品供应紧张的状况；另一方面，为了效率，西方学者又主张扩大市场机制发生作用的范围，但至今为止，西方国家仍未能找到一个有效方法来决定公共产品的定价与产量问题，更没有找到各方认可的公平与效率的平衡点，政策建议常常成为不能落地的高谈阔论。

本 章 小 结

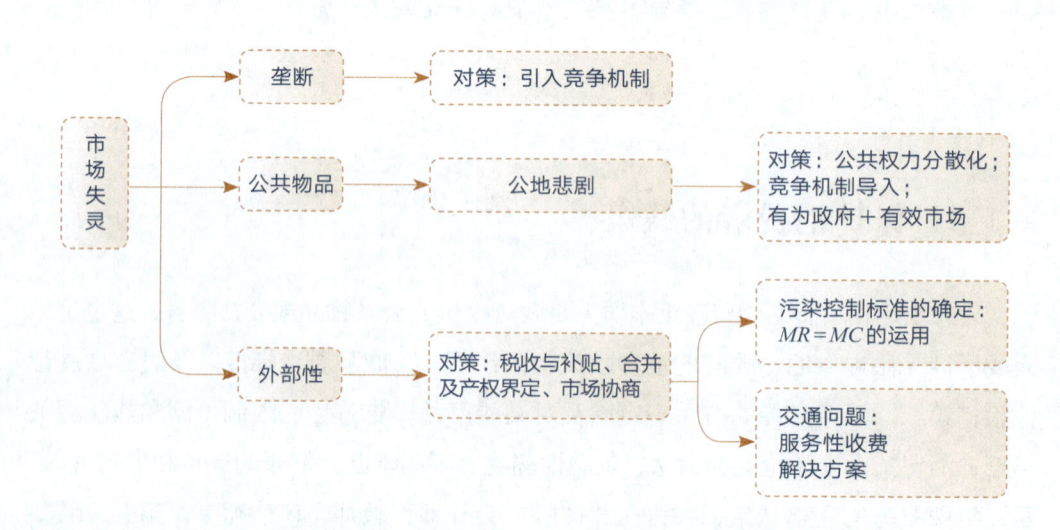

```
                ┌─ 垄断 ──────→ 对策：引入竞争机制
                │
                │                              ┌─ 对策：公共权力分散化；
市场失灵 ───────┼─ 公共物品 ──→ 公地悲剧 ─────┤  竞争机制导入；
                │                              └─ 有为政府＋有效市场
                │
                │                                    ┌─ 污染控制标准的确定：
                └─ 外部性 ───→ 对策：税收与补贴、合并 ┤  $MR=MC$ 的运用
                               及产权界定、市场协商   │
                                                     └─ 交通问题：
                                                        服务性收费
                                                        解决方案
```

讨论及思考题

1. 举例说明生产和消费的外部性，如何判定外部收益或外部成本？（提示：例如，苹果生产者不能因为给养蜂人带来好处而获益；吸烟者不必为其他受害者提供任何补偿。判定外部收益或外部成本的标准是其经济行为是否能通过市场价格反映出来，施加这种利益或成本的人是否为此得到收益或付出代价。如果回答是"否"，就存在外部性。）

2. 外部性对资源配置有何影响，如何解决外部性问题？（提示：外部收益或外部成本使得社会经济活动低于或高于社会最适宜量的水平。解决外部性问题可以采取税收、津贴、产权重新界定和市场协商谈判、企业合并等不同办法。）

3. 如何确定污染控制的最佳水平？（提示：依据 $MR=MC$ 原则确定污染控制的最佳水平。）

4. 市场能解决外部性问题吗？假设你与另一位吸烟者同住，并且你们有充足的时间协商，根据科斯定理，不吸烟的你与你的室友如何解决吸烟的外部性问题？（提示：根据科斯定理，如果产权界定清晰且交易成本低，市场主体之间可以通过协商、谈判、补偿最终达成共识解决外部性问题。）

5. 焰火、灭火器、易拉罐、烟酒在消费中存在外部性问题吗？如果存在，会给社会带来外部收益还是外部成本？（提示：存在。焰火和灭火器的生产、使用会带来外部收益，易拉罐和烟酒的生产、消费会带来外部成本。）

6. 污染控制的目标是消除污染吗？如何达到污染控制的最佳水平？（提示：污染控制的目标并非消除污染，也不是污染越少越好，人们是在效用和污染之间进行权衡与选择。在降低污染的过程中，要利用边际方法比较每提高一个单位清洁度的成本与收益，即比较边际收益与边际成本，当 $MR=MC$ 时就达到了污染控制的最佳水平。）

练习题或案例题

请根据物品的竞争性和排他性特点，对下列物品进行分类并把这些物品（最少选出8种）填入图表的空白处（A、B、C、D）。

（1）超市里的食品及日用品；（2）环境和洁净的空气；（3）拥挤的不收费道路；（4）不拥挤的不收费道路；（5）免费提供的及时的消防服务；（6）春节燃放的焰火；（7）收费有线电视；（8）国防；（9）拥挤的收费道路；（10）未受保护

交互式自测

的公海海洋资源；（11）不拥挤的收费道路；（12）政府提供的邮政服务和养老金；（13）公共图书馆的拥挤座位和借阅频繁的图书；（14）基础研究；（15）越伐越少的天然林木；（16）未受保护的野生动物；（17）有限的公共牧场；（18）无主的、免缴资源税的稀缺矿藏资源。

排他性	竞争性	
	是	否
是	A私人物品：	B自然垄断准公共物品：
否	C共有准公共物品：	D纯粹公共物品：

（提示：A私人物品：拥挤的收费道路；超市里的食品及日用品。B自然垄断准公共物品：不拥挤的收费道路；收费有线电视；政府提供的邮政服务和养老金。C共有准公共物品：拥挤的不收费道路；有限的公共牧场；未受保护的野生动物；越伐越少的天然林木；公共图书馆的拥挤座位和借阅频繁的图书；未受保护的公海海洋资源；无主的、免缴资源税的稀缺矿藏资源。D纯粹公共物品：不拥挤的不收费道路；国防；基础研究；春节燃放的焰火；免费提供的及时的消防服务；环境和洁净的空气。）

分类	A私人物品	B自然垄断准公共物品	C共有准公共物品	D纯粹公共物品
排他性	是	是	否	否
竞争性	是	否	是	否

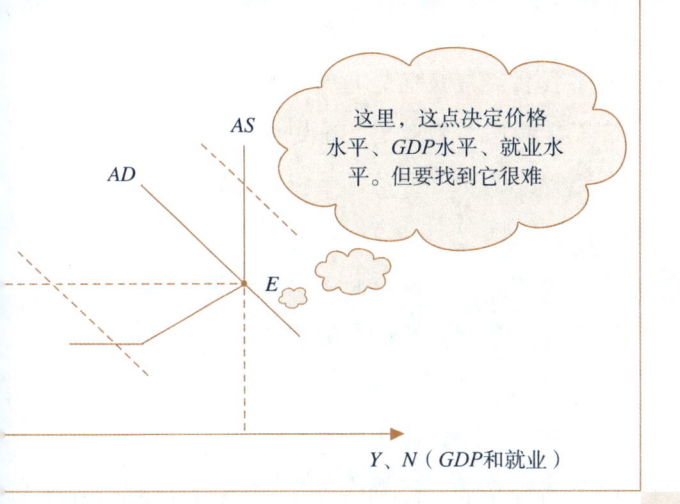

第六章
国内生产总值、总需求和总供给

这里，这点决定价格水平、GDP水平、就业水平。但要找到它很难

AS
AD
E
Y、N（GDP和就业）

⊢ 关键概念

- ⊙ 国内生产总值
- ⊙ 潜在国内生产总值
- ⊙ 潜在总供给
- ⊙ 均衡国民收入和均衡价格水平
- ⊙ 滞胀

第六章 国内生产总值、总需求和总供给

> **引导案例**
>
> ## 国内生产总值（GDP）——20世纪重要的发明
>
> 美国经济学家萨缪尔森认为，GDP是20世纪最伟大的发明之一。他将GDP比作描述天气的卫星云图，能够提供经济状况的完整图像，能够帮助领导者判断经济是在萎缩还是在膨胀，是需要刺激还是需要控制，是处于严重衰退还是处于通胀威胁之中。没有像GDP这样的总量指标，政策制定者就会陷入杂乱无章的数字海洋而不知所措。
>
> 判断宏观经济运行状况的三个主要指标（经济增长率、通货膨胀率和失业率）都与GDP有十分密切的联系。经济增长率就是GDP增长率，通货膨胀率一般是用GDP平减指数来衡量。而著名的奥肯定律则告诉我们，通过经济增长率可以对失业率进行大致的判断。在国际社会中，一个国家的GDP与该国承担的国际义务、享受的优惠待遇等密切相关。例如，联合国会费的确定是根据各国的GDP与人均GDP等数据计算的。
>
> GDP也存在诸多缺陷。
>
> 例如，一位单身的先生请了一个女保姆，洗衣做饭、打扫房间，先生付给她报酬。这报酬在统计上被计入GDP。日久生情，先生娶保姆为妻。妻子照样做那些家务活，先生却不用给她报酬，她的劳动成果也不被反映在GDP里。
>
> 再如，一辆汽车撞上了路边的大树，则医院的抢救服务、汽车的修理服务统统被计入GDP，GDP因事故而增加了。
>
> 又如，当采伐树木、环境破坏、资源减少时，GDP反而增加，其代价却不被GDP所考虑。
>
> 总之，GDP不能反映经济增长所付出的环境污染、资源消耗等代价，不能准确反映社会成员个人福利状况，人均GDP会掩盖收入差距的扩大。
>
> 针对以上缺陷，一些经济学家提出了一些新的指标，如绿色GDP指标，但是，这些指标目前还缺乏可操作性。

微课： GDP并非完美无缺

动画： 全面理解GDP

问题

GDP与经济增长率、通货膨胀率和失业率之间存在何种联系？

目标

了解国民收入的核算方法；掌握均衡国民收入概念；理解总供求模型及运用。

要点

1. *GDP*是非常重要的宏观经济变量,潜在的*GDP*反映了长期内既定资源和技术条件下的最大生产潜力。现实的*GDP*可能大于、小于、等于潜在的*GDP*。

2. 从支出角度计算*GDP*,包括消费支出、投资支出、政府支出、净出口($C+I+G+X-M$),即总支出;从收入角度计算*GDP*,包括工资、租金、利息、利润、税收、资本折旧,即总收入。总收入最终分成消费、储蓄、税收。

3. *GDP*的变化将引起失业率和价格水平的变化。所以,*GDP*、失业率、通货膨胀率是三个最重要的宏观经济变量,而*GDP*、失业率、通货膨胀率是由总需求与总供给决定的。

4. 影响总需求的因素包括价格、居民收入、预期、税收政策、政府支出、厂商目标或预期、货币供应量等。在资源闲置时,总供给曲线是一条水平线,可以在不提高价格水平的情况下,增加总供给。短期中总供给曲线向右上方倾斜,总供给量的增加伴随总需求和价格水平的上升;长期中,总供给曲线是垂直的,总需求或价格水平的任何变化都不能增加总供给量。

5. 总供求模型是指用总供给曲线与总需求曲线模型来说明国内生产总值、价格总水平乃至整个经济的波动的理论和方法。

宏观经济学将国民经济运行当成一个整体加以考察,它研究的都是经济总量,如国内生产总值、就业总量、价格水平、总消费、总储蓄、总投资、总需求、总供给。宏观经济学研究的核心问题是就业问题,理论基础是国民收入决定理论。

知识点:首先要了解国内生产总值等几个宏观变量,并且应该把握总收入与总支出、实际总供给与总需求的恒等关系;其次,要领会失业和失业率及奥肯定律,理解影响总需求和总供给的诸多因素及它们如何影响总供求;最后,要理解实际总供给与潜在总供给及不同总供给曲线的区别,熟练掌握总供求模型及实际运用。

能力点:能解释总供求与国内生产总值及就业、价格水平之间的关系。

注意点:潜在的*GDP*反映了长期内劳动、资本、土地等生产资源的最大生产潜力。实际的或均衡的*GDP*可能大于、小于、等于潜在的*GDP*。同样,事前的或预计的国民收入可能不等于实际的国民收入。

第六章 国内生产总值、总需求和总供给

第一节 宏观经济变量

宏观经济学关注三大经济问题或三大经济变量：失业、通货膨胀、经济增长。这三大问题都跟国内生产总值（GDP）这一经济变量有关。

微课：
GDP为什么重要？

一、国内生产总值

（一）什么是国内生产总值

国内生产总值：
一个国家在一定时期内在其领土范围内，本国居民和外国居民生产的全部最终物品和劳务的市场价值总额。

国内生产总值是指一个国家在一定时期内在其领土范围内，本国居民和外国居民生产的全部最终物品和劳务的市场价值总额。衡量一国的生产总水平或总产出的经济变量有多个，如国内生产总值（GDP）、国内生产净值（NNP）、国民净收入（NI），其中GDP最常用。经济学常用GDP来表示一国总产出或一国财富量，并且把GDP与国民收入（Y）混用。

理解GDP需要注意四点：① 它包含了外国公民在本国生产的商品和劳务价值；② 它度量的是最终产品和劳务的市场价值，中间产品价值和非市场活动不计入GDP；③ 它是一定时期内发生的流量；④ 它是一个价值概念，用货币衡量不同的商品和劳务。

（二）什么是潜在国内生产总值

潜在国内生产总值：
又叫充分就业国内生产总值，是指当资源得到充分利用时一国经济能够生产的总产值。

潜在国内生产总值（GDP）是指当资源得到充分利用时一国经济能够生产的总产值，反映了长期内劳动、资本、土地等生产资源的最大生产潜力。潜在国内生产总值又叫充分就业国内生产总值。实际国内生产总值可能大于、小于、等于潜在国内生产总值。

（三）GDP的三种核算方法

我们利用前面介绍过的市场运行模型（收入循环图）来说明GDP的计算。见图6-1。

∠图6-1　GDP的计算方法

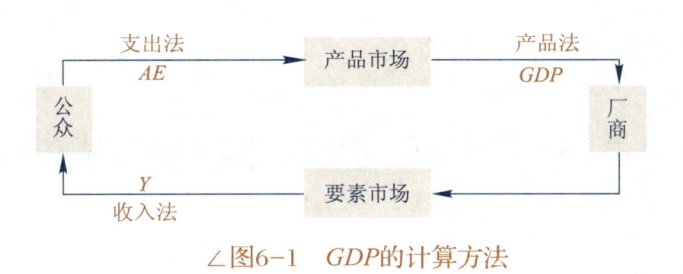

1. 支出法

支出法是根据购买最终产品的支出来计算国内生产总值的方法。一国总支出（AE）包括消费支出（C）、投资支出（I）、政府的购买支出（G）和净出口（$X-M$）。总支出是指在一定时期内一国经济在购买最终产品上的支出总额。一定时期内生产的最终产品或被当期售出，或未被售出，未被售出的最终产品总额作为存货计入投资支出，所以，总支出等于国内生产总值，即 $AE=GDP=C+I+G+(X-M)$。

2. 收入法

收入法是根据居民或公众向要素市场提供要素并取得国民收入 Y 来计量国内生产总值的方法。一国总收入包括：工资、租金、利息和利润以及间接税、资本折旧。总收入等于国内生产总值，即 $Y=GDP$。要素所有者纳税（T）后余下的收入用于消费（C）和储蓄（S），即 $Y=GDP=C+S+T$。

3. 产品法

产品法是根据生产过程各个阶段上产品的增值或企业向市场提供最终产品计算国内生产总值的方法，产品法包括增值法和最终产品法两种。企业产品增值之和 $=GDP$。

国内生产总值不同的计算方法是从国民经济运行的不同角度加以观察和计量的结果。从生产角度，它是社会生产出来的最终产品的总产值（总产出或总增值）；从收入角度看，生产出来的最终产品的总产值等于销售出去的总收入，它是生产部门中劳动者收入、税金、利润、净利息、固定资产折旧、非公司企业收入等项价值之和（总收入）；从支出角度看，总产出或总收入等于购买时的总支出，总支出是最终使用于消费、投资、增加库存、净出口、政府购买的商品和服务的总和（总支出）。但是，不管采用哪种方法，经过误差调整后所计算出来的国内生产总值都应是相等的。所以，总产出＝总收入＝总支出。

(四)国内生产总值恒等关系

支出法、收入法、增值法所具有的一致性,可以说明国民经济中的一个基本平衡关系,即实现了的总收入恒等于实现了的总支出,即:

$$总支出 \equiv 总收入$$

式中"≡"代表恒等关系,总支出由消费支出(C)、总投资支出(I)、政府购买物品和劳务的支出(G)、净出口($X-M$)四部分组成。总收入由用于消费(C)和余下的储蓄(S)以及税收(T)三部分组成。用公式表示:

$$C+I+G+(X-M) \equiv C+S+T$$

以上等式,左边总支出(AE)即总需求(AD),右边总收入即总供给(总产出),实际的或实现的总需求与总供给都可以代表国内生产总值,就是说 $Y \equiv AE \equiv AD \equiv C+I+G+(X-M)$,$Y \equiv AS \equiv C+S+T$,$Y \equiv AD \equiv AS$,或 $C+I+G+(X-M) \equiv Y \equiv C+S+T$。

如果政府不参与市场,也不讨论进出口,采用一种简化的模型分析,这样,两部门经济(企业和居民)中,国内生产总值恒等式简化为:

$$C+I \equiv Y \equiv C+S$$

这个恒等式表明,在产品流量方面,一定时期内生产的全部最终产品,除了用于消费之外,剩余的都用于投资。在收入流量方面,国内生产总值中除了用于消费的部分,就是储蓄。在恒等式两边消去消费 C,我们得到:

$$I \equiv S$$

这就是投资与储蓄恒等式。在任何时期内,实际发生的投资和储蓄必然相等,这种恒等关系不仅是由国民收入核算的复式记账法形成的,而且在定义上也是成立的。

如果我们关心的是未实现的(预期的)投资和储蓄,那么,二者就不一定恒等了。未实现的总供给与总需求有三种情况:大于、小于、等于。简化成投资和储蓄以后,可表示为:如果 $S>I$,GDP 下降;如果 $S<I$,GDP 上升;如果 $S=I$,GDP 保持不变。

(五)个人可支配收入

个人可支配收入是指一个国家一年内个人可以支配的全部收入。它是对国内生产总值作了一系列扣除之后,加上政府对个人的转移性支付而得到的。通过个人可支配收入,我们还可以了解其他反映国民经济运行的总量。

国内生产总值与可支配收入的关系,可以简单概括为:从国内生产总值中减去实际上不付给家庭的部分，再减去家庭交纳的个人所得税，加上家庭得到的转移支付就是个人可支配收入。也可以表述为：从国内生产总值中减去折旧费和一切税收（直接和间接税），再减去企业的未分配利润，又加上转移支付就是个人可支配收入。还可以表述为：从国内生产总值中，减去企业总储蓄（包括折旧费和企业未分配利润），再减去政府的净税收（等于总税收扣去转移支付）就是个人可支配收入。

> **即问即答**
>
> **国民收入核算**
>
> 已知某一经济社会的数据如下：
>
> 工资100亿元　　利息10亿元　　租金30亿元
> 消费支出90亿元　利润30亿元　　投资支出60亿元
> 出口额60亿元　　进口额70亿元　政府用于商品的支出30亿元
>
> 要求：① 按收入法计算 GDP；② 按支出法计算 GDP；③ 计算净出口。【答：① 按收入法计算，$GDP = 100 + 10 + 30 + 30 = 170$（亿元）；② 按支出法计算，$GDP = 90 + 60 + 60 - 70 + 30 = 170$（亿元）；③ 净出口 $= X - M = 60 - 70 = -10$（亿元）。】

二、失业

（一）劳动力

就业者与失业者之总和为劳动力。劳动力不包括未成年人、全日制在校学生、退休和丧失劳动能力的成年人。

（二）失业与失业率

失业是指符合条件的人没有找到工作的状况，处于这种状况的劳动力被称为失业者。失业率是指失业人数与劳动总人口的比率。失业者应具备四个条件：① 法定年龄，即在法定成年到退休区间（如16～65周岁）；② 有劳动能力，不包括丧失劳动能力的成年人；③ 没有工作但愿意工作、正在积极寻找工作的人；

④ 接受现行工作条件和通行的实际工资水平的人。在失业者中,有的是第一次加入劳动力队伍的新失业者;有的是为寻找新工作,离开旧职但没找到新工作,已登记注册的失业者;也有的是被辞退而无法返回岗位的失业者。由于某种原因不愿工作的人、不积极去寻找工作的人、未领取失业救济的未登记注册的人,没有被计入统计数字。

（三）奥肯定律

奥肯定律是美国经济学家阿瑟·奥肯对国内生产总值变化与失业率变化关系的描述。根据奥肯定律,相对于潜在国内生产总值增长率（美国一般为3%）,实际国内生产总值每增加2%,将引起失业率降低1%。这一关系表明,增加就业和增加国内生产总值实际是一回事。要解决失业问题,只要增加国内生产总值或国民产出就行了。公式如下：

$$失业率变动 = -0.5 \times (实际GDP变动百分比 - 3\%)$$

根据公式,实际 GDP 平均增长率为3%时,失业率不变;实际 GDP 平均增长率大于3%时,失业率下降幅度等于"实际 GDP 变动百分比 -3%"的 $1/2$;实际 GDP 平均增长率小于3%时,失业率就要上升。例如,失业率变动 $= -0.5 \times (3\% - 3\%) = 0$,失业率不变;失业率变动 $= -0.5 \times (5\% - 3\%) = -1\%$,失业率下降1%;失业率变动 $= -0.5 \times (2\% - 3\%) = 0.5\%$,失业率上升0.5%;失业率变动 $= -0.5 \times (1\% - 3\%) = 1\%$,即相对于潜在 GDP 下降2%,则失业率上升1%。

三、价格水平

（一）什么是价格水平

价格水平是指在经济中各种商品价格的平均数。衡量价格水平的价格指数主要有消费者价格指数、生产者价格指数、国内生产总值指数。

（二）什么是通货膨胀

通货膨胀即物价普遍而持续地上涨。通货膨胀率是指某种价格指数从一个时期到另一个时期增长的百分比。通常大部分商品价格持续两个季度以上的上涨就称为通货膨胀。当通货膨胀率为负时，就是通货紧缩。

第二节　总需求与总供给

前面简要地讨论了宏观经济的三个基本变量：国内生产总值、就业、通货膨胀。这三个宏观经济变量是如何决定的呢？下面通过讨论总供给与总需求来回答这个问题。

一、总需求及总需求曲线

（一）总需求（AD）

总需求是指给定价格、收入和其他经济变量，消费者、企业和政府想要支出的总额。因此，总需求反映的是经济中不同经济实体的总支出计划，包括消费者购买食品、政府购买坦克、企业购买汽车等。影响总需求的因素有价格水平、居民的收入、对未来的预期以及税收、政府支出、货币供给等政策变量，既有价格因素，又有非价格因素。

总需求按照需求主体划分，可分解为居民的需求、企业（单位）的需求、政府的需求、国外部门的需求等。总需求可以被看作这些方面的需求总和。

总需求按照需求对象划分，可分解为对投资品的需求和对消费品的需求，或者对最终产品的需求和对中间产品的需求，因此，总需求又可以被看作对这些商品的需求总和。

（二）总需求曲线

与微观经济学中的分析相同，当假定影响总需求的非价格因素不变时，总需求是价格水平的函数，总需求与价格水平有关，总需求函数被定义为总需求与价格之间的关系。总需求曲线是总需求函数的几何表示，即它表示总需求（Y）和价格水平

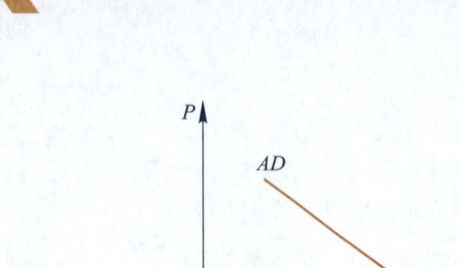

△图6-2 总需求曲线

（P）之间的关系。在图形上，总需求曲线是一条斜率为负值、向右下方倾斜的曲线（见图6-2）。总需求曲线反映人们对所有产品的需求量 Y（Y≡总支出量≡总需求量，即以总收入水平 Y 表示的总需求水平）和总价格水平之间的反方向变动关系。总需求曲线的这种形状表明，在其他因素不变的条件下，价格水平越高，总需求就越小；反之，价格水平越低，总需求就越大。

> **知识点问答**
>
> **总需求曲线**
>
> 总需求曲线向右下方倾斜的原因是什么？
>
> 答：物价水平的变化改变了货币的实际价值和利率水平，从而引起总需求量相反方向的变动。比如，价格水平上升，降低了同一货币单位的购买力，导致总需求量下降，使得国民收入下降。

二、总供给及总供给曲线

（一）总供给（AS）

总供给是指给定现行价格、生产能力和成本，所有企业想要生产并出售的总产品量。当不考虑自给性产品时，总产出等于总供给，总产出恒等于总收入。萨缪尔森在其以前的《经济学》各版本中，均使用"总产出"这一概念，而在第12版中，改用了"总供给"这一概念分析同一问题，并认为"宏观经济学中所有重大问题，现在都用这些新的工具加以分析"。

企业一般打算在潜在产出水平上进行生产。但是，如果产品价格低而且需求不足，企业可能在低于潜在产出的水平上进行生产；在价格高，需求旺盛的条件下，企业可能偶尔在高于潜在产出的水平上进行生产。显然，按照这个定义，总供给与潜在产出水平有密切联系。影响总供给的因素主要有劳动力、资本的数量和技术水平，劳动力的增加、资本的积累和技术进步将推动潜在产出水平的提高。

（二）总供给与潜在总供给

在宏观经济运行分析中通常使用的总供给概念，是指实际总供给，是国民经济各部门已经生产和进口的并已经向市场提供的商品总量。与总供给（实际总供给）相对而言的另一个概念是潜在总供给。

潜在总供给是指在现有的经济资源得到充分有效利用（不能仅仅理解为充分就业）的情况下，国民经济各部门可能向社会提供的商品总量。

> **潜在总供给：**
> 在现有的经济资源得到充分有效利用（不能仅仅理解为充分就业）的情况下，国民经济各部门可能向社会提供的商品总量。

在这里，经济资源得到充分有效利用，包含两层意思：一是指现有的全部经济资源在可能的条件下均被动员起来投入经济过程之中，不存在能够被运用而未被运用的闲置经济资源；二是指在现有的技术水平可能达到的程度上，被动员起来并已投入经济过程中的经济资源处于合理的配置和最佳的组合状态，单位经济资源的利用效率达到最大限度。

画龙点睛

潜在总供给代表一国产出能力

潜在总供给是实际总供给规模可能达到的极限。在通常的情况下，由于各种因素的影响，实际总供给与潜在总供给之间或多或少总会存在一定的差距。两者之间的差距越大，表明现存的经济系统效率越低；反之，则表明现有的经济系统效率越高。因此，如何缩小实际总供给与潜在总供给之间的差距，使实际总供给最大限度地趋近潜在的总供给，是宏观经济运行分析所要解决的主要问题之一。

分析潜在总供给的意义在于它表明了国民经济可能的产出能力，为实际总供给状况的判断提供了一个客观的参照系，同时也为实际总供给的短期扩张提供了范围限定。

（三）总供给曲线

总供给曲线是总供给函数的几何形式，表示所有企业想要生产的产出总量 Y（$Y=$ 总产出量 $=$ 总供给量，即以总收入水平 Y 表示的总供给水平 Y）和对应的价格水平之间的关系。总供给水平 Y 是价格水平的函数：当价格水平 P 上升（下降）时，人们的实际工资水平W下降（上升），引起劳动的供给下降而需求（L_d）上升，实际就业量N可能增加（减少），总供给量Y就增加（减少），即$P\nearrow$，$W\searrow$，$L_d\nearrow$，$N\nearrow$，$AS=Y\nearrow$。总之，实际就业量和总供给量Y随着价格水平的上升而增加，随着价格水平的下降而减少。

> **知识点问答**
>
> ### 总供给曲线
>
> 总供给曲线向右上方倾斜的原因是什么？
>
> 答：根据工资黏性理论，物价水平上升时，工资黏性（长期合约导致工资不能及时调整）导致名义工资不变而实际工资下降。随着企业产品价格上升、盈利增加，激励企业增加生产、扩大规模，总供给上升。

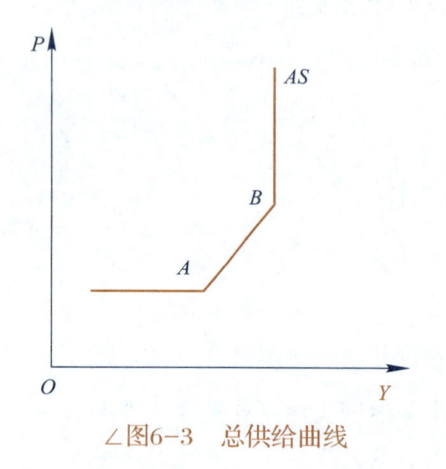

图6-3　总供给曲线

总供给曲线的形状是西方宏观经济学中较有争议的一个问题。多数学者认为，长期总供给曲线是垂直的，短期总供给曲线向右上方倾斜。

长期总供给曲线是一条垂直线，不论价格水平如何，总产出水平即总供给水平总是等于潜在总供给水平。因为，在长期所有投入品和产出品的价格都是可变动的。投入品的价格（如工资率等）随产出品价格上升而上升，成本增长率等于价格增长率。这种价格的变动对企业没有影响。所以，总供给不受价格水平变动的影响，它决定于技术、生产资源的供给和生产资源的正常利用率，这样，长期总供给曲线就是在潜在总供给水平上的一条垂直线。从图6-3中所给出的总供给曲线可以看出，它大体上可分为三种情况：

首先，总供给曲线在A点以左时，大体上是一条水平线。它的经济含义是：这时社会上存在一部分闲置资源，企业可以在要素价格不变的条件下得到更多劳动、土地、资本，企业愿意在现有价格水平下提供产量。总供给数量会随总需求的增加而增加，即可以在不提高价格水平的情况下，增加总供给。这一情况是由凯恩斯提出来的，所以，呈水平状的总供给曲线又称"凯恩斯总供给曲线"。

其次，总供给曲线在A、B之间，呈向右上方延伸之势。它的经济含义是：这时社会上已不存在便宜的闲置资源，总供给的增加伴随产品边际成本的上升，物价总水平的变动与总供给规模的变动之间呈明显的正相关关系。这种情况在短期中存在，所以，右上方倾斜的总供给曲线被称为"短期总供给曲线"。

最后，总供给曲线在 B 点以上时，基本上是一条垂直线。它的经济含义是：这时的总供给已经趋近于潜在的总供给，继续动员社会闲置资源和提高社会平均的单位资源利用效率的余地已经没有了，因此，无论这时社会的总需求如何增加，物价总水平怎样上涨，都难以使总供给的规模继续扩大。资源充分利用，经济中实现了充分就业，总供给无法增加，这种情况在长期中存在，故垂直的总供给曲线被称为"长期总供给曲线"。

第三节　总供求均衡与国内生产总值的决定

一国经济中的实际国内生产总值、就业水平和价格水平是由总需求与总供给的相互关系或相互作用决定的。经济中的均衡状态取决于总需求与总供给之间的关系，无论总需求曲线移动还是总供给曲线移动都会改变均衡点，因而改变经济中的实际国民收入和价格水平。下面我们介绍总供求、国内生产总值、就业、价格水平的相互关系。

一、总需求—总供给模型（AD – AS 模型）

把总需求曲线与总供给曲线结合在一起，如图6-4所示，总需求曲线与总供给曲线在 E 点相交（E 为均衡点），总供求均衡所决定的国内生产总值或国民收入（Y）为 Y_0，从而也决定了相对应的总就业量，此时的价格水平在 P_0 点。我们把由总供给和总需求相互作用（均衡）决定的国民收入和价格水平称为<u>均衡国民收入和均衡价格水平</u>。

> **均衡国民收入和均衡价格水平：**
> 由总供给和总需求相互作用（均衡）决定的国民收入和价格水平。

在均衡点的上方，总供给大于总需求，过多的供给会迫使价格水平下降；在均衡点以下，总供给小于总需求，过多的需求迫使价格水平上升。所以，只有总供求均衡时，国民收入和价格水平才相对不变或稳定。一定时期内，实际的国民收入始终是总供给与总需求相等时的均衡的国民收入，即：

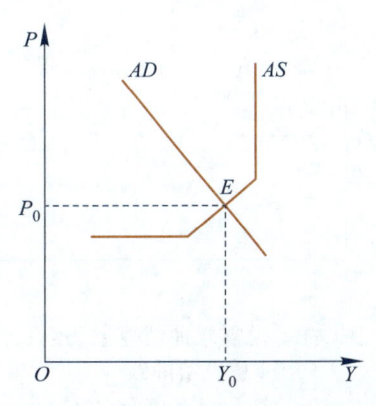

∠图6-4　总供求均衡与国民收入的决定

$$总供给 = 总需求 = Y_0$$

二、总供求变动对国民收入与价格水平的影响

(一) 总供求模型

总供给曲线的形状不同(凯恩斯总供给曲线、短期总供给曲线、长期总供给曲线),总需求变动对国民收入与价格水平的影响是不一样的。总供给的三种情况产生三种总供求模型。

1. 凯恩斯总供求模型

图6-5说明了总需求曲线移动在未实现充分就业前,价格与国民收入变动的情况,即总需求变动只引起国民收入的增减,而不会引起价格变化。由于存在资源闲置,总需求增加不会引起工资、租金、利息上升,产量增加不会导致边际成本明显增加,所以,价格水平不会有变化。

2. 短期总供求模型

图6-6说明了总需求曲线移动在资源利用接近充分就业水平时,价格水平与国民收入变动的情况,即总需求变动引起国民收入和价格水平同方向变动。

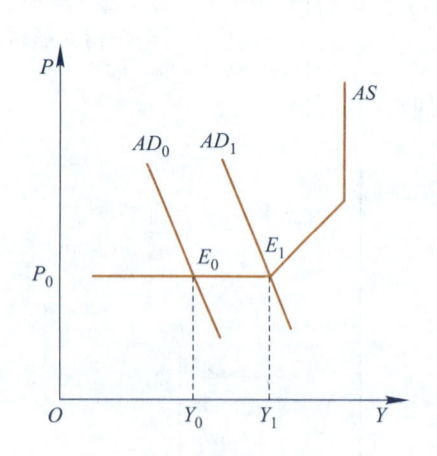

∠图6-5 总需求曲线变动与凯恩斯总供给曲线

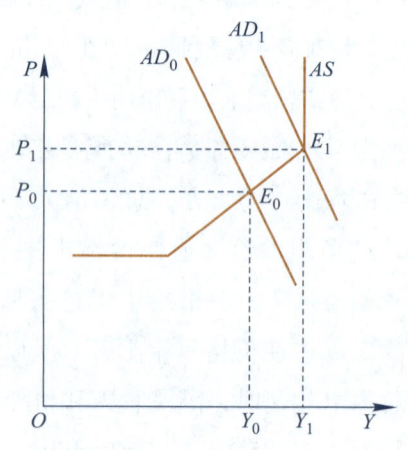

∠图6-6 总需求曲线变动与短期总供给曲线

3. 长期总供求模型

图6-7说明了总需求曲线变动在资源充分利用和达到充分就业状况以后，价格水平与国民收入变动的情况，即总需求增减引起价格水平上升或下降，但国民收入水平不变，因为资源运用达到极限后，不可能再增加。凯恩斯认为，达到充分就业后，总需求再增加，此时总需求为过度需求，过度需求只引起通货膨胀，而总供给不变。

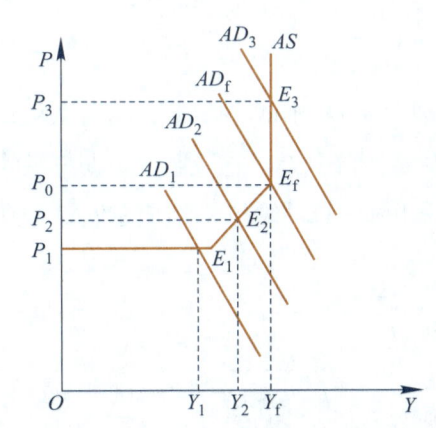

（二）充分就业时的总需求和国民收入

充分就业时的总需求（AD_f）是指全社会资源达到充分利用、没有失业时的总需求，又叫潜在总需求。充分就业时的国民收入是指充分就业时的总需求与潜在总供给曲线（长期总供给曲线）均衡时决定的国民收入水平（Y_f）。

图6-8中，当实际总需求曲线为AD_1时，价格水平和国民收入处在较低水平（P_1，Y_1）；当实际总需求曲线为AD_2时，价格水平和国民收入增加（P_2，Y_2）；当实际总需求曲线为AD_3时，与AD_f相比，价格上升了（P_3），但国民收入没有增加，仍为Y_f。只有当实际总需求曲线与充分就业或潜在的总需求曲线重合时，才实现了资源的充分利用，是既无通货膨胀又无失业的国民收入均衡：

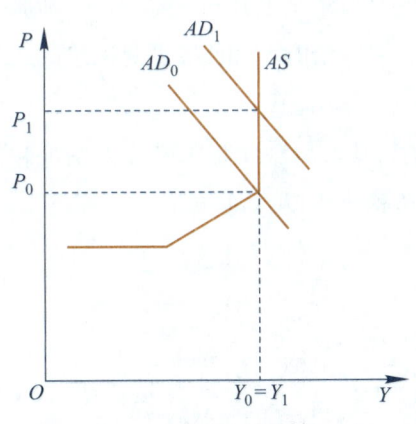

∠图6-7 总需求曲线移动与长期总供给曲线

∠图6-8 充分就业时的总需求和国民收入

当$AD=AD_f$，$Y=Y_f$，充分就业；

当$AD=AD_1$，$Y=Y_1$，存在失业；

当$AD=AD_2$，$Y=Y_2$，价格水平、国民收入和就业逐渐上升；

当$AD=AD_3$，$Y=Y_f$，通货膨胀。

充分就业的国民收入与均衡国民收入水平之差，即Y_f-Y_1或Y_f-Y_2，是国内生产总值缺口，此时存在失业。国内生产总值缺口的存在是由于实际总需求曲线低于充分就业时的总需求曲线，即 $AD_2 < AD_f$。AD_2 到 AD_f 即 E_2E_f，可称为通货紧缩缺口（紧缩缺口），在这之上 AD_f 到 AD_3，即 E_fE_3 可称为通货膨胀缺口（膨胀缺口）。

（三）总供给变动对国民收入与价格水平的影响

总供给曲线有三种情况（水平线、斜线、垂直线），这里只讨论斜线即短期总供给曲线对价格水平和国民收入的影响（假定总需求不变）。

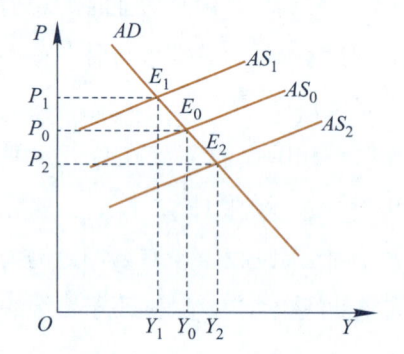

图6-9中总需求曲线 AD 最初与短期总供给曲线 AS_0 相交于 E_0 点，Y_0 和 P_0 分别是这个均衡点上的实际国民收入和价格水平。如果战争、自然灾害、政治和经济危机等使总供给减少，短期总供给曲线从 AS_0 向左移到 AS_1 的位置，均衡点从 E_0 移到 E_1，实际国民收入从 Y_0 降至 Y_1，价格水平从 P_0 上升到 P_1。这种实际国民收入下降而价格水平上升的现象叫作"滞胀"。相反，总供给的增加使短期总供给曲线从 AS_0 向右下方移到 AS_2 的位置，均衡点从 E_0 移到 E_2，实际国民产出从 Y_0 增至 Y_2，价格水平从 P_0 下降到 P_2。这说明，短期总供给曲线的右移会导致实际国民收入增加和价格水平下降。总供给与实际国民收入同方向而与价格水平反方向变动。

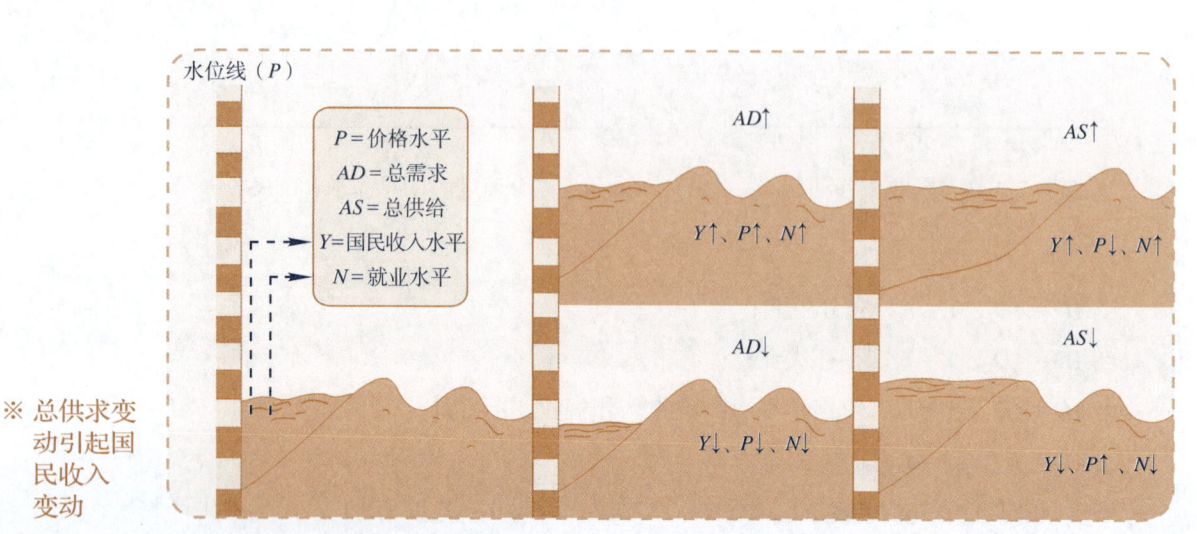

∠图6-9 短期总供给曲线的移动对实际国民收入和价格水平的影响

动画：短期总供给曲线的移动对实际国民收入和价格水平的影响

※ 总供求变动引起国民收入变动

水位线（P）

$P=$ 价格水平
$AD=$ 总需求
$AS=$ 总供给
$Y=$ 国民收入水平
$N=$ 就业水平

$AD\uparrow$
$Y\uparrow$、$P\uparrow$、$N\uparrow$

$AS\uparrow$
$Y\uparrow$、$P\downarrow$、$N\uparrow$

$AD\downarrow$
$Y\downarrow$、$P\downarrow$、$N\downarrow$

$AS\downarrow$
$Y\downarrow$、$P\uparrow$、$N\downarrow$

三、总供求模型的运用

总供求模型是分析宏观经济问题非常有用的工具。

（一）增税和供给冲击导致短期供给曲线左移——滞胀

如前所述，图6-9中，短期总供给曲线从AS_0向左移到AS_1的位置，均衡点从E_0移到E_1，实际国民收入从Y_0降至Y_1，价格水平从P_0上升到P_1。总供给曲线向左移动是西方国家经济发生滞胀的重要原因。

> **滞胀：**
> 实际国民收入下降而失业率和价格水平上升的现象。

学无止境

"滞胀"现象

20世纪70年代中期，美国经济的第一次滞胀，主要就是由于遭到强烈的"供给冲击"造成的。当时谷物严重歉收，加之对苏联出口大量小麦，使粮食供给不足，粮价猛升。与此同时，石油输出国组织大幅度控制产量提高石油价格，不仅使能源价格上升，而且使石油制品价格上升，从而使许多产品成本增加。因此，总供给曲线向左移动，从而造成严重滞胀，国民收入下降（生产停滞）和物价上涨（通货膨胀）两种"病症"同时并发。西欧的滞胀更严重，表现更为突出，其主要原因是社会福利水平过高、国有经济比重大、效率低。

（二）通货膨胀的对策及效果

1. 抑制总需求政策效果（总需求曲线移动）——衰退和高涨

当出现通货膨胀时，采取压抑总需求方法（抑制投资需求和消费需求）可以把通胀打压下去。如图6-10所示，由AD_0到AD_1，价格由P_0降至P_1。但是，采用这一政策时，虽然使价格降下来了，但是国民收入也从Y_0减少为Y_1，使得国民经济走向衰退。反之，刺激总需求，总需求曲线右移，价格和国民收入水平上升，出现高涨。

2. 激励总供给政策效果（短期总供给曲线右移）——繁荣

如果采取刺激总供给政策效果就会大不一样。如图6-11所示，刺激总供给（财政收支政策、产业政策），总供给曲线从 AS_0 右移至 AS_1，价格降下来（$P_0 \to P_1$），国民收入增加（$Y_0 \to Y_1$），滞胀得以克服。这就是供给经济学的主旨所在。供给经济学者建议采用减税、放松管制等措施来增加供给，以达到增加产出和降低物价的目的。这种理论引起了西方经济学界的争论。

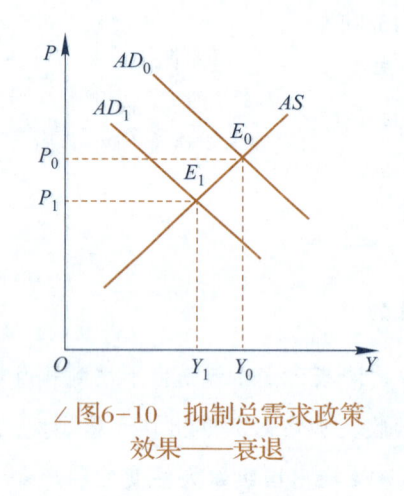

∠图6-10 抑制总需求政策效果——衰退

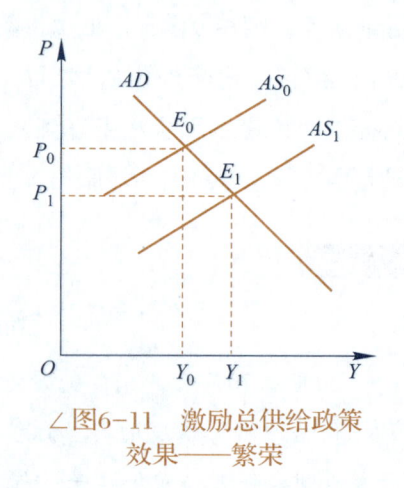

∠图6-11 激励总供给政策效果——繁荣

（三）生产能力的提高（长期总供给曲线右移）——供给侧创新驱动

充分就业时的总供给曲线或潜在总供给曲线（AS 线的垂直部分）是一定时期内总供给或国民收入增长的极限，但从更长的时期看，社会生产能力是可以因为组织创新、结构调整、技术发明、科技运用以及新材料、新能源的使用等而发生变化的。

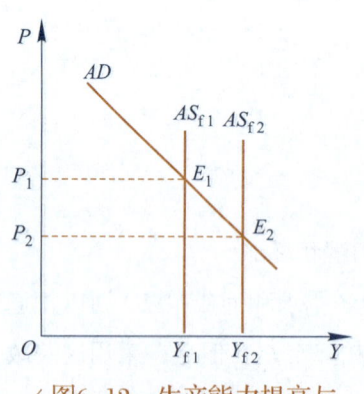

如图6-12所示，假设原来的充分就业时的国民收入为 Y_{f1}，价格水平为 P_1。如果由于生产能力上升，总供给曲线发生位移，即从 AS_{f1} 到 AS_{f2}，这样充分就业时的国民收入增加到 Y_{f2}，价格水平下降到 P_2。所以，从动态考察，一国经济竞争力和国力的增加、社会生产能力的提高，实际上就是潜在总供给的增加和充分就业时的总供给曲线的右移。

∠图6-12 生产能力提高与潜在国民收入增加——供给侧创新驱动

（四）总需求增加减少失业（总需求曲线在凯恩斯区域右移）——凯恩斯需求管理

凯恩斯认为，如果国民收入均衡处于未实现充分就业前，总需求变动只引起国民收入的增减，而不会引起价格变化。扩张性财政和货币政策有利于国民收入和就业的增加。图6-5说明了刺激需求政策使总需求曲线向右移动的效果，即总需求变动只引起国民收入的增加，而不会引起价格上升。

> **案例分析**
>
> **石油供给的减少与石油价格的上升**
>
> 原油是生产许多物品和劳务的关键投入，已经成为一国经济发展中不可缺少的因素，所以石油价格的变化对许多国家的经济产生了很大的影响。
>
> 20世纪70年代中期，为了阻止石油价格不断下跌，中东地区的主要产油国组成了一个卡特尔组织——欧佩克。欧佩克成功地提高了石油价格：从1973年到1975年，石油价格几乎翻了一番；从1978年到1981年，石油价格翻了一倍还多。石油输入国情况就不同了，由于石油供给的减少和石油价格的上升，这些国家生产汽油、轮胎和许多其他产品的企业成本迅速上升，而产品的价格不能同步迅速做出反应，所以这些企业都大量减少产量，或者干脆停业或破产。

> **案例与实践**
>
> **短期总供求模型的运用**
>
> 运用短期总供求模型，一方面可以分析总供给曲线或者总需求曲线变动引起的均衡、价格、国民收入、就业变动及相应的政策后果（滞胀、繁荣、衰退、高涨）；另一方面，反过来运用总供求模型，可以通过"价量变动方向组合"（P与Y变动方向的不同组合）判断价格变化、经济波动以及繁荣、滞胀、衰退、高涨的原因。
>
> 请问：如何根据"价量变动方向组合"判断房价变动的大致原因？
>
> 答：房价涨跌归纳起来有两方面的原因：
>
> （1）供给方面：价跌量升（$P\searrow$，$Q\nearrow$），繁荣乃减税、放松管制、科技进步、结构调整、组织创新等总供给管理政策（曲线右移）所致；价升量跌（$P\nearrow$，$Q\searrow$），滞胀乃征税、管制、企业成本上升等总供给冲击（曲线左移）所致。

> （2）需求方面：价量齐跌（$P\searrow$，$Q\searrow$），衰退乃紧缩性总需求抑制政策（曲线左移）的结果；价量齐升（$P\nearrow$，$Q\nearrow$），高涨乃扩张性总需求刺激政策（曲线右移）的结果。

本 章 简 评

GDP（国内生产总值），这个指标不是最好的指标，但却是最不差的指标，GDP具有两面性：

（1）它代表了一定时期内，一国或一个地区范围内本地和外国居民、企业新生产的全部产品和服务的市场价值的总额。通过GDP可以对一国总体经济运行和经济实力表现作出概括性衡量，为制定国家和地区经济发展战略，分析经济运行状况以及宏观经济调控提供依据。

（2）它作为核算国民经济活动的核心指标是有局限的。它不能反映社会负外部性或负社会成本带来的环境污染、资源消耗、生态破坏、地下经济。它也不能体现社会正外部性（人均寿命，教育水平）。

本 章 小 结

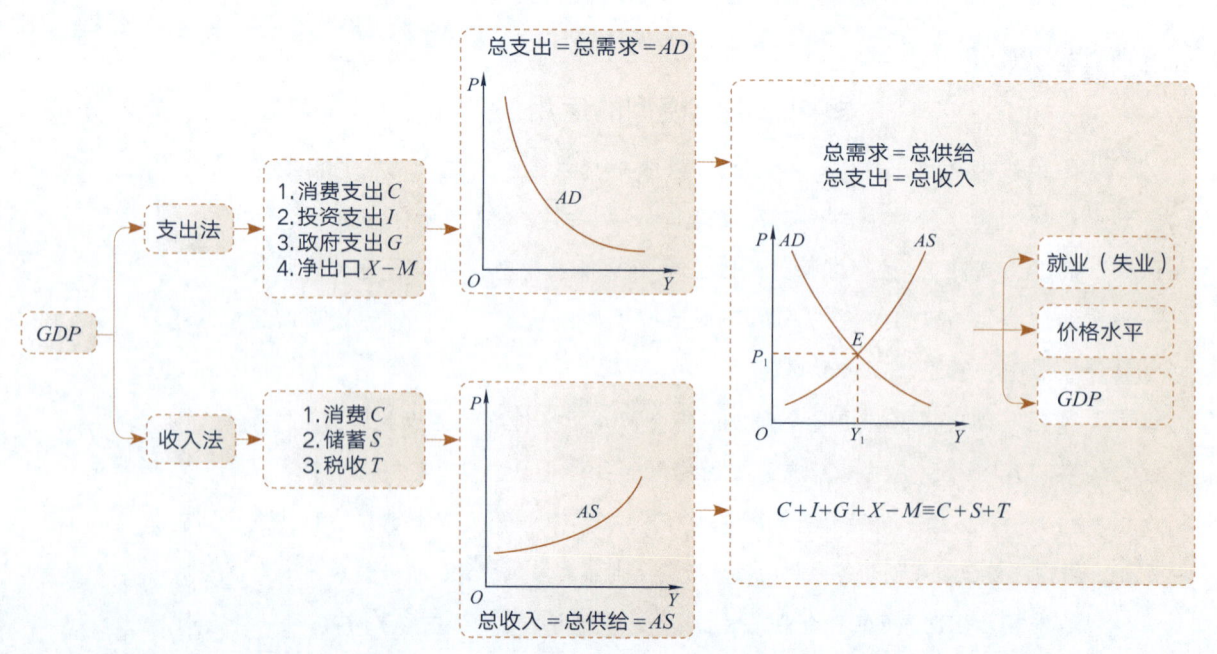

讨论及思考题

1. 什么因素会引起总需求曲线向右移动？用总供求模型说明这种移动对价格水平和国内生产总值及就业的影响。（提示：财政和货币政策、消费、投资、出口、预期等都会影响总需求；注意资源未充分利用、短期、长期三种不同情况下的不同影响。）

2. 在任何时期内，实际发生的消费和储蓄（$C+S$）一定等于消费和投资（$C+I$）。但是，假设我们在2017年1月1日这一天，考虑2017年的经济运行，计划的、预期的消费和储蓄就不一定等于计划的、预期的消费和投资。出现这种不均衡时，国内生产总值的变化情况会怎样？（提示：如果$S>I$，GDP减少；如果$S<I$，GDP增加；如果$S=I$，GDP不变。）

3. 说明下列事件对总需求或总供给的影响：（1）石油输出国组织联合限制石油产量和石油出口；（2）军备竞赛导致国防开支和军火采购大量增加；（3）一场罕见的自然灾害导致农副产品大幅度减少。（提示：用短期总供求模型图说明；所谓影响是指它首先是导致总需求曲线移动还是导致总供给曲线移动，以及这样的移动引起均衡价格和均衡产量变化的情况。）

4. 用$AS-AD$曲线说明：短期内，增加支出和需求将导致高国民收入和高就业率，同时带来高价格。但在长期内，不可能使收入水平保持在高于潜在产出的水平，改变的只是价格总水平。（提示：参考图6-6、图6-7。）

5. 用$AS-AD$曲线图说明：总需求较大幅度减少引起价格水平下降和经济衰退。（提示：用短期总供求模型图说明。参考图6-10。）

练习题或案例题

1. 解释下列每个事件对短期总供给曲线、总需求曲线是否有影响，如果有影响请作图说明这种影响对经济的影响：（1）企业未来预期极为乐观并大量投资于新设备；（2）悲观情绪笼罩着每一个家庭，家庭决定比以前持有更多的货币；（3）东部地区的果园受寒流影响产量大幅度下降；（4）紧缩性财政和货币政策将继续作为下一年的政策取向。（提示：考虑每个事件引起短期总供给曲线、总需求曲线移动的方向及价格水平、国民收入、就业等的变化情况。）

2. 世界原油的供应变化对世界经济的影响是深刻的。1973—1975年，石油输出国组织——欧佩克，通过减少各自的产量，提高每桶原油的价格，提价后原油价格几乎翻了一番。世界石油进口国都因此经历了一场严重的经济衰退和通货膨胀。在美国，通货膨胀率超过10%，失业率从1973年的4.9%上升到1975年8.5%。1978—1981年，欧佩克组织再次限制石油供给，石油价格翻了一番还多。结果又是滞胀，美国的通货膨胀率超过10%，失业率从1978—1979年的6%左右上升到10%左右。1986年欧佩克成员国之间爆发争执，成员国违背限制石油生产的协议，世界原油价格出现崩溃性下跌，价格下降了一半左右，使石油进口国企业的成本大幅度下降。1990年海湾战争前，人们对长期军事冲突的担心再次导致石油价格上升。总之，中东各石油输出国之间的竞争与合作，成为影响石油供求乃至世界经济的重要因素。请用供求图说明每一时期（以上提到的）中东产油国的行动对世界石油供求以及石油输入国经济的影响。（提示：用 $AS-AD$ 曲线图；短期长期总供求的需求价格弹性和供给价格弹性是不同的；每一次冲击后，总供求都会发生曲线移动。）

第七章
凯恩斯的国民收入决定理论

决定国民收入的总需求：
$AD = C + I + G + (X - M)$

净出口　投资　政府支出　消费

⊢ 关键概念

⊙ 消费函数
⊙ 边际消费倾向
⊙ 自主投资和引致投资
⊙ 投资乘数
⊙ 价格和工资黏性

第七章 凯恩斯的国民收入决定理论

引导案例

破窗经济

某商店的一块玻璃被打破了,店主花 1 000 元买了一块玻璃换上。玻璃店老板得到这 1 000 元收入,假设他支出其中的 80%,即 800 元用于买衣服,衣服店老板得到 800 元收入。再假设衣服店老板用这笔收入的 80%,即 640 元用于买食物,食品店老板得到 640 元收入。他又把这 640 元中的 80% 用于支出……如此一直下去,你会发现,最初是商店老板支出 1 000 元,但经过不同行业老板的收入与支出行为之后,总收入增加了 5 000 元。其原因何在呢?乘数原理回答了这一问题。

在破窗经济中,得到一笔新收入的人,消费其中的 80%,这 80% 被称为边际消费倾向。边际消费倾向越大,乘数越大。

破窗经济只是个例子,如果把这个例子换为财政支出增加就可以看出乘数效应多么重要了。假定政府支出 100 亿元用于基础设施建设。支出就会带动建筑、水泥等各部门收入与支出的增加。

动画:
破窗经济

问题

边际消费倾向与投资乘数是什么关系?

目标

理解总需求及国民收入的变动;掌握乘数原理、消费函数、储蓄函数、投资函数等的含义和运用。

要点

1. 总需求与总供给以及由二者相互作用决定均衡国民收入。凯恩斯认为,在短期中(如一年内)总供给是不变的,这样,总需求中的消费和投资就决定国民收入,得到了简单凯恩斯国民收入决定模型:$Y=C+I$。如果总需求发生了变动,就会引起国民收入的增加或减少。总需求的变动有两种情况:一是边际消费倾向的变化;二是自发总需求的变动。

2. 投资决定于利息率和资本的边际效率(投资的预期利润率),利息率决定于流动偏好和货币数量,资本边际效率决定于预期利润收益和资本品的供给价格或重置成本。

3. 消费取决于收入和消费倾向,消费倾向分为平均消费倾向和边际消费倾向。

知识点： 理解决定国民收入的因素，即消费函数、储蓄函数、投资函数，领会储蓄与投资的关系与均衡国民收入，掌握乘数理论的实际运用。

能力点： 凯恩斯采取的是短期数量分析，由于总供给短期不变，所以国民收入就取决于总需求或有效需求，理解和掌握需求管理政策对宏观经济的影响。

注意点： 在简单凯恩斯国民收入决定模型中，凯恩斯用总支出代替总需求。但是，为了理解方便，我们仍然使用总需求概念。

第一节　总需求的构成

前一章分析了总需求与总供给以及由二者相互作用决定的均衡国民收入。但是，凯恩斯认为，在短期（如一年），决定国民收入的基本力量是总需求，导致失业、萧条的根本原因是总需求不足。所以，国民收入决定理论把重点放在对总需求的分析上，分析总需求的构成、变动及对国民收入的影响。

一、一则古老的寓言

20世纪30年代初的世界经济大萧条使3 000多万人失业，1/3的工厂停产，金融秩序一片混乱，整个经济倒退到第一次世界大战前的水平。经济大危机中，产品积压，工人失业，生活困难，绝大多数人感到前途悲观。有工人说："我唯一感到安慰的是，再也没有什么可失去的了，情况再也不会比这更糟了。"

持续的经济衰退和普遍的失业，使传统的经济学遇到了严峻挑战。一直关注美国罗斯福新政的英国经济学家凯恩斯勋爵从一则古老的寓言中得了启示。这则寓言是这样表述的：

从前有一群蜜蜂过着挥霍、奢华的生活，整个蜂群兴旺发达，百业昌盛。后来，它们改变了原有的生活习惯，崇尚节俭朴素，结果社会凋敝、经济衰落，终于被敌人打败而逃散。

凯恩斯从这则寓言中悟出了需求的重要性，建立了以需求为中心的国民收入决定理论，并在此基础上引发了经济学上著名的"凯恩斯革命"。这场革命的结果就是建立了现代宏观经济学。

动画：
世界经济大萧条与凯恩斯革命

> **画龙点睛**
>
> **凯恩斯需求分析的三个重要假设**
>
> 凯恩斯在进行需求分析时，有三点重要的假设：
>
> 第一，总供给不变。假定各种资源没有得到充分利用，总供给曲线处于水平线区域，总需求的增加可以引起均衡国民收入上升，即总供给随着总需求的增加而增加，总供给不发生线移动，也就是不考虑总供给对国民收入决定的影响。
>
> 第二，潜在国民收入，即充分就业时的国民收入水平不变。
>
> 第三，价格水平既定。

二、总需求的四个部分

总需求表示在一定的收入水平、价格水平等条件下，消费者、企业、政府和外国想要购买的本国生产的物品和劳务的总量。所以，它由消费、投资、政府支出和净出口四部分构成。总需求也是一定时期内整个经济中的计划总支出。计划支出与实际支出有时并不一致。例如，某时期某企业计划不增加存货投资，但由于对其产品的需求意外下降，销量减少，存货增加，存货投资实际大于计划。

（一）消费

消费是指居民对产品与劳务的需求或支出，包括耐用消费品支出、非耐用消费品支出、住房租金以及对其他劳务的支出。根据西方经济学家对长期消费统计资料的分析，在总需求中消费的需求是相当稳定的。

（二）投资

投资是指厂商对投资品的需求或支出，包括企业固定投资（用于厂房、设备等固定资产的投资）、存货投资（用于原材料、半成品及未销售的成品的投资）以及居民住房投资。投资在经济中波动相当大。

（三）政府支出

政府支出在这里是指政府对各种产品与劳务的需求，或者说是政府购买产品与劳务的支出。随着国家对经济生活干预的加强，总需求中政府支出的比例也一直在提高。

（四）净出口

出口在分析国民收入的决定时是指净出口，即出口与进口之差。

三、消费函数

在论述消费函数理论时，通常假设消费者的所有可支配收入用于消费和储蓄。消费是居民在购买物品和劳务上的支出，储蓄则定义为没有用于消费的那部分收入。

在简单的国民收入决定理论中，我们假定总需求中的其他部分不变，仅仅考虑总需求中消费的变动对总需求的影响。这样就先要了解消费函数以及相关的储蓄函数。

微课：购买住房是消费还是投资？

（一）消费函数与储蓄函数

消费函数和储蓄函数是要说明是什么因素决定消费或储蓄。影响人们消费支出的因素很多，其中收入是最重要的。消费函数是消费与收入之间的依存关系。在其他条件不变的情况下，消费支出随收入的变动而同方向变动，即收入增加，消费增加；收入减少，消费减少。如果以 C 表示消费，Y 表示收入，则消费函数就是：

$$C = f(Y)$$

> **消费函数：**
> 消费与收入之间的依存关系。在其他条件不变的情况下，消费随收入的变动而同方向变动，即收入增加，消费增加；收入减少，消费减少。以 C 表示消费水平，Y 表示国民收入，则在两部门经济中，消费与收入之间的关系可以用函数形式表示为：$C = f(Y)$。

消费与收入之间的关系，可以用平均消费倾向和边际消费倾向来说明。平均消费倾向是指消费在收入中所占的比例。如果以 APC 代表平均消费倾向，则：

$$APC = \frac{C}{Y}$$

第七章　凯恩斯的国民收入决定理论

边际消费倾向：

增加的消费在增加的收入中所占比例。边际消费倾向说明了收入变动量在消费变动和储蓄变动之间分配的情况。一般来说，边际消费倾向总是大于0而小于1，即 $0 < MPC < 1$。

边际消费倾向是指增加的消费在增加的收入中所占的比例。如果以 MPC 代表边际消费倾向，ΔC 代表增加的消费，以 ΔY 代表增加的收入，则：

$$MPC = \frac{\Delta C}{\Delta Y}$$

储蓄函数是储蓄与收入之间的依存关系。在其他条件不变的情况下，储蓄随收入的变动而同方向变动，即收入增加，储蓄增加；收入减少，储蓄减少。如果以 S 代表储蓄，则储蓄函数就是：

$$S = f(Y)$$

储蓄与收入之间的关系，可以用平均储蓄倾向和边际储蓄倾向来说明。平均储蓄倾向是指储蓄在收入中所占的比例。如果以 APS 代表平均储蓄倾向，则：

$$APS = \frac{S}{Y}$$

动画： 边际消费倾向递减

边际储蓄倾向是指增加的储蓄在增加的收入中所占的比例。如果以 MPS 代表边际储蓄倾向，以 ΔS 代表增加的储蓄，则：

$$MPS = \frac{\Delta S}{\Delta Y}$$

全部的收入分为消费与储蓄，所以：

$$APC + APS = 1$$

同样，全部增加的收入分为增加的消费与增加的储蓄，所以：

$$MPC + MPS = 1$$

知识点问答

消　费　函　数

请解释消费函数：$C = a + bY$。其中，C 表示消费，a 是一个常数，Y 是收入，b 是决定收入中用于消费的系数。

答：(1) 消费函数表示消费是收入的函数，消费由收入决定。(2) 自主消费不受收入约束，是一个确定的数量，即使收入为零，也要消费，即消费为 a。(3) 收入中用于消费的比例由 b 决定，Y 决定消费的绝对量，b 的大小决定消费的相对量。(4) b 被称为"边际消费倾向"，凯恩斯认为边际消费倾向存在递减的趋势，即随着收入的增加，增加的收入中，用于消费

> 的部分越来越少。例如，已知，$a=400$，b 由 0.8 变为 0.5，则消费函数就由 $C=400+0.8Y$ 变为 $C=400+0.5Y$，其经济学含义是：增加任何单位的收入，消费的增量占收入增量的比重从 80% 降到 50%。

（二）消费与收入的关系

在任何时期内决定消费的主要因素是什么呢？人们的直观印象是商品的价格和居民的收入水平。然而，西方宏观经济学家把收入作为决定消费的最主要因素，并不考虑价格变动的影响。他们认为，在一定的收入水平下，消费者在一种商品上支出的增加必然伴随着在别种商品上支出的减少，消费支出总额不受商品之间相对价格变动的影响。当商品的价格普遍上涨或下降时，如果居民的名义收入随价格水平同比例变动，则实际收入不变，居民的实际收入就其总额来说是独立于价格水平的。因此，西方宏观经济学中对消费的研究集中在消费和可支配收入的关系上。

任何两个家庭的消费支出的内容都不可能完全一样，即使他们的收入相同。然而，大量的统计数据表明，居民家庭的消费构成具有一定的规律性。平均来说，低收入水平的家庭必须把他们的大部分收入用在购买食品、住房等生活必需品上。随着收入的增加，人们将吃得多一些和好一些，但在食品上增加的支出是有限度的。对于高收入水平的家庭，用于购买高级衣着、娱乐、汽车等奢侈品的开支在其消费中占有较大比例。

在西方经济学中，描述消费这种构成变化的一个著名定律叫作"恩格尔定律"，它是由19世纪德国统计学家厄恩斯特·恩格尔提出来的。这个定律的要点是：① 一个国家中，家庭的平均收入越少，平均用在购买食物上的费用在消费中所占比例则越大；随着收入的上升，用于食物的开支所占比例下降。② 随着收入的上升，用于住房的开支所占的比例基本上保持不变。③ 随着收入的上升，用于奢侈品的开支所占比例上升。

当然，家庭收入并不都用在消费上，未用于消费的部分则是储蓄，它可以增加未来时期的消费。处在不同收入水平上的家庭，消费水平不同，储蓄水平也不同。一般来说，无论是在绝对数量上还是在相对数量上，高收入家庭的储蓄要多于低收入家庭的储蓄。对于收入很低的家庭，如果本期的消费大于收入，就必须靠借债或动用过去的储蓄来弥补差额，这时储蓄为负值。

家庭的储蓄是由它的消费和收入之间的关系决定的。消费在收入中占的比例增大，储蓄在收入中占的比例就缩小。然而，消费与收入之间的确切关系如何，在西方经济学家中却众说不一。

四、投资函数

（一）投资对象

在国民收入核算中，投资包括：生产性固定资产投资（包括厂房的建筑和机器设备的购置与安装）、住宅投资和存货投资。在美国历年的投资总额中，平均来说，厂房和设备上的固定资产投资约占 70%，住宅投资约占 25%，存货投资略高于 5%。不同投资形式对投资波动具有不同影响。

（二）投资分类

重置投资，又叫更新投资，是指用来补偿损耗掉的资本设备的投资，在价值上以提取折旧的方式进行。重置投资取决于原有的资本存量。净投资是指扩大资本存量进行的固定资本和存货投资。净投资是为了弥补实际资本存量与理想的资本存量之间的缺口而进行的投资，可以为正值、负值和零。总投资＝净投资＋重置投资＝净投资＋折旧。

（三）投资函数、资本边际效率与投资需求曲线

1. 投资函数： $I=I(i, r)$

> **自主投资和引致投资：**
> 投资函数以线性的形式表示为：$I=I_0-dr$，其中，d 是利率对投资需求的影响系数。在式中，I_0 不随利息率的变动而变动，因而称它为自主投资；$-dr$ 则是由利息率变动引发的投资，故称为引致投资。

投资首先取决于市场利息率，并且随着利息率的降低而逐渐增加，即投资是利息率的减函数。以 I 表示经济中的投资，r 表示利息率，则投资函数可以一般地表示为：$I=I(r)$。受利息率影响的投资被称为引致投资。

其次，投资还取决于预期投资收益率（i），当利息率不变时，预期投资收益率与投资同方向变动。受预期投资收益率影响的投资不随利息率的变动而变动，因而称它为自主投资。

投资函数以线性的形式表示出来为：$I=I_0-dr$，其中，d 是利率对投资需求的影响系数。I_0 不随利息率的变动而变动，称为 自主投资 ；$-dr$ 则是由利息率变动引发的投资，称为 引致投资 。

投资需求取决于预期投资收益率（i）和市场利息率（r），用函数公式表示为：$I=I(i, r)$。

2. 资本边际效率

凯恩斯用资本边际效率来替代和说明预期投资收益率。资本边际效率是使资本资产在未来各年预期收益的现值之和等于资本资产的购买价格的贴现率。

设 R_1，R_2，R_3，…，R_n 为年预期投资净收益流量；R_0 为本年资本资产的购买价格，即当年费用（$-R_0$）；i 为将来收益流量折成现值的贴现率。

这样，未来 n 年收入流量的现值之和是：

$$\frac{R_1}{(1+i)} + \frac{R_2}{(1+i)^2} + \frac{R_3}{(1+i)^3} + \cdots + \frac{R_n}{(1+i)^n}$$

而投资项目的净现值是：

$$净现值 = -R_0 + \frac{R_1}{(1+i)} + \frac{R_2}{(1+i)^2} + \frac{R_3}{(1+i)^3} + \cdots + \frac{R_n}{(1+i)^n}$$

如果净现值等于 0，则投资项目既不盈利也不亏本，那么由公式：

$$R_0 = \frac{R_1}{(1+i)} + \frac{R_2}{(1+i)^2} + \frac{R_3}{(1+i)^3} + \cdots + \frac{R_n}{(1+i)^n}$$

解出的 i 值就是资本边际效率。因此，资本边际效率实际上是使资本资产的购买价格等于它的预期收入流量的现值时的预期收益率。当资本边际效率高于利率时，投资才有利可图，所以，投资取决于资本边际效率与利率之差。

投资与利率的关系是：利率提高会导致投资需求减少；反之，利率降低使投资需求增加。利率决定着投资成本。利率上升使得投资成本提高。投资与利率之间存在负相关关系。当企业投资使用的是自有资金时，投资也受利率影响，因为企业要考虑不同用途的机会成本，如果投资的收益率低于利率，企业会选择其他途径为资金找出路，如购买政府债券、基金等。

3. 投资需求曲线

根据投资需求与利率的关系，我们可画出一条曲线。图 7-1 表示投资需求与利率之间的关系。当利率发生变动时，投资需求沿着这条曲线移动。当利率（r）以外的因素（企业所得税、对未来经济的预期、投资收益、通货膨胀等）发生变化时，将引起投资曲线向左或向右移动。

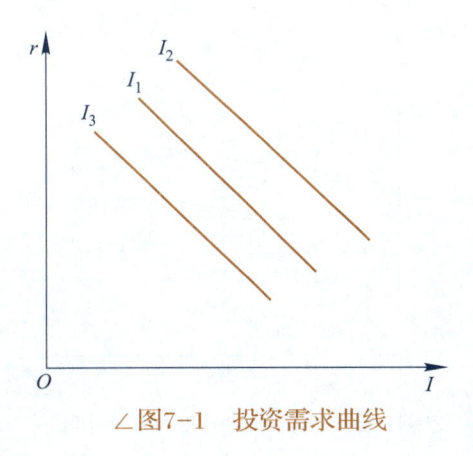

∠图 7-1　投资需求曲线

第二节　总需求与国民收入的决定

总需求由消费支出和投资支出构成（暂不考虑政府和进出口）。现在假定价格不变，即在图7-2中，纵轴是总需求或总支出，$AD=AE$；横轴是总供给、国民收入或收入，$AS=GDP=Y$；45°线上的任何一点表示总收入（总供给）与总支出（总需求）相等，即收支线。

在图7-2中，曲线C是实际的消费曲线，表示在不同的收入水平上居民想要或计划用于消费的支出。如果消费函数是线性的，则$C=a+bY$，其中，a是自主消费，$a>0$，b是边际消费倾向，$0<b<1$。

在各个产出水平上，投资支出保持不变，总支出曲线$C+I$平行于消费曲线C，等于消费曲线C和投资曲线I垂直相加之和，即$Y=C+I=a+bY+I$。均衡国民收入模型为：$Y=(a+I)/(1-b)$。

在图7-3中，实际总需求曲线（AD_0）与45°线相交于E点。在E点以右，居民计划的消费和厂商计划的投资小于总供给，这会促使企业缩小生产规模，企业存货下降，总供给下降，直至均衡点；在E点左边，居民计划的消费和厂商计划的投资大于总供给，此时，居民计划的消费和厂商计划的投资大于总供给，这使企业扩大生产规模，供给趋于上升，直到等于均衡水平E及Y_0。在E点，居民计划消费加上企业投资恰好等于总供给，即总供给等于总需求，均衡状态的国民收入是Y_0。

所以，总需求小于或大于总供给，都会促成总供给的调整，当总需求等于总供给时，国民收入（总产出量）既不增加，也不下降，处于均衡状态，由此决定了均衡的国民收入Y_0，即$Y_0=C_0+I_0$，国民收入是均衡时的国民收入（总需求曲线AD_0与45°线相交，E点决定的国民收入）。

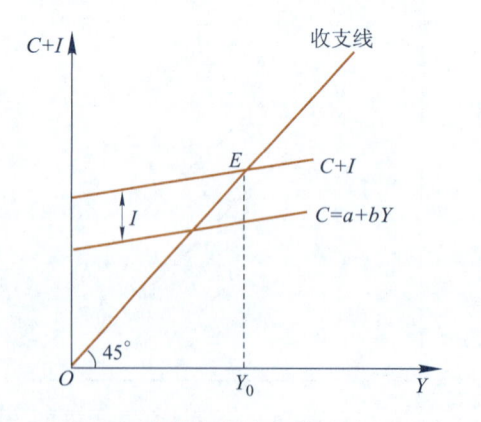

∠图7-2　消费和投资如何决定国民收入

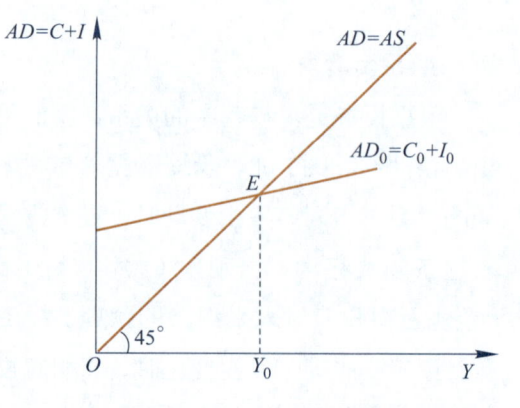

∠图7-3　总需求与国民收入的决定

> **知识点问答**
>
> **简单凯恩斯模型**
>
> 什么是简单凯恩斯模型？怎样用简单的方程表示简单凯恩斯模型？简单凯恩斯模型的含义是什么？
>
> 答：（1）简单凯恩斯模型是当仅仅考虑厂商和家庭而不考虑外贸和政府两个部门时，国民收入决定的简单模型；（2）当总需求等于总供给时，均衡状态下总收入等于总支出，表示为 $Y=C+I$，其中 Y 为总收入或者国民收入，$C+I$ 为总支出，由消费支出和投资支出构成；（3）在 $Y=C+I$ 中，消费由收入决定，当 $C=a+bY$，则国民收入均衡条件或者简单凯恩斯模型表示为：$Y=(a+I)/(1-b)$；（4）$Y=(a+I)/(1-b)$ 的经济学含义是：国民收入与自主消费 a、自主投资 I、边际消费倾向 b 成正比。

微课：
凯恩斯模型

第三节　总需求变动引起国民收入的变动

既然国民收入是均衡的国民收入，那么，总需求变动，均衡点移动，由此决定的均衡国民收入也会发生变化。导致总需求发生变化的原因是投资、消费、政府支出、净出口的变动。如果只考虑消费和投资，那么，影响消费和投资的收入、边际消费倾向、利率、预期、资本边际效率等因素的变动，都会引起总需求的变动。

总需求变动有两种情况：第一，总需求曲线的斜率发生变化；第二，总需求曲线平行上移或下移。

边际消费倾向直接影响消费支出，进而影响总需求曲线的斜率。当边际消费倾向增大时，总支出曲线的斜率增大，从而使总支出曲线向上转移。如图7-4所示，总支出曲线从 C_0+I_0 向上转移到 C_1+I_0。新的总支出曲线 C_1+I_0 与45°线的交点 E_1 表示新的均衡点，国民产出的均衡水平从 Y_0 增加到 Y_1。

而当边际消费倾向减少时，总支出曲线向下转移，总需求减少，国民产出的均衡水平降低。

总需求曲线的平行移动是由于消费曲

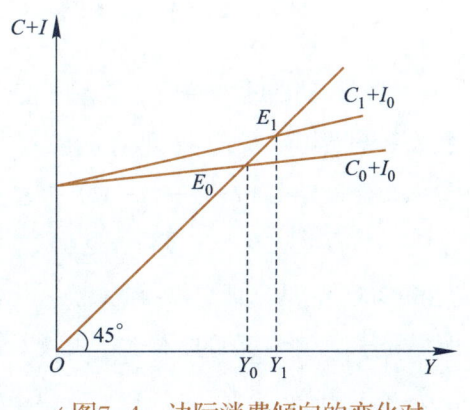

∠图7-4　边际消费倾向的变化对国民收入的影响

线和投资曲线的平行移动。消费曲线的平行移动是由于人们的平均消费倾向的变动，投资曲线的平行移动是由于私人投资的增减。在图7-5中总需求曲线向上方移动，即从AD_0移动到AD_1，表示总需求增加；总需求曲线向下方移动，即从AD_0移动到AD_2，表示总需求减少。当总需求为AD_0时，决定了国民收入为Y_0。当总需求为AD_1时，决定了国民收入为Y_1。$Y_1 > Y_0$，说明由于总需求水平由AD_0增加到AD_1，而使均衡的国民收入水平由Y_0增加到Y_1。当总需求为AD_2时，决定了国民收入为Y_2。$Y_2 < Y_0$，说明由于总需求水平由AD_0减少到AD_2，而使均衡的国民收入水平由Y_0减少到Y_2。

总需求变动对国民收入的影响也可用总供给—总需求模型来直观地表示。如图7-6所示，总需求变动在凯恩斯总供给曲线区域内，即总需求的变动只引起国民收入的增减，而不会引起价格水平的波动。

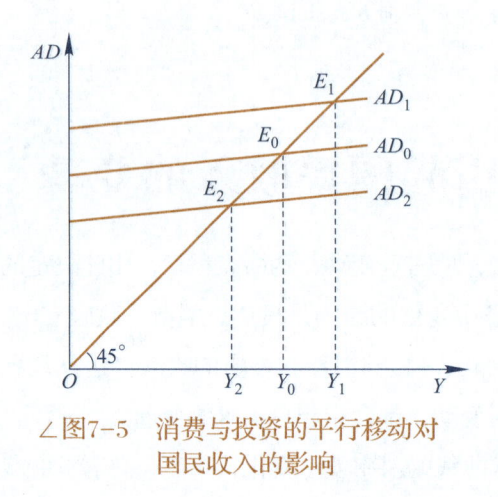

▱ 图7-5　消费与投资的平行移动对国民收入的影响

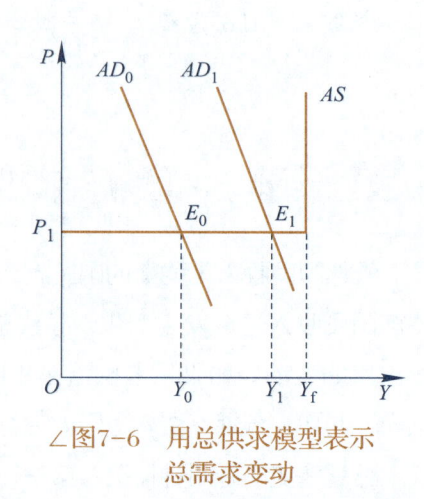

▱ 图7-6　用总供求模型表示总需求变动

第四节　国民收入的注入与漏出

投资和消费的增减引起总需求变化，进而影响国民收入的增减变化，也就是说，投资和消费可以看成国民收入的注入。同理，政府支出、净出口也都是对国民收入的注入，公式$Y = C + I + G + (X - M)$右边每个变量的改变都会引起国民收入同方向的变动。

国民收入从收入角度看，是由全体居民的收入组成的，所有的工资、利润、利息、地租形成的总收入或总供给最终会用于消费或储蓄。总收入或国民收入既定时，消费与储蓄是呈反方向变动的，即当国民收入为Y，总供给为$C+S$，即消费与储蓄之和时，则：

$$C + S = Y_0 = C + I$$

当国民收入Y_0不变时，C与S之间此消彼长，即消费增加，储蓄减少；消费减少，

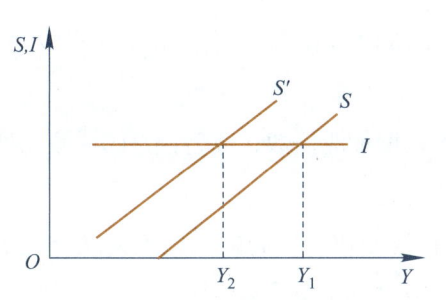

图7-7 储蓄的变动与国民收入的决定

则储蓄增长。当储蓄增加时，消费减少，则总需求下降，进而国民收入下降；反之，储蓄减少时，消费增加，则总需求上升，进而国民收入增加。所以，储蓄变动作为漏出引起国民收入反方向变动。如果考虑政府，那么，收入要分解为消费、储蓄、税收三部分。因而，税收与储蓄一样是国民收入的漏出。我们用图7-7来说明，因为$C+I=C+S$可以简化为$I=S$，假定I不变，则储蓄变动对国民收入变动的影响，很明显地表现出反向运动。储蓄增加，S上移至S'，引起国民收入下降，$Y_1 \to Y_2$。反之，引起国民收入上升。

根据消费是一种注入，储蓄是一种漏出的思想，凯恩斯得出这样一个与传统的道德观相矛盾的推论：按照传统的道德观，增加储蓄是善的，减少储蓄是恶的。但按上述储蓄变动引起国民收入反方向变动的理论，增加储蓄虽会增加个人积蓄，对个人来说可能是好事，但却会减少国民收入，使经济衰退，是恶的；减少储蓄会增加国民收入，使经济繁荣，是善的。这种矛盾被称为"节俭的悖论"。《蜜蜂的寓言》讲的就是这个道理。

> **画龙点睛**
>
> **关于节俭悖论的说明**
>
> 应该指出的是，增加储蓄会使国民收入减少，减少储蓄会使国民收入增加的结论仅仅适用于各种资源没有得到充分利用，未实现充分就业的状况，总供给曲线呈水平状，从而总供给可以无限增加的情况。如果各种资源得到了充分利用，从而要考虑到总供给的限制时，这一结论就不适用了。

第五节 乘数原理

一、定义及例证

虽然前面的分析说明了总支出的变动会引起国民收入的变动及其变动的方向，但

第七章 凯恩斯的国民收入决定理论

是却没有说明这些变动的数量关系。当投资增加100万元，国民收入会增加多少呢？回答这个问题需要借助于乘数概念。

乘数是指自发总需求的增加所引起的国民收入增加的倍数，或者说是国民收入增加量与引起这种增加量的自发总需求增加量之间的比率。

在西方宏观经济学中，乘数定义为支出的自发变化所引起的国民收入变化的倍数。由于通常用国内生产总值衡量国民收入，乘数可以用公式表示为：

投资乘数：
由投资变动引起的收入改变量与投资支出改变量以及政府购买支出的改变量之间的比率。其数值等于边际储蓄倾向的倒数。

$$投资乘数(K) = \frac{国内生产总值的变化}{支出的变化}$$

乘数的值大于1。也就是说，因支出的自发变化而引起的国内生产总值的变化要几倍于支出的变化。因此乘数是一个数字，用它去乘支出的变化会得到支出的变化所导致的国民产出变化的数字。

现在举例说明凯恩斯的乘数理论。假设某一经济社会增加100万美元的投资，并假设边际消费倾向为4/5，当这100万美元被用来购置投资品时，它实际上是被用来购置制造投资品所需要的生产要素，因此，这100万美元以工资、利息、利润和租金的形式流入生产要素的所有者的手中，即流入该社会的居民手中，从而居民的收入增加了100万美元。这笔增加的收入代表增加100万美元的投资所造成的该社会收入的第一次增加。

由于该社会的边际消费倾向被假设为4/5，所以当它的收入增加了100万美元时，它会把其中的 $80\left(100 \times \frac{4}{5} = 80\right)$ 万美元用于消费品。当它购买消费品时，它实际上是购买制造这些消费品的生产要素。因此，80万美元会以工资、利息、利润和租金的形式流入生产要素所有者的手中。从而，该社会居民的收入增加了80万美元，这笔增加了的收入代表该社会收入的第二次增加。

同样地，由于该社会的边际消费倾向被假设为4/5。所以当它的收入增加了80万美元时，它会把其中的 $64\left(100 \times \frac{4}{5} \times \frac{4}{5} = 64\right)$ 万美元用于消费，从而这笔消费代表该社会的收入的第三次增加。

根据同样的说法，可以得到第四次增加的数值为 $51.2\left(100 \times \frac{4}{5} \times \frac{4}{5} \times \frac{4}{5} = 51.2\right)$ 万美元。如此类推，如表7-1所示。

根据表7-1中第（2）列，国民收入增加的总量为：

表7-1　乘数作用的过程

（1）	（2）	（3）
第一次	100	ΔI
第二次	$\frac{4}{5} \times 100 = 80$	$b\Delta I$
第三次	$\left(\frac{4}{5}\right)^2 \times 100 = 64$	$b^2 \Delta I$
第四次	$\left(\frac{4}{5}\right)^3 \times 100 = 51.2$	$b^3 \Delta I$
⋮	$100 + \left(\frac{4}{5}\right) \times 100 + \left(\frac{4}{5}\right)^2 \times 100 + \left(\frac{4}{5}\right)^3 \times 100 + \cdots$	$\Delta I + b\Delta I + b^2 \Delta I + b^3 \Delta I + \cdots$

$$\Delta Y = 100 + \frac{4}{5} \times 100 + \left(\frac{4}{5}\right)^2 \times 100 + \left(\frac{4}{5}\right)^3 \times 100 + \cdots = 100 + \left(\frac{4}{5}\right) \times 100 + \left(\frac{4}{5}\right)^2 \times 100 + \left(\frac{4}{5}\right)^3 \times 100 + \cdots$$

$$= 100 \times \left[1 + \frac{4}{5} + \left(\frac{4}{5}\right)^2 + \left(\frac{4}{5}\right)^3 + \cdots\right]$$

$$= 100 \times \left(\frac{1}{1 - \frac{4}{5}}\right) = 100 \times 5 = 500$$

第（3）列，ΔI代表投资增量，b代表边际消费倾向，则：

$$\Delta Y = \Delta I + b\Delta I + b^2 \Delta I + b^3 \Delta I + \cdots$$

$$= \Delta I (1 + b + b^2 + b^3 + \cdots)$$

$$= \Delta I \left(\frac{1}{1-b}\right)$$

$$乘数 = \frac{\Delta Y}{\Delta I} = \frac{1}{1-b} = K$$

在此例中，乘数 $= \frac{500}{100} = \frac{1}{1-\frac{4}{5}} = 5$。它表示每增加1元投资而导致收入增加5倍。

二、乘数公式

如果以 ΔY 代表增加的收入量，以 ΔI 代表增加的投资量，以 K 代表乘数，则有：

$$K = \frac{\Delta Y}{\Delta I}$$

在上例中，ΔI 为100万美元，ΔY 为500万美元，所以：

$$K = \frac{500}{100} = 5$$

如果以 ΔC 代表消费的增加量，则：

$$\Delta Y = \Delta I + \Delta C$$

$$\Delta I = \Delta Y - \Delta C$$

由此，可以得出：

$$K = \frac{\Delta Y}{\Delta I} = \frac{\Delta Y}{\Delta Y - \Delta C} = \frac{\frac{\Delta Y}{\Delta Y}}{\frac{\Delta Y}{\Delta Y} - \frac{\Delta C}{\Delta Y}} = \frac{1}{1 - \frac{\Delta C}{\Delta Y}} = \frac{1}{1-b}$$

又因为，$1 - \frac{\Delta C}{\Delta Y} = \frac{\Delta S}{\Delta Y}$，所以：

$$K = \frac{1}{1 - \frac{\Delta C}{\Delta Y}} = \frac{1}{\frac{\Delta S}{\Delta Y}}$$

$b = \frac{\Delta C}{\Delta Y}$ 是边际消费倾向，所以乘数是 1 减边际消费倾向的倒数，或者说是边际储蓄倾向的倒数。乘数与边际消费倾向成正比，与边际储蓄倾向成反比。

在西方宏观经济学中，投资乘数、政府购买乘数、对外贸易乘数计算公式都一样，假定以 ΔI 代表投资支出增量、政府购买支出增量、对外贸易净出口支出增量，即乘数公式为：

$$投资乘数、政府购买乘数、对外贸易乘数 = \frac{\Delta Y}{\Delta I} = \frac{1}{1-b}$$

不同乘数反映了政策手段效果的差异，乘数的作用主要表现在解释国民产出的波动和用于制定宏观经济政策方面。例如，在萧条时期，政府可能采取扩张性宏观经济政策，如增加政府支出或通过增加货币供给和降低利率提高投资水平，从而达到刺激总需求，提高国民收入水平，减少失业的目的。但是，支出应该增加多少才能使经济恰好达到充分就业水平呢？如果支出增加太少，对国民收入水平的提高影响不大，不足以解决经济中存在的失业问题。如果支出增加太多，对经济刺激过大，国民收入水平会超过充分就业水平，这时虽然失业问题解决了，却又会产生通货膨胀问题。因此，运用适当而有效的宏观经济政策，需要对支出变化和由它引起的国民收入变化之间的乘数关系做出准确的估计，从而确定为使经济达到充分就业水平需要增加（或减少）的支出总额。

第六节　不同的理论和相异的政策

一、"古典"国民收入决定理论

在现代西方宏观经济学中，用来与凯恩斯理论进行对比的所谓古典宏观经济理论，是从古典经济学家的论著中提取出来的。

古典宏观经济理论强调在竞争市场中价格调节的作用，并认为通过提高或降低要素市场或产品市场的价格可以消除供不应求或供过于求，达到供求平衡。在西方经济思想史的大部分时期，这种古典经济理论占有支配地位。该理论有三大要点：① 它的前提是萨伊定律。② 在完全竞争条件下，有一个供给量，就会产生一个相应的需求量，因此，经济社会的生产活动能够创造出足够的需求来吸收所供给的商品和劳务。③ 由此可以推论：任何商品和劳务的产量的增加，都会使收入和支出按照同等的数量增加。生产要素所有者都愿意将自己拥有的要素（土地、劳动、资本、企业家才能）出售给厂商使用，厂商也都愿意购买并使用一切尚未得到利用的要素，直到所有的劳动、土地和其他资源都达到充分就业为止。市场经济社会存在走向充分就业均衡的必然趋势。

政策主张。既然市场调节能达到总供求均衡、市场的自发作用能实现充分就业，那么，政府干预对国民收入水平和就业水平就不会产生影响，干预的结果只会引起价格波动。政府的财政政策由于"挤出效应"，即政府支出挤了私人投资，总供求的均衡实际上不是由于干预造成的，而是"看不见的手"作用的结果。

二、凯恩斯国民收入决定理论

凯恩斯在1936年出版的《就业、利息和货币通论》一书不但选择了最好的时机，而且提供了一种以全新观点系统地阐述宏观经济运行的理论，由此产生了"凯恩斯革命"。

凯恩斯理论认为，在短期内，价格和工资并不像古典理论所说的那样是灵活易变的，实际上现代经济中的价格和工资往往是呆滞的、没有弹性的、刚性的，或者说是具有黏性的。产生黏性价格和工资的原因有多种。首先，工人根据长期合同工作，合同一般要持续3年。在合同生效期间，工人的货币工资就是合同中规定的工资。所以，这种合同使得工资率在短期内不易变动。其次，许多产品的价格是由政府控制的。例如，在20世纪70年代中期，美国的电话服务、天然气、石油、电力、铁路、航空和海运的价格是固定的。价格调整，通常要拖延几个月甚至一年。最后，由大公司规定价格也在很大程度上增加了价格黏性。例如，通用汽车公司只有召集大型会议才能决定较重要的价格变动。

在凯恩斯理论中，价格和工资黏性是理解宏观经济运行的关键。这一点，我们在绪论部分曾提到。我们可以用图7-8说明。

图7-8表示的是用于描述萧条时期国民收入决定的凯恩斯经济模型。为什么充分就业前总供给曲线 AS 是一条水平线？因为假设在短期内价格和工资固定不变，而且在低于充分就业水平上存在未利用的生产资源。

在凯恩斯理论中，短期内的国民收入水平是由总需求决定的。如图7-8所示，总需求曲线 AD_0 与总供给曲线 AS 相交于 E_0 点，决定了国民收入 Y_0 和相应的就业量。总需求增加（$AD_0 \rightarrow AD_1$），国民收入也增加（$Y_0 \rightarrow Y_1$），但价格水平不变（P_0）。由于充分就业的国民收入水平和就业水平是 Y_f，所以，有效总需求的不足导致非自愿失业。关于这个问题，下一章将详细讨论。

价格和工资黏性

由于长期合约以及政府对许多产品的价格管制，短期内价格和工资不是灵活而有弹性的，而是呆滞的、刚性的，或者说是黏性的。

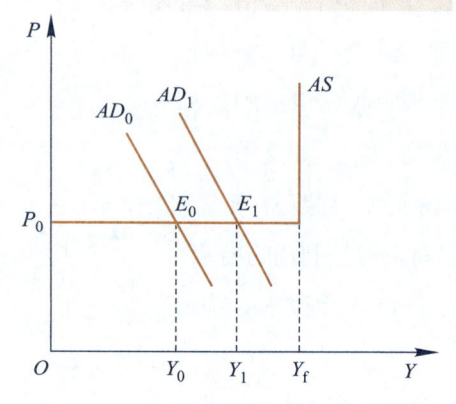

图7-8 凯恩斯国民收入决定理论

学无止境

凯恩斯需求管理政策主张

在凯恩斯理论中，虽然市场供求力量的自发性调节可以使经济趋向均衡，但是这种均衡不一定是充分就业均衡，经济中的失业或通货膨胀将长期持续下去。因此，凯恩斯主义者相信，政府可以采取适当的经济政策，对经济实行有效的宏观控制，把国民经济推向充分就业水平。

本 章 简 评

在凯恩斯之前，传统西方经济学信奉萨伊定律（供给自动创造需求），认为社会上一切产品都能被卖掉，不会出现生产过剩现象。正如马克思指出的，萨伊的错误在于把适用于物物交换的社会中的事例应用于资本主义社会。马克思早就指出的错误，直到70年以后才因为凯恩斯理论的流行在西方经济学中有所削弱。根据凯恩斯的有效需求不足原理，三大心理规律导致消费和投资不足。增加投资和政府支出，借助乘数效应，可以逆经济风向调节，部分解决需求不足问题。

凯恩斯的国民收入决定理论强调总需求，认为经济萧条时期，只要增加总需求 $C+I+G+(X-M)$，就能提高国民收入水平和就业水平。但是我们看到1970年以后，在不存在产能过剩和资源闲置的国家和地区，扩张性量化政策必然伴随物价上涨甚至导致"滞胀"。所以，是采取需求政策还是供给政策，应因时因地因时，具体问题具体分析，不能简单照搬凯恩斯需求管理政策。

本 章 小 结

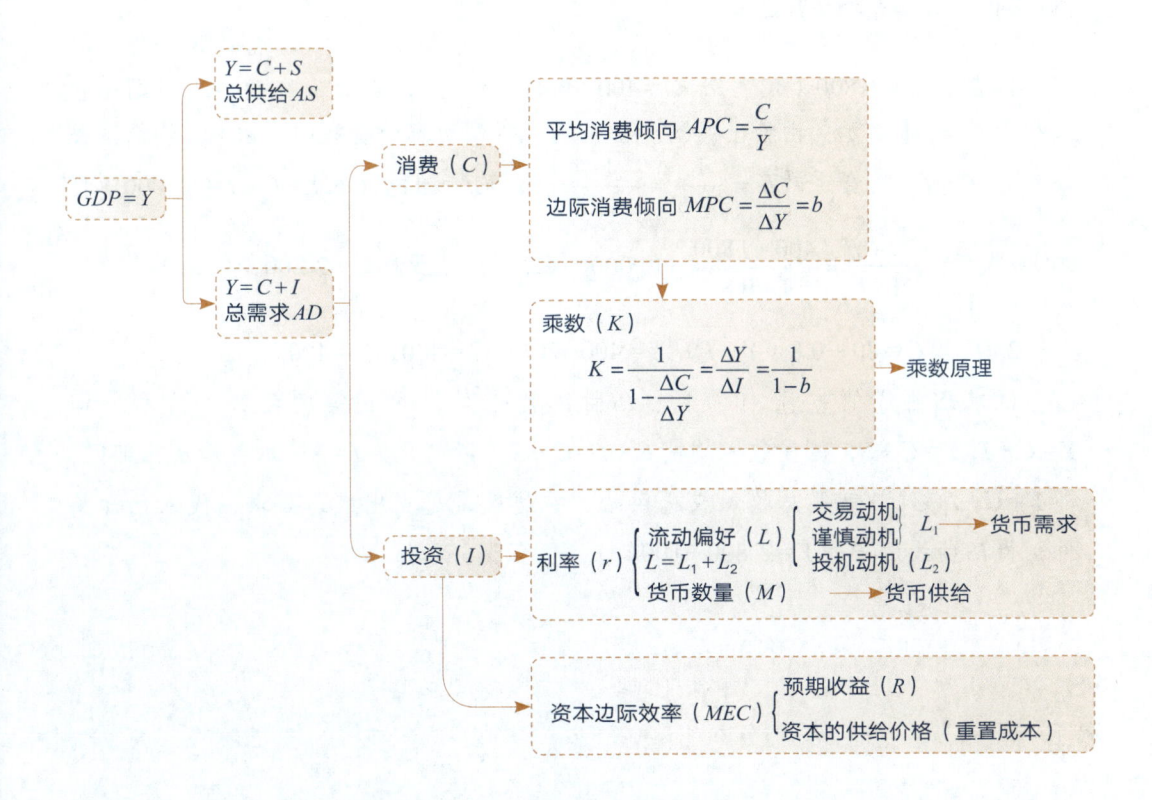

- $GDP = Y$
  - $Y = C + S$ 总供给 AS
  - $Y = C + I$ 总需求 AD
    - 消费（C）
      - 平均消费倾向 $APC = \dfrac{C}{Y}$
      - 边际消费倾向 $MPC = \dfrac{\Delta C}{\Delta Y} = b$
    - 乘数（K）
      $$K = \dfrac{1}{1-\dfrac{\Delta C}{\Delta Y}} = \dfrac{\Delta Y}{\Delta I} = \dfrac{1}{1-b}$$ → 乘数原理
    - 投资（I）
      - 利率（r）
        - 流动偏好（L）：交易动机、谨慎动机 L_1 → 货币需求；投机动机（L_2）
        - $L = L_1 + L_2$
        - 货币数量（M）→ 货币供给
      - 资本边际效率（MEC）
        - 预期收益（R）
        - 资本的供给价格（重置成本）

225

第七章 凯恩斯的国民收入决定理论

讨论及思考题

1. 试分析简单凯恩斯模型中决定总需求的消费需求和投资需求。（提示：消费取决于不同性质的收入、边际消费倾向、平均消费倾向、预期等；投资需求取决于市场利息率、预期收益率、资本边际效率和要素价格等。）

2. 凯恩斯的国民收入决定理论中，总需求如何决定国民收入，总需求的变动怎样导致国民收入的变动？（提示：总需求与总供给均衡决定国民收入（均衡国民收入）；总需求变动引起均衡国民收入变动。决定总需求的是消费需求、投资需求、政府支出需求、净出口需求，它们的变动都会影响总需求变动并最终影响国民收入。在凯恩斯国民收入理论中，总需求即总支出，是一种注入，与国民收入正相关。）

3. 按照凯恩斯主义的观点，增加储蓄对均衡的国民收入会有什么影响？减少储蓄对均衡的国民收入会有什么影响？（提示：萧条时储蓄是一种漏出。）

4. 乘数原理发挥作用的前提条件是什么？现实经济生活中是否存在乘数效应？（提示：国民经济各部门密切联系、生产能力过剩、资源未充分利用。）

练习题或案例题

1. 假设 $I_0=1\,800$（亿元），$C=400+0.8Y$（亿元），求投资乘数、均衡国民收入和消费量。【提示：由给出的消费函数可以得到边际消费倾向为80%，均衡国民收入 $Y=C+I$。投资乘数 $K=\dfrac{1}{1-b}=\dfrac{1}{1-0.8}=5$；均衡国民收入 $Y=C+I=11\,000$（亿元），或者 $Y=\dfrac{a+I}{1-b}=\dfrac{400+1\,800}{1-0.8}=11\,000$（亿元）；消费量 $C=9\,200$（亿元）。】

2. 已知 $C=80+0.8(Y-T)$，$I=400-20r$，$G=400$，$T=400$。

试求 IS 曲线的方程。（提示：IS 曲线就是总供求相等的曲线的方程，即 $Y=C+I$，$Y=C+S$，国民收入均衡 $C+I=C+S$ 可以简化为 $I=S$；本题涉及三部门，即 $Y=C+I+G$，Y 就是总收入或总供给，右边就是总支出或总需求，代入已知条件，得 IS 曲线的方程 $Y=2\,800-100r$。）

第八章
失业和通货膨胀

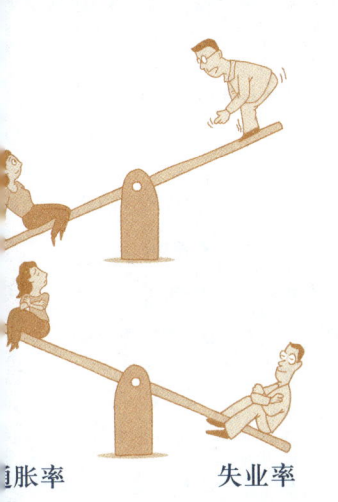

政府总是致力于解决失业和通货膨胀问题并力图取得平衡

关键概念

- 失业者
- 充分就业
- 周期性失业
- 边际消费倾向递减规律
- 资本边际效率递减规律
- 流动偏好
- 流动偏好陷阱

第八章　失业和通货膨胀

> **引导案例**
>
> ## 节俭悖论
>
> 1714年，伯纳德·曼德维尔在他的《蜜蜂的寓言》一书中提出了节俭悖论。曼德维尔以勤劳的蜜蜂作为例子说明，尽管储蓄这种节俭的行为是增加私人财富的方法，但对一个国家而言，如果普遍地使用这种方法则不能得到相同的结果。后来，凯恩斯主义者的总需求决定理论重新肯定了这种观点。他们认为，在经济存在失业的状态下，储蓄并不是改善经济状况的良好行为。

动画：
节俭悖论

问题

失业可以消除吗？

目标

理解国民收入、失业、通货膨胀的关系及失业、通货膨胀的后果。

要点

1. 国民收入均衡（或总供求均衡）只要小于充分就业的国民收入均衡，就会出现失业，即需求不足的失业（又叫周期性失业）。但是，即使消灭了需求不足导致的失业，也仍然存在自然失业。失业分为周期性失业和自然失业（摩擦性的、结构性的、临时性的和季节性的）。经济学较多地关注需求不足的失业，因为，它周期性地出现，不断地困扰着人类社会。

2. 通货膨胀的经济根源在于社会总需求超过了社会总供给。这一经济根源形成了需求拉动和成本推动两种力量，导致了通货膨胀的产生。

3. 英国经济学家菲利普斯提出了一个被称为"菲利普斯曲线"的经济模型，以说明失业和通货膨胀之间的交替关系。市场经济条件下必须警惕菲利普斯曲线的恶化，即"滞胀"局面的出现。

在市场经济实际中，失业和通货膨胀是不可避免的，也是市场经济负面的最集中的表现。有效的经济政策可以把失业和通货膨胀控制在适度的范围内。

知识点：掌握通货膨胀和失业的基本概念，理解通货膨胀和失业的根源。

能力点：能够解释失业、通货膨胀、国民收入的联系，能说出失业、通货膨胀的原因、影响、对策。

注意点：凯恩斯认为，国民收入均衡（或总供求均衡）只要小于充分就业的国民收入均衡，就会出现失业。货币主义者认为，短期中，政府干预是有代价的，会引起通货膨胀；长期中，政府干预是无效的。

第一节　失业及其原因

经济学家认为失业分为自然失业和需求不足的失业。

※ 失业

一、自然失业的种类

经济中一些难以克服的原因引起的失业被称为自然失业，通常为4%～6%。自然失业包括以下几种：

（一）摩擦性失业

摩擦性失业是指经济中正常的劳动力流动产生的失业。例如，新入行业的失业者、转换工作的失业者。无论是年轻人开始进入或妇女重新进入劳动力市场，还是原来有工作的人变换工作，都需要花费一定时间，在任何情况下，总会存在一定的摩擦性失业。即使劳动力供求在职业、技

失业者：

在一定年龄规定范围内（如16～65周岁），有工作能力，愿意工作并积极寻找工作而未能按当时通行的实际工资水平找到工作的人。

能、地区分布等结构上完全均衡，仍会存在摩擦性失业。

摩擦性失业量的大小取决于劳动力流动性的大小和寻找工作所需要的时间。劳动力流动量越大、越频繁，寻找工作所需要的时间越长，则摩擦性失业量越大。劳动力流动性的大小在很大程度上是由制度性因素、社会文化因素和劳动力的构成决定的。寻找工作的过程是付出时间、精力甚至货币及机会成本的过程。

（二）结构性失业

经济结构的迅速变化，使劳动力的供给结构不适应劳动力需求结构的变动，从而产生结构性失业。这种情况下，往往"失业与空位"并存，劳动者很难找到与自己的技能、职业、居住地区相符合的工作。例如，在有些现代西方国家，随着经济和科学技术的发展、世界贸易格局的变化，汽车工业开始走向衰落，对汽车工人的需求减少，从而引起了汽车工人的失业。与此同时，某些新兴工业所需要的具有特殊技能的劳动力却供不应求，产生了许多职位空缺。同样，在某些走向衰落的工业区存在大量失业者的同时，某些新兴工业区却可能出现劳动力供不应求、许多职位空缺无人应聘的情况。

（三）临时性和季节性失业

临时性和季节性失业是指某些行业生产因临时事件或季节性变动引起的失业。例如，建筑业或码头装卸，遇到坏天气或者舱盖打不开，使得建筑施工不得不停顿下来，运输装卸也常常雇用临时工。季节性对农业、旅游、餐馆的影响明显，如度假胜地的家庭妇女会在假日里去餐馆当帮手；农忙时，在城里做工的民工会返回农村。他们的工作是有季节性的。

（四）工资刚性失业（非均衡失业）

工资刚性失业又叫古典失业，是指市场上由于劳动力供过于求而工资无法下降（工资刚性）而引起的失业（非均衡失业）。

二、需求不足的失业以及充分就业

（一）需求不足的失业

需求不足的失业是指在经济萧条时期，对劳动力的需求不足引起的失业。经济繁荣时期失业率低，经济萧条时期失业率高，需求不足的失业又叫周期性失业。图8-1和图8-2中，$Y_f - Y_0$ 即需求不足的失业（均衡失业）。

微课：自然失业和需求不足的失业

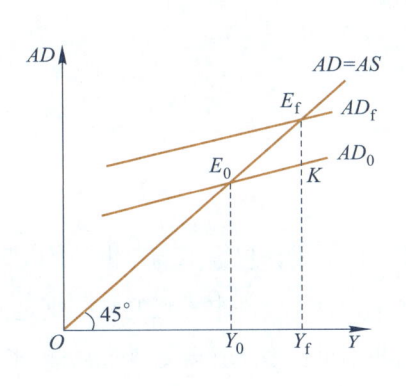

∠图8-1　周期性失业或需求不足的失业（一）

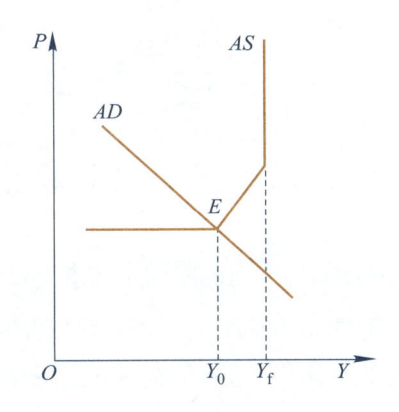

∠图8-2　周期性失业或需求不足的失业（二）

（二）充分就业

充分就业是指在现有工作条件和工资水平下，所有愿意工作的人都参加了工作的就业量，或者说，消灭了"需求不足引起的失业"就达到了充分就业。在几何意义上，充分就业是这样一种状况：总需求与总供给相等时的均衡国民收入正好是潜在国民收入水平，与总需求相适应的对劳动力的需求能全部吸纳所有愿意工作并正在寻找工作的劳动者（见图8-3和图8-4）。如果均衡的国民收入水平低于潜在的或充分就业时的国民收入水平，此时就存在失业，即"需求不足引起的失业"，也就是凯恩斯讲的"**周期性失业**"（图8-1、图8-2）。消灭了"需求不足引起的失业"或"周期性失业"就达到了充分就业（图8-3、图8-4）。请特别注意，充分就业情况下，仍然存在自然失业。

充分就业：

在现有工作条件和工资水平下，所有愿意工作的人都参加了工作的就业量。

周期性失业：

如果均衡的国民收入水平低于潜在的或充分就业时的国民收入水平，此时就存在失业，即需求不足引起失业。

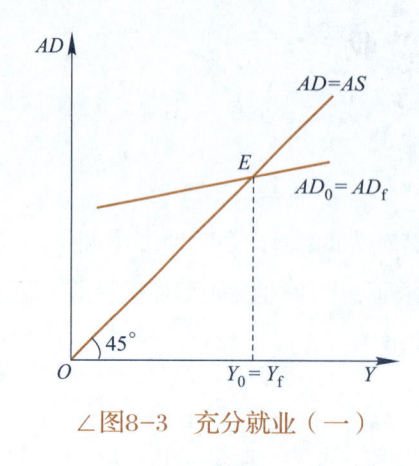

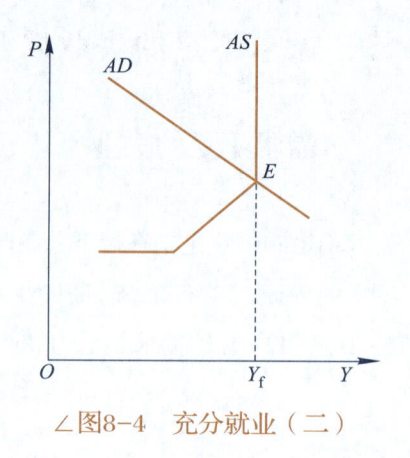

∠ 图8-3 充分就业（一）　　　　∠ 图8-4 充分就业（二）

三、需求不足的失业的原因

凯恩斯认为失业的原因是需求不足，即有效需求不足，总需求与总供给均衡时决定的均衡国民收入小于充分就业时均衡的国民收入。而造成需求不足的原因则是三大心理规律的作用：边际消费倾向递减规律导致消费不足；资本边际效率递减规律造成投资需求不足；流动偏好规律使利息率的下降有一个最低限度，无法拉开利润率与利息率的差距以便刺激投资。其结果是总需求不足，出现紧缩缺口（见图8-1中的E_fK）。

（一）边际消费倾向递减规律

边际消费倾向递减规律是指随着收入的增加，消费也增加，但在增加的收入量中，用来消费的部分所占比例越来越少。用凯恩斯的话来说：无论从先验的人性看，还是从经验中之具体事实看，有一个基本心理法则，我们可以确信不疑。一般而论，当所得增加时，人们将增加其消费，但其消费的增加，不如其所得增加得多。

> **边际消费倾向递减规律：**
> 随着收入的增加，消费也增加，但在增加的收入量中，用来消费的部分所占比例越来越低。

> **资本边际效率递减规律：**
> 一定资本增量预期的收益与其供给价格（重置成本）之间的比率递减趋势。

（二）资本边际效率递减规律

资本边际效率递减规律是指一定资本增量预期的收益与其供给价格（重置成本）之间的比率递减趋势。由于竞争的缘故，资本品增加，产品增加，价格下降，厂商预期的收益下降。同时，竞争会使该资本品的需求增加，导致供给价格或重置成本上升，这样，预期收益的减少和重置成本的增加使得资本边际效率下降。

投资是为了获得最大纯利润，而这一利润取决于投资预期的利润率（资本边际效率）与为了投资而贷款时所支付的利息率。预期的利润率越大于利息率，则纯利润越大，投资越多；反之，预期的利润率越小于利息率，则纯利润越小，投资越少。资本边际效率下降使得利润率与利率的差距缩小，引起投资不足。

（三）流动偏好

流动偏好 表示人们喜欢以货币形式保持一部分财富的愿望或动机。按照凯恩斯的观点，人们需要货币，是出于三种动机：交易动机、谨慎动机和投机动机。

> **流动偏好：**
> 人们喜欢以货币形式保持一部分财富的愿望或动机。

交易动机主要决定于收入。收入越高，交易数量越大，为应付日常支出所需要的货币数量就越多。因此，出于交易动机所需的货币量是收入的函数。在这种场合，货币执行交易媒介的职能。

谨慎动机是指为了预防意外的支出而持有一部分货币的动机。例如，消费者和企业为了应付事故、失业、疾病等意外事件都要事先就持有一定数量的货币。个人出于谨慎动机所需的货币主要决定于个人对意外事件的看法，但从整个社会来说，这个货币量同收入密切相关。因此，出于谨慎动机所需的货币量大致也是收入的函数。据解释，在这种场合，货币执行价值贮藏的职能。

现在用符号 L_1 表示交易动机和谨慎动机所引起的全部货币需求量，用 Y 表示收入，这种货币需求量和收入的函数关系可以表示为：

$$L_1 = L_1(Y)$$

L_1 是收入的函数，同利率无关。Y 是以货币计算的收入，它等于价格水平 P 同实际收入的乘积。

第三种动机是投机动机。投机动机是指人们为了抓住获利机会而持有一部分货币的动机，例如，从债券等有价证券获利的机会。债券等有价证券的价格一般都随利率的变化而变化，利率提高，有价证券的市场价格下降；利率降低，有价证券的市场价格上升。投机者会利用利率水平和有价证券价格的变化进行投机。

用 L_2 表示投机动机引起的货币需求量，用 r 表示利率，则 L_2 与 r 的关系用函数公式表示为：

$$L_2 = L_2(r)$$

233

> **流动偏好陷阱：**
>
> 由于预期利息率不可能再下降，或者说预期有价证券价格不可能再上升，人们义无反顾地保留货币而放弃证券，不再购买证券，而是卖出证券持有货币，这种情况叫作"凯恩斯陷阱"或"流动偏好陷阱"。

利率与货币需求量 L_2 呈反方向变动。当利率极低时，如2%，投机动机所引起的货币需求量是无限的，人们会把有价证券抛出，换回货币。因为，当利率极低时，意味着证券持有者相信它不可能再低下去，将义无反顾地保留货币而放弃证券。因为，如果保留证券，利率上升时会蒙受资本损失。因此，人们这时不再购买证券，而是有多少货币就愿意持有多少货币。这种情况叫作"凯恩斯陷阱"或"流动偏好陷阱"。

把 L_1 与 L_2 加在一起，便得到全部货币需求量，即：

$$L = L_1 + L_2 = L_1(Y) + L_2(r)$$

上述公式表明，L_1 取决于 Y（收入），与利率 r 无关，而 L_2 的大小则与利率 r 保持相反的方向变化。根据公式 $L_1 = L_1(Y)$ 和 $L_2 = L_2(r)$ 作图8-5和图8-6，表明由交易动机和谨慎动机引起的货币需求与利率无关，因而是一条垂直线，而投机需求引起的货币需求则与利率反方向变动，最后为水平线（凯恩斯陷阱）。根据 $L = L_1(Y) + L_2(r)$ 可以作出货币总需求曲线（见图8-7）。

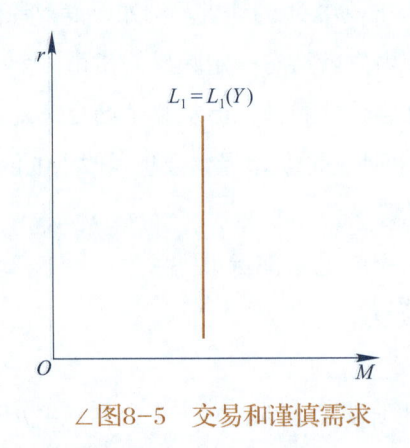

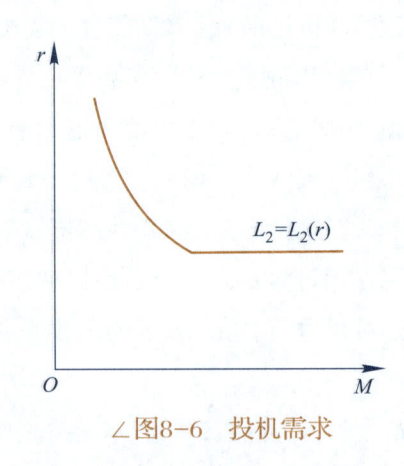

∠图8-5　交易和谨慎需求　　　　∠图8-6　投机需求

利息率的高低取决于货币的供求，流动偏好代表了货币的需求，货币数量代表了货币的供给。货币数量的多少由中央银行的政策决定，货币数量的增加在一定程度上可以降低利率。但是，由于流动偏好的作用，利率的降低总有一个最低限度，低于这一点人们就不肯储蓄而宁可把货币保留在手中了。可以用图8-8来说明这一问题。

在图8-8中，横轴 OM 代表货币数量，纵轴 r 代表利率，L 为流动偏好线（即货币需求曲线），M_1、M_2、M_3 为三条不同的货币供给曲线。当货币数量为 M_1 时，M_1 与

L 相交于 E_1，决定了利率为 r_1；当货币数量增加为 M_2 时，M_2 与 L 相交于 E_2，决定了利率为 r_2。这时，由于货币数量从 M_1 增加到了 M_2，利率由 r_1 下降至 r_2，表明货币数量的增加可以使利率下降。但货币供给量增至 M_3 时，M_3 与 L 相交于 E_3，此时利率仍为 r_2，这说明利率下降有一个最低限，无论货币供应量如何增加，都不能使利率继续下降，即前面讲的"凯恩斯陷阱"。

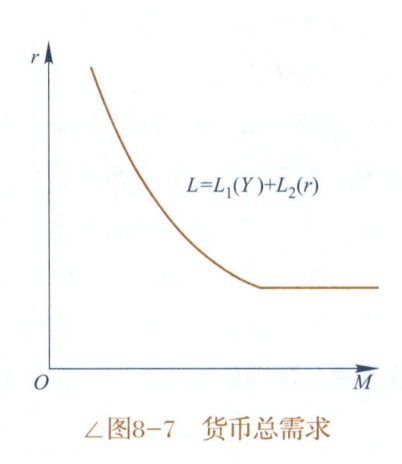

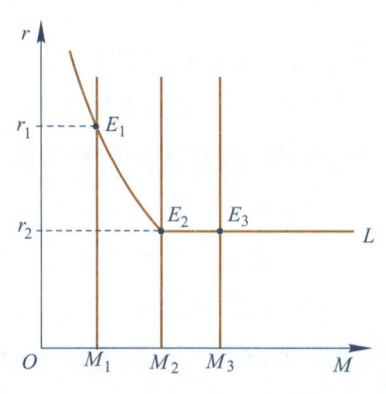

∠图8-7　货币总需求

∠图8-8　货币供求与利率的关系

四、失业的后果

（一）宏观影响

宏观上有利的方面是失业促进劳动力资源的流动和有效配置。失业作为外在压力，激励劳动者提高自身素质和劳动效率、掌握工作技能。不利的方面是失业造成人力资源损失。失业期间通常经济萧条、资源闲置、生产萎缩、国民收入下降（奥肯定律），商品尤其是房地产和股票价格下跌，信用紊乱，人们的生活质量降低；社会不安定，社会歧视加剧；政府福利支出上升、财政困难等。

（二）微观影响

从微观方面看，失业可能导致家庭经济拮据、家庭破裂、脱离社会、技能缺失、生活方式改变、自尊心伤害、犯罪和吸毒行为增加等。

五、失业的对策

针对不同原因引起的失业，应采取不同的对策。对于摩擦性失业，政府提供就业信息、信息公开化、反对就业歧视、消除劳动力流动壁垒；对于结构性失业，则采取人力政策、提供职业训练、降低教育成本、鼓励劳动力流动；对于临时性和季节性失业，拓宽多元化就业渠道，强化和完善社会保障体系；对于工资刚性失业，需要引入就业竞争机制，树立公正市场秩序，消除劳动市场垄断力量。

对于需求不足引起的周期性失业，一般采取扩张性财政政策和货币政策刺激总需求，即"逆经济风向调节"。经济萧条、失业出现时，增加政府采购和政府转移性支付、举办公共工程，或者降低税率、减少税收、扩大货币供应量、降低利率刺激消费和投资需求，最终增加总需求，达到增加国民收入和就业的目的。扩张性财政政策和货币政策在刺激总需求时，可能引起通货膨胀率上升和汇率下跌。周期性失业也可以采取组织创新、结构调整、放松管制、减免税收等供给管理政策。后面会进一步介绍针对失业的宏观经济政策。

案例分析

2010年诺贝尔经济学奖与结构性失业

2010年诺贝尔经济学奖授予了三位对"经济政策如何影响失业率"作出了深入研究的经济学家，他们是美国麻省理工学院的戴蒙德、美国西北大学的莫滕森和英国伦敦政治经济学院的皮萨里季斯。为什么在很多人失业的同时，却有不少职位空在那里？宏观经济政策究竟会如何影响失业率、职位空置和工资？这三位经济学家的理论和模型就与上述问题有关。失业和职位空缺并存，即存在结构性失业的情形表明，劳动力市场实际上并不总是有效的，在一个存在搜寻成本的市场中，可能有不同的结果。三位经济学家建立起了一个"搜寻理论"框架来分析这个问题。他们的一大突破，就是不再单纯讨论失业本身，而是从招聘、解雇、辞职、职位空缺和寻找工作等各个环节，来理解失业所导致的宏观经济后果。

在成熟的市场经济国家，通常有一组与失业有关的指标，除了年、季、月失业率外，还有每周向政府申请失业救济金的人数等。例如，在美国，每周申请失业救济金的人数20万人是一个临界值，大于20万人则意味着存在周期性失业，劳动力供大于求，经济出现下滑或衰退；小于20万人则意味着劳动力供不应求，经济出现景气过度，由此就可以为宏观经济分析、预测和政策制定提供有力的依据。又如，测算并发布自然失业率，就可以将实际失业率与之比较，进而得出经济增长处于何种状态，是大于潜在增长率，还是小于潜在增长率，以利于出台相关的宏观经济政策。（资料来源：陈宪.经济学诺奖的启示与提醒，北京青年报，2010-10-23.内容有删减。）

六、凯恩斯需求不足失业原理的理论框架

凯恩斯认为，国民收入均衡小于充分就业的国民收入均衡时，就出现失业，失业的原因是总需求不足，总需求不足是由于三大心理规律的作用，即边际消费倾向递减规律导致消费需求不足，资本边际效率递减规律和流动偏好规律导致投资需求不足。

微课：
如何评价凯恩斯模型

凯恩斯的宏观经济理论包括以下各点：

（1）国民收入决定于消费和投资。

（2）消费决定于消费倾向和收入。消费倾向分为平均消费倾向和边际消费倾向。边际消费倾向大于0而小于1。因此，收入增加时，消费也增加。但在增加的收入中，用来消费的部分所占比例越来越小，用来储蓄的部分所占比例越来越大。

（3）消费倾向比较稳定。因此，国民收入的波动主要是来自投资的变动。由于边际消费倾向大于0而小于1，投资乘数因此大于1。投资的增长和下降会引起收入的多倍增长和下降。

（4）投资决定于利率与资本边际效率。

（5）利率决定于流动偏好和货币数量，流动偏好是货币需求，货币数量是货币供给。流动偏好由L_1和L_2组成，其中L_1来自交易动机和谨慎动机，L_2来自投机动机。货币数量由M_1和M_2组成，其中M_1满足交易动机和谨慎动机，M_2满足投机动机。

（6）资本边际效率取决于预期利润或收益和资本资产的重置成本或供给价格。预期利润或收益很不稳定，造成经济周期波动。在长期中，预期利润或收益下降。

第二节 通 货 膨 胀

通货膨胀问题是现代经济学的重大课题。通货膨胀是指一般价格水平普遍而持续的上升。按照价格总水平上涨幅度不同,通货膨胀可分为三个层次:

(1)爬行的或温和的通货膨胀(3%~10%,一位数以内)。爬行的或温和的通货膨胀的最大特点是通货膨胀率低,对经济影响小。总体而言,国民经济能够持续稳定健康增长。

(2)加速的或奔腾的通货膨胀(10%~100%,二位数)。加速的或奔腾的通货膨胀意味着在一段时间内,物价水平以较大幅度持续上升,给社会经济带来较大伤害。不加控制就会发展成为恶性的通货膨胀。

(3)超级的或恶性的通货膨胀(100%以上,三位数以上)。超级的或恶性的通货膨胀意味着货币供应量和物价水平快速增长、信用加速膨胀、货币迅速贬值,政府无法控制价格,货币体系和人们的经济生活遭到严重破坏,社会、经济、政治面临崩溃。

动画:
恶性通货膨胀

※ 通货膨胀的后果

一、通货膨胀的原因

根据通货膨胀的形成原因,通货膨胀分为需求拉动型通货膨胀、成本推动型通货膨胀、需求拉动与成本推动混合型通货膨胀、结构型通货膨胀、预期型通货膨胀。

（一）需求拉动型通货膨胀

1. 凯恩斯主义者关于通货膨胀的解释

当资源被充分利用或达到充分就业时，总需求继续上升，这时，过度需求必然会导致通货膨胀（见图8-9、图8-10）。

在图8-9中，总需求AD已经超过了充分就业（或潜在国民收入水平）时的总需求AD_f，这时由于过度需求，国民收入并没有增加，仍为Y_f，但价格水平却由P_0上升为P_1。

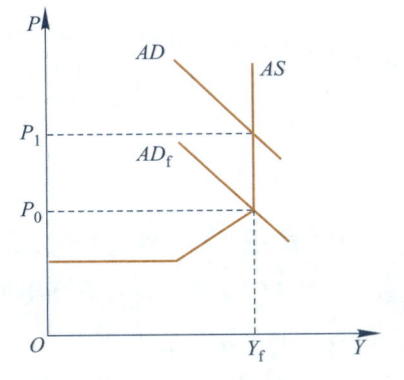

∠图8-9 需求拉动型通货膨胀（一）

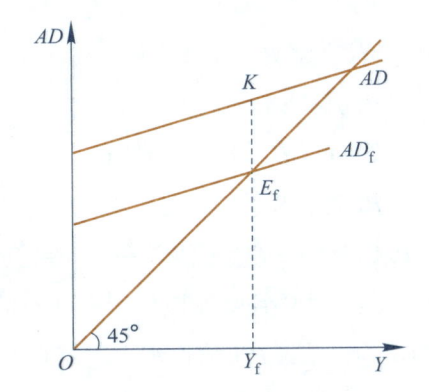

∠图8-10 需求拉动型通货膨胀（二）

在图8-10中，由于国民收入已经达到充分就业水平，总需求的增加无法再提高均衡的国民收入水平，形成膨胀性缺口KE_f，结果出现通货膨胀。图8-9与图8-10表达了同一个意思：通货膨胀与失业不会同时存在，通货膨胀是在资源充分利用或充分就业之后产生的。

短期总供给曲线与总需求变动。短期中，总供给曲线与价格水平同方向变动，资源接近充分利用，这时产量增加会使生产要素的价格上升，从而带动成本增加，价格水平上升。这是由于总需求增加后，总供给的增加不能迅速满足总需求的增加，产生暂时的供给短缺，于是出现通货膨胀。显然，此时失业与通货膨胀是并存的。

在图8-11中，由于货币供应量增加、政府支出增加等原因，总需求由AD_0增加到AD_1，价格水平由P_0升到P_1，而均衡国民收入也由Y_0增加到Y_1，但并未达到充分就业水平。

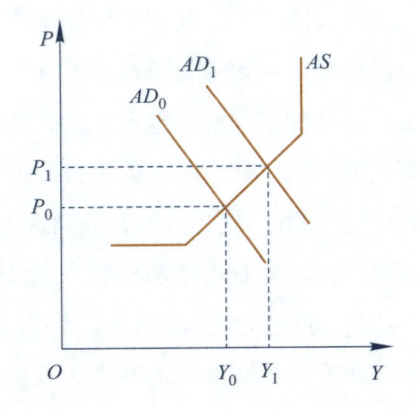

∠图8-11 需求拉动型通货膨胀（三）

2. 货币主义者的解释

他们认为，货币供应量增加，社会名义总需求量的增长，并不能自发带动就业量的增长，即国民收入、就业量、总供给量不会因此而有实际的变化。该理论以费雪方程式为基础，说明货币超量发行的后果。

$$MV = PT \quad 或 \quad P = \frac{MV}{T}$$

式中：M 为货币供应量；

V 为货币流通速度；

MV 为名义总需求；

P 为价格水平；

T 为产品总量或产出量；

PT 为名义总供给量。

根据 $MV=PT$ 的恒等关系，如果货币供应量增加，导致名义总需求的上升，由于它并不能自动导致就业量和产出量的相应增加，这样，当 MV 增加时，现有产出量 T 不能增加，结果 P（价格水平）就必定比例于货币供应量 M 的增加而上升。

费雪方程说明，当存在人们对通货膨胀的预期时，货币当局或政府的货币政策对实际国民收入不会产生影响。当政府为抑制通货膨胀减少货币供应量时，公众都会用加速花钱的办法（挤兑、增大消费支出）来加快 V，这样，V 加快抵消了 M 的下降，价格水平保持不变。同样，出现失业和衰退时，政府向经济中投放更多货币，但公众会降低 V，多增加的 M 被储蓄起来，达不到刺激实际总需求的目的。

（二）成本推动型通货膨胀

成本包括工资、利润和用于购买原材料、能源的支出等。成本的各个组成部分都可能提高，从而引起总成本的提高。有些西方经济学家认为，成本的上升主要是由工资的增加引起的。他们认为，在现代经济中，工人们可以施加压力，迫使企业提高工资，而具有一定垄断性的企业又会相应地提高产品价格，从而引起通货膨胀。这种由工资的提高引起的通货膨胀被称作"工资推进的通货膨胀"。还有一些西方经济学家指出，企业为增加利润，也可能先行提高产品价格，由此引起的通货膨胀则称作"利润推进的通货膨胀"。此外，进口原材料价格的上升（如20世纪70年代石油危机对西方石油输入国的冲击）及由资源枯竭、环境保护政策造成的原材料、能源等生产成本的提高形成"进口商品价格上升推进的通货膨胀"。

在图 8-12 中，原来的总供给曲线 AS_0 与总需求曲线 AD 决定了国民收入为 Y_0，价格水平为 P_0。成本增加，总供给曲线向左上方移动到 AS_1，这时总需求曲线没变，决定了国民收入为 Y_1，价格水平为 P_1，价格水平由 P_0 上升到 P_1 是由于成本的增加所引起的。这就是成本推动型通货膨胀。

（三）需求拉动与成本推动混合型通货膨胀

∠图8-12 成本推动型通货膨胀

供求混合相互作用引起通货膨胀。如果通货膨胀是由需求拉动开始的，即过度需求导致物价上涨，物价上升使工资水平上升，工资成本上升又引起成本推动的通货膨胀。如图 8-13（a）所示，由于需求 AD 由 AD_0 增加到 AD_1，虽然国民收入增加到 Y_1，但物价水平上升到 P_1；如图 8-13（b）所示，物价上涨导致成本推动（$AS_0 \rightarrow AS_1$），物价进一步由 P_1 上升到 P_2。

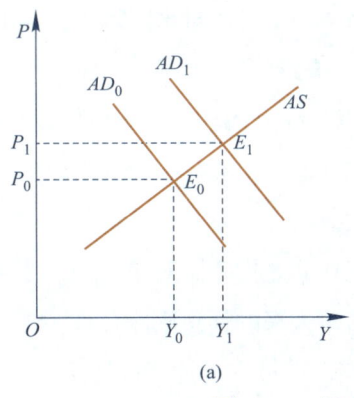

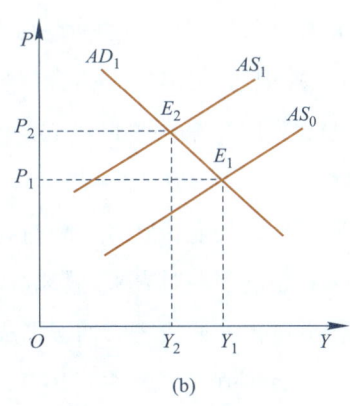

∠图8-13 混合型通货膨胀（一）

如果通货膨胀是由成本推动开始的，即成本增加引起物价水平上升（在图 8-14 中，$AS_0 \rightarrow AS_1$，$P_0 \rightarrow P_1$）。物价上涨，产量下降，即 $Y_0 \rightarrow Y_1$。此时，由于国民收入下降，经济衰退，可能结束通胀。只有当成本推动导致通货膨胀的同时，总需求由 AD_1 上升为 AD_2 时，才会使国民收入恢复到 Y_0，而此时，价格水平就由 P_1 进一步上升到 P_2。

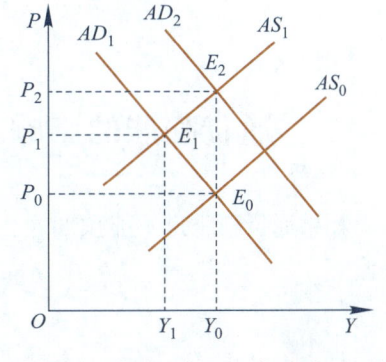

∠图8-14 混合型通货膨胀（二）

（四）结构型通货膨胀

结构型通货膨胀是指收入结构与经济结构的不适应和错位引起的通货膨胀。第一，高成长性部门和行业因种种限制，不能获得资源和人力，资源价格和工资水平上升，而夕阳产业和衰退行业尽管资源和人力过剩，收入不仅不会下降，因攀比效应反而上升，工资成本推动物价上涨；第二，劳动生产率高的部门，高速增长，带动工资上升，各部门向高增长部门看齐，使工资增长率超过劳动生产率引起通货膨胀；第三，劳动力市场的技术结构、地区结构、性别结构的互不适应，工资刚性（工资水平能上不能下），使失业与空位并存，最终导致通货膨胀；第四，大国示范效应，小国向大国、强国看齐，非开放部门工资水平向开放部门看齐，工资水平和通货膨胀的国际传递导致通货膨胀。

（五）预期型通货膨胀

通货膨胀一旦出现，人们会根据经验或根据过去的通货膨胀率来预期未来的通货膨胀率。例如，过去几年的通货膨胀率为8%，人们会据此推断下一年的通货膨胀率仍会是8%，并把这种预期作为自己经济行为的依据。政府、居民、厂商、工会会根据预期的通货膨胀率来调整自己的经济决策和经济活动，如工资协议、经济合同、投资机会成本、实际利率的计算等，都以8%的通货膨胀率作为行为依据，由此产生一种通货膨胀预期，使通货膨胀不断持续下去。

货币主义者强调现在对未来的影响，即现在的通货膨胀对未来预期及经济行为的影响。人们根据过去的通货膨胀情况形成目前对未来的通货膨胀预期。

凯恩斯主义者则强调了过去对现在的影响，即过去的通货膨胀会形成一种惯性，对现在的经济活动和经济行为产生影响。

二、通货膨胀的影响或后果

如果通货膨胀是不能预期的、非均衡的，那么，它会产生一系列后果。

（一）造成实际收入和实际财富的再分配

如果名义工资收入的增长率低于通货膨胀率，比如持有现金和存款者、工薪阶层、退休者、失业和贫困者、接受政府救济者、债权人（租金和利息收入者）、银行等社会阶层和集团，他们的货币收入不能随物价上涨及时调整，或虽有所调整但上调幅度小于物价上涨幅度的，其货币收入购买力将下降、实际收入减少。

在通货膨胀过程中，那些其货币收入能够随物价上涨而及时向上调整，调整幅度大于或等于物价上涨幅度的，比如，拥有多种资产形式者（证券和货物持有人）、高收入阶层、企业主、厂商、债务人、有较多负债的政府等社会阶层和集团，其实际收入不会受到影响甚至上升。假如通胀是由于政府借款造成中央银行向社会过量发行货币、增加货币供给，则政府可以因此而增加一笔额外的收入——"通货膨胀税"。

（二）资源的重新配置

在通货膨胀中，那些价格上涨超过成本上升的行业将得到扩张；价格上升慢于成本上升的行业将收缩。当价格上涨是对经济结构、生产率提高的反映时，价格变动和资源配置将趋于合理；反之，当通货膨胀使价格信号扭曲、无法正常反映社会供求状况，使价格失去调节经济的作用时，会破坏正常的经济秩序，使价格失去核算功能，降低经济运行效率。

（三）国民收入和就业水平的变化

需求拉动引起的通货膨胀在一定条件下，能促使厂商扩大生产规模、增雇工人，导致国民收入上升。通货膨胀使得银行的实际利率下降，这又会刺激消费和投资需求，促进资源的充分利用和总供给的增加。但是，当通货膨胀率是可预料时，就不会对国民收入水平和就业发生直接的影响。

供给下降引起的通货膨胀则只会引起国民收入水平和就业量的下降。

大致说来，温和的通货膨胀对经济的影响较小，不会给社会带来危害；奔腾的通货膨胀对经济影响较大，给社会造成的危害也大。

微课：失业和通货膨胀矩阵模型

第八章 失业和通货膨胀

即问即答

通货膨胀的影响

通货膨胀对不同收入阶层的人产生的影响是否是相同的？（答：不同。影响与否取决于收入增加的幅度是大于还是小于物价上涨的幅度。）

原理运用

幸福指数与痛苦指数

微课：幸福指数

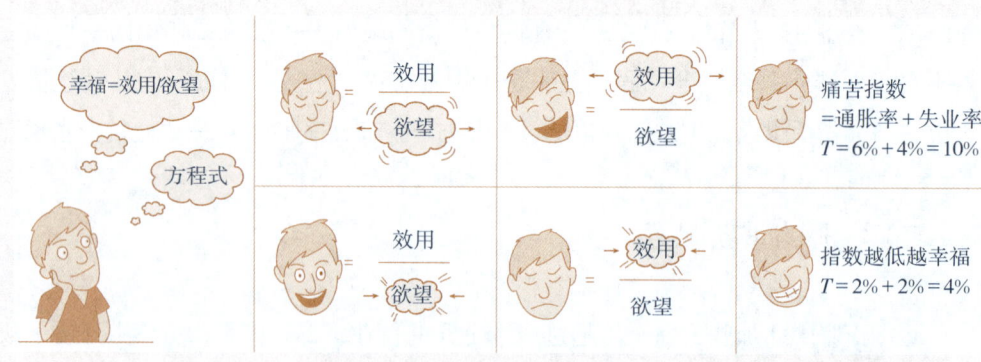

方程式	幸福=效用/欲望	= 效用/欲望	= 效用/欲望	痛苦指数 =通胀率+失业率 $T=6\%+4\%=10\%$
		= 效用/欲望	= 效用/欲望	指数越低越幸福 $T=2\%+2\%=4\%$

幸福指数最早是由美国经济学家萨缪尔森提出来的。他认为幸福等于效用与欲望之比，即：幸福=效用／欲望。从这个等式来看，当欲望既定时，效用越大越幸福；当效用既定时，欲望越小越幸福。幸福与效用同方向变化，与欲望反方向变化。如果欲望是无穷大，则幸福为零。我们经常会说人的欲望是无限的，那是指人们在一个欲望满足之后又会产生新的欲望，而在一个欲望满足之前，我们可以把这个欲望当作是既定的，当欲望既定时，人的幸福就取决于效用了。因此，我们可以简单地把追求幸福最大化等同于追求效用最大化。每个人认为自己幸福与否和自己的欲望及效用有关。

痛苦指数是用来衡量宏观经济状况的一个指数，它等于通货膨胀率加上失业率。例如，通货膨胀率等于5%，失业率等于6%，则痛苦指数等于11%。这个指数说明人们对宏观经济状况的感觉，指数越大，人们就越会感到遗憾或痛苦。在失业与通货膨胀中人们往往更注重失业状况。根据美国耶鲁大学的学者调查，人们对失业的重视程度是通货膨胀率的6倍，因此，表示人们对政府不欢迎程度的指数就等于6乘以失业率再加通货膨胀率。在前面的例子中，政府不受欢迎程度的指数为6×6%+5%=41%。这一指标越高，政府越不受欢迎，该届政府获得连任的机会就越少，所以各国政府都把降低失业率当成非常重要的工作目标。

三、失业与通货膨胀的交替及菲利普斯曲线

（一）凯恩斯的观点：失业与通货膨胀不会并存

按照凯恩斯主义的理论，失业与通货膨胀是不会并存的（见图8-15）：充分就业前，总需求增加只会引起国民收入增加而价格水平不会上升，$AD_2 \rightarrow AD$，$Y_2 \rightarrow Y_1$，P不变，仍为P_1；达到充分就业时，总需求增加只会引起通货膨胀而国民收入不会继续增加，$AD \rightarrow AD_1$，$P_1 \rightarrow P_2$，Y不变，仍为Y_1。

（二）菲利普斯曲线及运用

菲利普斯曲线说明了失业与通货膨胀之间的交替关系。在图8-16中，横轴u代表失业率，纵轴$\Delta P/P$代表通货膨胀率，A、B、C各点表示不同的通货膨胀率与失业率的组合。由于曲线向右下方倾斜，斜率为负，当失业率高时，通货膨胀率就低；反之，当失业率低时，通货膨胀率就高。图中阴影部分表示社会可接受的临界点，即6%的通货膨胀率和6%的失业率。

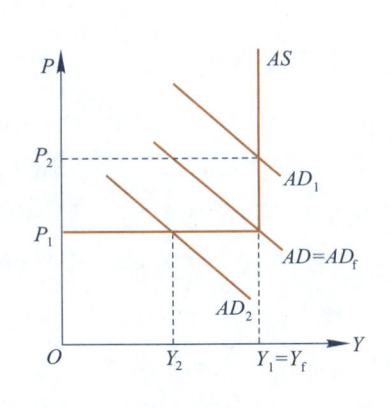

∠图8-15　失业与通货膨胀不会并存　　∠图8-16　菲利普斯曲线

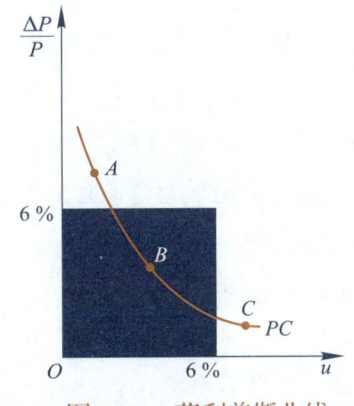

基于以上菲利普斯曲线表明的失业率与通货膨胀率的交替关系，政府可以根据具体情况及政治、经济目标，采取不同的调控措施，有意识地进行相机抉择。如图8-17所示，菲利普斯曲线并不始终是稳定的，曲线的上移表明经济情况的变化。当临界点（失业率与通货膨胀率的组合）位于阴影区域（6%的失业率和6%的通货膨胀率）时，菲利普斯曲线为PC_1，处于安全区域，政府不用干预；当菲利普斯曲线上移后（PC_2），通货膨胀率与失业率的组合远离临界点或安全区域，

政府必须进行需求管理和调控；当菲利普斯曲线继续移动至PC_3时，政府就要加大调控力度。菲利普斯曲线的移动意味着社会将不得不忍受越来越高的失业率和通货膨胀率。

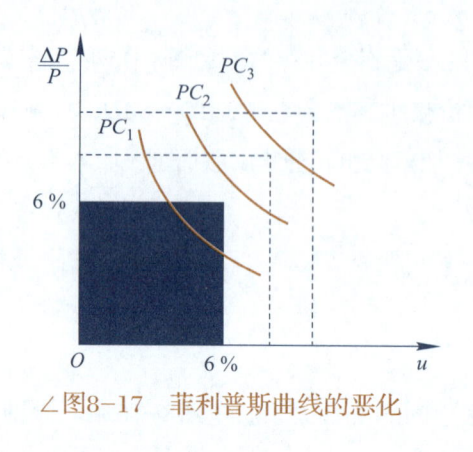

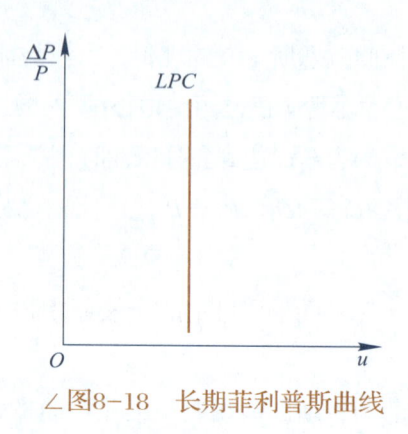

∠图8-17 菲利普斯曲线的恶化

∠图8-18 长期菲利普斯曲线

菲利普斯曲线移动或恶化的原因是由通货膨胀预期造成的。

（三）长期菲利普斯曲线

虽然短期中，失业率与通胀率之间存在交替关系，政府的调控在短期中有效，但长期中，工人会根据实际发生的情况不断调整自己的预期，并且预期的通货膨胀会不断接近于实际的通货膨胀，这样，工会及工人将要求增加名义工资，使实际工资不变，造成通货膨胀率只上升不下降，从而否定了早期菲利普斯曲线失业率与通货膨胀率的交替关系。长期中，菲利普斯曲线是一条垂直线。在图8-18中，LPC代表长期菲利普斯曲线。它表明，无论通货膨胀率怎样变动，失业率总是固定在自然失业率的水平上（长期中经济能实现充分就业，失业率是自然失业率），采用扩张性财政政策和货币政策，并不能降低失业率，只会引起进一步的通货膨胀。

案例分析

沃尔克反通货膨胀的代价

20世纪70年代末80年代初，美联储主席为反通货膨胀所付出的代价说明了菲利普斯曲线的存在。

20世纪70年代，滞胀一直困扰着美国。1979年夏，通货膨胀率高达14%，失业率高达6%，经济增长率不到1.5%。在这种形势下，沃尔克被卡特总统任命为美联储主席。沃尔克上台后把自己的中心任务定为反通货膨胀。他把贴现率提高到12%，货币量减少，但到1980年2月通货膨胀率高达14.9%。与此同时，失业率高达10%。沃尔克顶住各方面压力，继续实施这种紧缩政策，终于在1984年使通货膨胀率降至4%，开始了20世纪80年代的繁荣。

沃尔克反通货膨胀的最终胜利是以高失业为代价的。经济学家把通货膨胀率降低1%的过程中每年国内生产总值减少的百分比称为牺牲率。国内生产总值减少必然引起失业加剧。这充分说明通货膨胀与失业之间在短期内存在交替关系，实现低通货膨胀在一定时期内要以高失业为代价。

经济学家把牺牲率确定为5%，即通货膨胀每年降1%，每年的国内生产总值降低5%，沃尔克把1980年10%的通货膨胀率降至1984年的4%，按此推理，减少的国内生产总值应为30%。实际上，国内生产总值的下降并没有这么严重。其原因在于沃尔克坚定不移的反通货膨胀决心使人们对通货膨胀的预期下降，从而菲利普斯曲线向下移动。这样，反通货膨胀的代价就小了，但代价仍然是有的，美国这一时期经历了自20世纪30年代以来最严重的衰退，失业率达到10%。

反通货膨胀付出的代价证明了短期菲利普斯曲线的存在，也说明维持物价稳定的重要性。

本 章 简 评

西方经济学把摩擦性失业、结构性失业、季节性失业、非均衡的工资刚性失业、自愿失业等，通通纳入"自然失业"范畴，把这些失业看作是自然形成的结果，它们的存在与资本主义经济制度无关。这样，只要消灭了有效需求不足的失业，虽然仍然存在"自然失业"，但却是自然规律不可抗拒。所以，在存在自然失业的情况下，就可以宣布实现了充分就业，这显然满足了资本主义理论为其意识形态服务的需要。

更进一步，即使是有效需求不足导致的失业，也不能完全消除。因为，一旦消除有效需求不足失业，必然付出通货膨胀水平上升的代价；反之，失业水平上升则通货膨胀水平下降，二者之间存在此消彼长的关系（菲利普斯曲线）。菲利普斯曲线的含义是：第一，根本不可能同时消灭通货膨胀和失业这两大弊端，它是资本主义经济运行应有的结果；第二，失业与通货膨胀存在替代关系，宏观经济调控决策者的意识形态偏好决定了在调控中是失业水平高一些还是通货膨胀水平高一些。

本 章 小 结

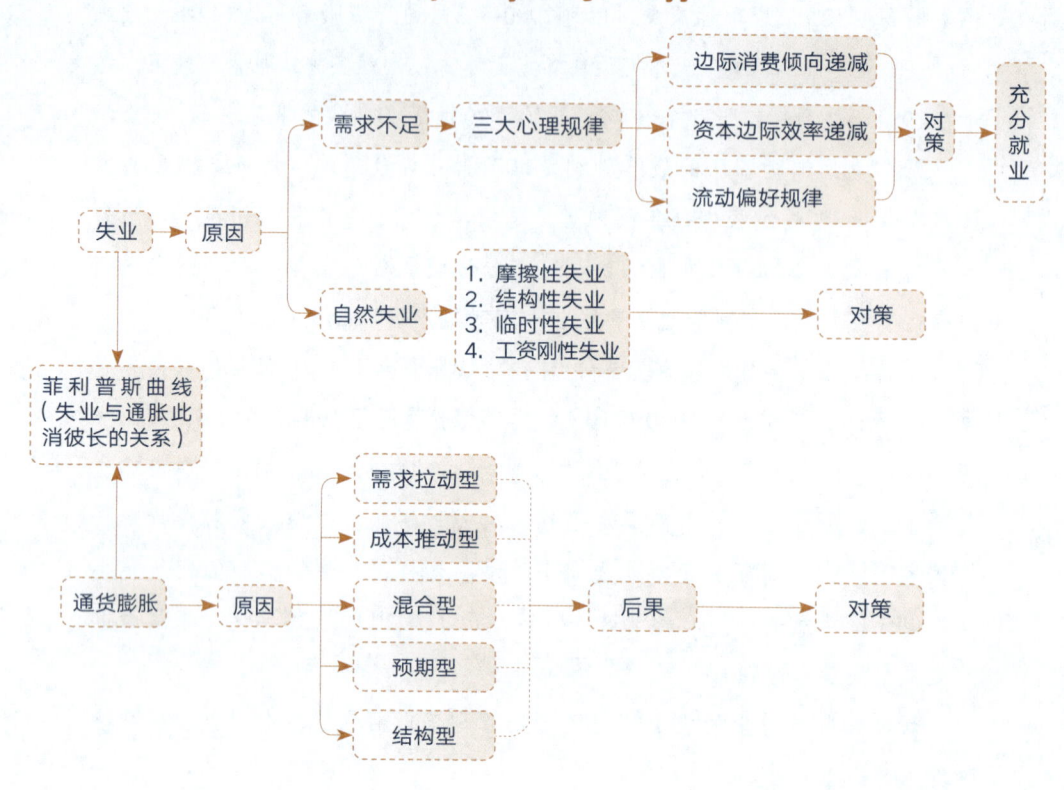

```
                                            ┌─ 边际消费倾向递减 ─┐
                    ┌─ 需求不足 ─ 三大心理规律 ─┼─ 资本边际效率递减 ─┼─ 对策 ─ 充分就业
                    │                        └─ 流动偏好规律 ───┘
   失业 ─── 原因 ────┤
    │               │              1. 摩擦性失业
    │               └─ 自然失业 ──  2. 结构性失业  ─── 对策
    │                              3. 临时性失业
    │                              4. 工资刚性失业
    │
  菲利普斯曲线
 (失业与通胀此
  消彼长的关系)
    │                        ┌─ 需求拉动型 ─┐
    │                        ├─ 成本推动型 ─┤
    └─ 通货膨胀 ─── 原因 ────┼─ 混合型 ─────┼─ 后果 ─── 对策
                             ├─ 预期型 ─────┤
                             └─ 结构型 ─────┘
```

讨论及思考题

1. 市场经济中有没有可能消灭通货膨胀和失业？为什么？（提示：不能，因为存在自然失业。）

2. 周期性失业和结构性失业的区别在哪里？（提示：前者是就总量而言，后者是就结构而言。存在结构性失业的时候可能仍然会有职业空位。）

3. 如果通货膨胀和通货紧缩是宏观经济政策必选其一的状况，你认为哪一种政策倾向更好一点？（提示：没有标准答案。）

练习题或案例题

当物价指数上升10%时，人们的收入也随之增长10%。在这种情况下，人们的利益是否受到损害？当物价指数上升80%时，人们的收入增长了100%，在这种情况下，通货膨胀是否还会对经济造成危害？（提示：平衡的或预期的通货膨胀

交互式自测

影响有限，人们的利益几乎不受到损害；造成影响或困扰的是非平衡的、不可预期的通货膨胀。只要人们收入增长快于通货膨胀，人们收入的实际购买力不因通货膨胀而降低，通货膨胀就不会对经济造成影响。）

第九章
经济周期、经济增长和开放经济

全球化带来贸易利益，也带来经济波动风险

关键概念
- ⊙ 经济周期
- ⊙ 经济增长
- ⊙ 汇率
- ⊙ 比较优势理论
- ⊙ 国际收支

第九章　经济周期、经济增长和开放经济

微课：
中国一定会崛起吗？

> **引导案例**
>
> ### 中国未来经济增长的潜力和前景
>
> 自1979年以来，中国经济已经连续高速增长近40年。从现在到2025年，中国的经济还会高速增长吗？专家预测：未来近五年中，中国的经济还将会保持5%~6%的增长速度。中国未来经济增长的潜力和前景反映在以下几个方面：
>
> 第一，中国目前人均GDP水平还很低，增长的人均基数还较小。从世界各国经济增长的经验来看，基数小，增长快，基数大，增长慢，这是一个较普遍的现象。中国未来低基数基础上的高增长是国民经济成长的重要趋势。
>
> 第二，中国居民生活水平提高的主要内容还是物质消费的满足，因此，住房、汽车、日用消费品以及其他耐用消费品等物质产品的大规模生产和建设，将强劲推动国民经济的持续增长。
>
> 第三，中国仍然有着丰富的人力资源，劳动参与率高，工资成本目前为一些工业化国家的1/10，劳动力成本的比较优势和丰富的人力资本，将成为国民经济的强有力推动因素。
>
> 第四，城市化水平提升，由此带来的城市和交通建设、城市人口增加和消费增加等，也是一个强劲的经济增长推动因素。
>
> 第五，稳定的国内政治和社会环境也是中国未来经济增长的有力推动因素。

问题

3/4以上的世界人口生活在发展中国家，但他们只享有不到1/5的世界收入，所以经济增长对发展中国家尤其重要。发展中国家怎样才能实现经济持续增长？

目标

了解经济增长、经济周期、国际收支平衡表的内涵；理解比较优势理论；掌握哈罗德—多马经济增长模型。

要点

1. 经济周期是指一国总体经济活动的波动，即经济活动的扩张、收缩循环往复的过程；经济周期一般分为繁荣、衰退、萧条、复苏四个阶段。

2. 经济增长理论主要研究如何才能实现经济增长、哪些因素影响经济增长。

3. 从国民收入循环和均衡公式，可以推导出开放经济中国民收入均衡条件，利用 $S-I=X-M$ 可以说明本国储蓄、国内投资、资本输入（输出）的关系。

4. 国际贸易产生的原因在于贸易利益。相对成本优势理论、机会成本优势理论说明了各国参与贸易的好处。

5. 国际收支平衡表是系统记录一定时期（通常为一年）一个国家国际收支项目及其金额的统计报表。国际收支平衡表反映一国综合经济实力和对外交往情况，调节国际收支可以实现国民经济均衡运行。

知识点：要求了解影响经济增长的因素和经济周期的分类，理解经济增长模型，掌握如何保证经济稳定增长和消除经济周期的影响；了解国际收支和国际收支平衡表，理解经常项目、资本项目、官方储备项目等国际收支项目。

能力点：能说出经济增长对一国居民意味着什么，能解释影响国际收支均衡的各种因素。

注意点：凯恩斯的储蓄与投资相等是哈罗德—多马经济增长模型的基础和前提；在估计各种因素对经济增长贡献时，西方学者通常考虑技术、资本、劳动三大因素。

第一节 经济周期及成因

一、经济周期

国民收入及经济活动水平有规律地经历扩张和收缩的周期性波动，叫经济周期。

在经济的扩张期，就业增加，产量上升，投资增加，信用扩张，价格水平上升，公众预期乐观，生产要素和资源越来越被充分利用。当繁荣达到顶点时，就业的产量水平也达到极限。繁荣开始让位于萧条。

在经济的收缩期，股票价格下跌，存货增加，信用关系中断，一些企业倒闭，国民收入、就业水平、生产下降，价格和利润跌落，工人失业，公众预期悲观，就业和产量跌至谷底。随着时间的推移，经济进入恢复期，开始新一轮的循环。

> **经济周期**：
> 国民收入及经济活动水平有规律地经历扩张和收缩的周期性波动。在一个经济周期中，经济扩张通常表现为国民收入的增加，即经济增长，而经济衰退则表现为国民收入的减少。

第九章 经济周期、经济增长和开放经济

扩张和收缩是经济周期两个大的阶段，如果更细一些，则可以把经济周期分为四个阶段：繁荣、衰退、萧条、复苏。其中，繁荣与萧条是两个主要阶段，衰退与复苏是两个过渡性阶段。

关于经济周期的长度，美国经济学家阿尔文·汉森对第二次世界大战前的经济周期的长度进行了分析，结论是，主要经济周期的平均长度大致8年，例如，在1795年至1937年间，共有17次周期，其平均长度为8.35年。

经济周期意味着即使是在经济繁荣期间，人们也注定要为失业和生活水平的下降担惊受怕。有的人腰缠万贯，但当经济萧条到来时，可能变为一无所有。

二、经济周期的成因

自19世纪中期以来，经济学家们对经济周期形成原因的解释非常多。比较有影响的主要有：纯货币周期理论、投资过度理论、创新周期理论、心理周期理论、杰文斯的太阳黑子周期理论、政治周期理论。也有的经济学家用星相、战争、政治事件、金矿的发现、人口和移民的增长、新领域和新资源的发现、科学发明和技术革新等来诠释经济周期。

凯恩斯主义者对经济周期的解释。在社会生活中，投资、收入相互作用和影响，加速数和乘数作用形成经济周期。凯恩斯最早提出了乘数原理，说明了投资对收入的乘数作用；凯恩斯的继承者汉森和萨缪尔森提出在长期中收入变动对投资有加速影响，加速数是指收入减少引起投资按收入减少的倍数。

乘数和加速数相互作用原理为：投资（引致投资和净投资）增加会通过投资乘数产生国民收入数倍的增加，国民收入的增加又会通过加速数产生投资数倍的增加，从而整个经济迅速地加倍扩张，出现繁荣；投资下降会通过投资乘数产生国民收入的数倍减少，国民收入的减少又会通过加速数产生投资的数倍减少，经济就会转入衰退。经济繁荣和衰退是由乘数和加速数相互作用产生的。

第二节　经济增长模型

现代经济增长理论是在凯恩斯主义出现之后形成的。经济增长一般是指一国的商品和劳务总量的增加，即国内生产总值的增加。衡量经济增长的指标通常有二：一是

实际国内生产总值，即以不变价格计算的国内生产总值；二是人均国内生产总值，即按人口增加的情况修正实际国内生产总值。

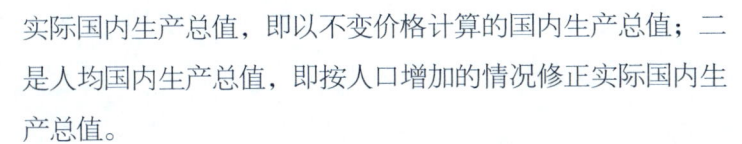

第二次世界大战以后，西方经济增长理论的发展可以概略地分为三个时期，每个时期都有其突出的主题。第一个时期是20世纪60年代以前，这一时期主要是建立各种经济增长模型；第二个时期从20世纪60年代初开始，研究的重心是对经济增长因素的分析；第三个时期从20世纪70年代开始，在这一时期，许多经济学家对经济增长本身提出了疑问，从而展开了关于经济增长的各种争论。

> **经济增长：**
> 一国的商品和劳务总量的增加，即国内生产总值的增加。衡量经济增长的指标通常有二：一是实际国内生产总值，即以不变价格计算的国内生产总值的增加。二是人均国内生产总值，即按人口增加的情况修正实际国内生产总值的增加。

一、哈罗德—多马经济增长模型

英国经济学家哈罗德以凯恩斯经济理论为基础，于1939年发表了《论动态理论》一文，试图将凯恩斯经济理论长期化、动态化，以讨论长期经济增长问题。此后，他又于1948年出版了《动态经济学导论》一书，提出了他的经济增长模型。20世纪40年代中期，美国经济学家多马进行了类似的研究，提出了另一个经济增长模型。由于他们两人所提出的经济增长模型含义相同，因而一般将他们的模型合称为哈罗德—多马经济增长模型。

（一）哈罗德—多马经济增长模型基本假设

（1）假定全社会所生产的产品只有一种。这种产品既可能用于个人消费，也可以作为投资所需的生产资料，继续投入生产。

（2）假定只有两种生产要素，劳动是除资本以外唯一的另一种生产要素，并且两种生产要素之间不能相互替代，两种要素只有一种可行的配合比例。

（3）假定规模收益不变。即不管生产规模大小，单位产品所需成本不变，如果劳动和资本同时增加一倍，收入也相应地增加一倍。

（4）假定技术不变，即不存在技术进步。

（5）由于规模收益不变，技术不变，并且劳动和资本两种生产要素的配合比例不变，因此在任何时候，生产单位收入所需要的劳动力数量和资本数量是不变的。

（6）假定边际储蓄倾向不变。边际储蓄倾向等于平均储蓄倾向或储蓄占国民收入的比率，平均储蓄倾向或储蓄占国民收入的比率是不变的。

（二）哈罗德—多马经济增长模型的基本公式

哈罗德从凯恩斯的"储蓄—投资分析模型"出发，将有关的经济因素抽象为以下三个变量。

（1）社会储蓄率（s），即储蓄量占国民收入的比重。以 S 表示储蓄量，以 Y 表示国民收入，则：

$$s = \frac{S}{Y} \quad \text{或} \quad S = s \cdot Y$$

（2）资本—产量比（v），代表生产一单位国民收入所需要的资本投入，以 K 表示为得到国民收入 Y 的资本投入，则：

$$v = \frac{K}{Y}$$

例如，为得到1 000亿元国民收入需要投入的资本为4 000亿元，则 $v = K/Y = 4\,000/1\,000 = 4$。

根据假定，技术不变和不存在资本折旧使得资本—产量比（v）不变，因此：

$$\frac{K}{Y} = \frac{\Delta K}{\Delta Y}$$

上式中，ΔK 为资本增量，即净投资 I，所以有：

$$v = \frac{K}{Y} = \frac{I}{\Delta Y} \quad \text{或} \quad I = v \cdot \Delta Y$$

（3）有保证的国民收入增长率 g，即在 s 与 v 既定的条件下，能够使投资等于储蓄（$I = S$）的经济增长率。

$$s \cdot Y = S = I = v \cdot \Delta Y$$

$$g = \frac{\Delta Y}{Y}$$

故：

$$g = \frac{s}{v}$$

这就是哈罗德—多马经济增长模型的基本公式。它的经济含义是：

① 当经济处于均衡状态时 $S = I$（储蓄能全部转化为投资时），国民收入增长率与社会储蓄率（s）成正比。即社会储蓄率高，资本增加多，国民收入增长率就高。

$S=I$ 是经济稳定和均衡增长的条件。

② 在该模型中，v 是一个常数。如果 v 不变，国民收入增长率 g 就取决于社会储蓄率 s。当 $v=4$ 时，20% 的储蓄率意味着 5% 的增长率，28% 的储蓄率意味着 7% 的增长率，储蓄率 s 越高，增长率 g 就越高。储蓄率是国民收入增长的保证；反过来，一定的国民收入增长率，又是储蓄为投资所吸收的保证。

③ 如果储蓄率（s）不变，资本—产量比（v）与国民收入增长率（g）呈相反方向变化，v 高，g 就低，v 低，g 就高。当 $s=20\%$，资本—产量比 $v=4$，就有 5% 的增长率，如果 $v=2$，就有 10% 的增长率，如果 $v=1$，意味着 20% 的增长率。

画龙点睛

哈罗德—多马经济增长模型是什么意思？

哈罗德—多马经济增长模型的意思是，经济增长取决于储蓄率和资本—产量比，储蓄率越高、生产率越高、科技越发达、资本—产量比越低，则经济增长越快速。

学无止境

哈罗德—多马经济增长模型的经济含义

已知一国国民收入为 $Y=10\,000$ 亿元，资本—产量比 $v=3$，社会储蓄率 $s=15\%$，请利用已知条件说明哈罗德—多马经济增长模型的经济含义。

解：（1）$S=I$。哈罗德—多马经济增长模型的前提是，只有实现了 $S=I$，才能实现经济的均衡增长。例题中 $S=I=10\,000\times15\%=1\,500$（亿元），1 500 亿元储蓄都转化为投资了，才不会出现有效需求不足，才能保证国民收入均衡增长。

（2）g 取决于 s。国民收入增长率取决于社会储蓄率，社会储蓄率高，国民收入增长率就高。当资本—产量比 $v=3$，一定的社会储蓄率是国民收入均衡增长率的保证。

$$g=s/v=15\%/3=5\%$$

（3）g 保证 $S=I$。一定的增长率是储蓄为投资所吸收的保证。在已知 $v=3$，并且不发生改变的情况下，要想使得 1 500 亿元储蓄都转化为投资（$S=I$），必须保证 5% 的国民收入增长率。

（4）v 与 g 反向变化。当 $s=15\%$ 且不变时，$v=I/\Delta Y=3$，$\Delta Y=1\,500/3=$

500（亿元）。1 500亿元的储蓄转化为投资后，新增加的国民收入是$\Delta Y=$ 1 500/3=500（亿元）。这样，增长率$\Delta Y/Y=g=500/10\ 000=5\%$。假如$v=5$，$g=3\%$；假如$v=10$，$g=1.5\%$。即$v$越高，储蓄转化为投资后，新形成的国民收入就越少，增长率也越低。

二、经济增长因素分析

在估计各种因素对经济增长的贡献时，西方学者通常考虑技术、资本、劳动三大因素。经济增长是技术、劳动、资本的函数，即：

$$g = a\left(\frac{\Delta K}{K}\right) + b\left(\frac{\Delta L}{L}\right) + TC$$

上式g代表经济增长率；$\frac{\Delta K}{K}$、$\frac{\Delta L}{L}$分别代表资本、劳动的增长率；TC为技术进步速度；a和b分别代表资本和劳动的收入占国民收入的比重。根据统计资料，$a=\frac{1}{4}$，$b=\frac{3}{4}$，则：

$$g = \frac{1}{4}\left(\frac{\Delta K}{K}\right) + \frac{3}{4}\left(\frac{\Delta L}{L}\right) + TC$$

由此可以得出资本增长和劳动增长对经济增长的贡献：

资本增长1%，可使国民收入增长$\frac{1}{4}\times 1\%=0.25\%$；劳动增长1%，可以使国民收入增长$\frac{3}{4}\times 1\%=0.75\%$。

技术进步对经济增长的贡献则是无法直接计算的。但可以将它作为"剩余"来估算，即从经济增长率中减去资本和劳动增长的贡献，余值就是技术进步对经济增长的贡献。

$$TC = g - \frac{1}{4}\left(\frac{\Delta K}{K}\right) - \frac{3}{4}\left(\frac{\Delta L}{L}\right)$$

假设经济增长率为3.2%，资本增长率为3%，劳动投入的增长率为1%，则：

$$TC = 3.2\% - \frac{1}{4}\times 3\% - \frac{3}{4}\times 1\%$$

$$= 3.2\% - 0.75\% - 0.75\% = 1.7\%$$

即在3.2%的经济增长率中，资本增长的贡献是0.75个百分点，劳动投入增长的贡献是0.75个百分点，而技术进步的贡献是1.7个百分点。据此还可计算三个因素的贡献占全部经济增长率的百分比。在全部经济增长中，资本增长的贡献约占23.44%，劳动增长的贡献约占 23.44%，技术进步的贡献约占 53.12%。

第三节　开放经济中的国民收入均衡

一、收入均衡公式

在简单的开放经济条件下，总需求＝消费＋投资＋政府支出＋出口＝$C+I+G+X$，总供给＝消费＋储蓄＋税收＋进口＝$C+S+T+M$，总供给＝总需求，即有：

$$C+S+T+M=C+I+G+X$$

如果假定政府收支相等，且去掉消费项，则有：

$$S-I=X-M$$

$S-I$ 是储蓄投资差额，$X-M$ 是进出口差额。

这两个差额中，任何一个差额都可以通过调整另外一个差额来加以变化，或者增加出口，或者减少进口；或者减少储蓄，或者增加投资，通过调节，达到国民收入均衡。

利用 $S-I=X-M$ 可以说明本国储蓄、国内投资、资本输入（输出）的关系。

（一）净出口等于国外净投资

$$X-M=I_f$$

以 I_f 表示国外净投资（本国对国外投资与外国对本国投资之差），国外净投资应等于净出口，即 $I_f=X-M$。因为，当 $X-M>0$ 时，盈余以外汇、国外股票、国外债券、国外古董等资产形式存在，即国外净投资为正，$I_f>0$；当 $X-M<0$ 时，贸易逆差以外国投资者购入本国货币、本国股票、本国债券、本国企业资产的形式存在，即国外净投资为负，$I_f<0$。所以，$X-M=I_f$。

（二）储蓄投资差额等于国外净投资

$$S-I=I_f$$
$$S-I=X-M$$

$$S - I = I_f$$

公式 $S-I=I_f$ 的经济意义是：$S-I>0$，国外净投资 I_f 为正，盈余和官方储备增加，本国对国外投资增加；$S-I<0$，国外净投资 I_f 为负，盈余和官方储备减少，本国对国外投资减少而外国对本国投资增加。

（三）本国储蓄可用于国内投资和国外投资

$$S = I + I_f$$

公式 $S=I+I_f$ 的经济意义是：本国储蓄可用于国内投资（I）和国外投资（I_f）。

（四）资本输入国与资本输出国

当一国有贸易顺差时，$X-M>0$，$I_f>0$，该国就是资本输出国；当一国有贸易逆差时，$X-M<0$，$I_f<0$，该国就是资本输入国。

二、汇率

（一）汇率与收入均衡

汇率：
　　一国货币单位同他国货币单位的兑换比率。

　　进出口的变动（假定其他条件不变）涉及汇率问题。**汇率**是指一国货币单位同他国货币单位的兑换比率。在开放经济中，为了保持收入均衡，必须使汇率接近于货币价值。因为，在生产能力、消费者偏好和收入既定的条件下，如果汇率高于货币价值，即货币升值，将使进口增加，出口减少，收入均衡受到破坏；如果汇率低于货币价值，即货币贬值，出口上升，进口减少，收入均衡同样受到破坏。

> **例题**
>
> **汇率与出口**
>
> 　　某旅游鞋出口产品制造商，出口鞋的单价为40美元，一年卖10万双。
> 　　问：当美元与人民币的汇率由1美元兑换7元人民币变为1美元兑换5元人

民币时，即人民币升值后，该企业以人民币计算的销售收入是多少？

解：当1美元兑换的人民币从7元降为5元时，该企业以人民币计算的销售收入从2 800（7×40×10）万元减少为2 000（5×40×10）万元。人民币升值使出口企业收入减少800万元人民币。

例 题

汇率与进口

某汽车产品进口经销商，进口汽车单价4万美元，一年进口1万辆。问：当汇率由1美元兑换7元人民币变为1美元兑换5元人民币时，即人民币升值后，该企业以人民币计算的进口汽车成本是多少？

解：当1美元兑换的人民币从7元降为5元时，该企业以人民币计算的进口汽车总成本从28（7×4×1）亿元减少为20（5×4×1）亿元。人民币升值使进口企业成本减少8亿元人民币。

（二）固定汇率制和浮动汇率制

固定汇率制是指一国货币同他国货币的汇率基本固定，其波动仅限于一定的幅度之内。在这种制度下，中央银行固定了汇率，并按这一水平进行外汇的买卖。中央银行必须为任何国际收支盈余或赤字按官方汇率提供外汇。当有盈余时购入外汇，当有赤字时售出外汇，以维持固定的汇率。

实行固定汇率有利于一国经济的稳定，也有利于维护国际金融体系与国际经济交往的稳定，减少国际贸易与国际投资的风险。但是，实行固定汇率要求一国的中央银行有足够的外汇或黄金储备。如果不具备这一条件，必然出现外汇黑市，黑市的汇率要远远高于官方汇率，这样反而会不利于经济发展与外汇管理。

浮动汇率制是指一国中央银行不规定本国货币与他国货币的官方汇率，听任汇率由外汇市场自发地决定。浮动汇率制又分为自由浮动与管理浮动。自由浮动又称"清洁浮动"，指中央银行对外汇市场不采取任何干预措施，汇率完全由市场力量自发地决定。管理浮动又称"肮脏浮动"，指实行浮动汇率制的国家，其中央银行为了控制或减缓市场汇率的波动，对外汇市场进行各种形式的干预活动，主要是根据外汇市场的情况售出或购入外汇，以通过对供求的影响来影响汇率。

实行浮动汇率有利于通过汇率的波动来调节经济，也有利于促进国际贸易，尤其在中央银行的外汇与黄金储备不足以维持固定汇率的情况下，实行浮动汇率对经济较为有利，同时也能取缔非法的外汇黑市交易。但浮动汇率不利于国内经济和国际经济关系的稳定，会加剧经济波动。

为说明浮动汇率（均衡汇率），我们作图解释。如图9-1所示，假定只有两个国家参与的外汇市场，图中本国为中国，外国为美国。横轴Q代表外汇（美元）的数量，纵轴r代表汇率。自由浮动汇率就是能使外汇市场上对美元的需求和对美元的供给相等的汇率。

中国对美元的需求产生于中国对美国产品和劳务及各种资产（包括股票、债券等）的需求。当兑换1美元需要支付较多的人民币时，以人民币单位衡量，美国的产品和劳务价格较高。因此，中国对美国的产品、劳务及各种资产的需求量较低，从而中国对美元的需求量较小。反之，当兑换1美元需要支付的人民币较少时，中国对美国货和美元的需求量较大（根据这种关系，可得出对美元的需求曲线）。

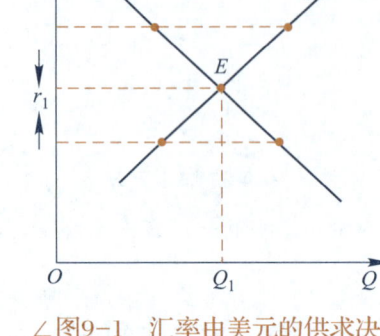

∠图9-1 汇率由美元的供求决定

美元供给产生于美国对中国产品、劳务及各种资产的需求。美元的供给与汇率的关系和对美元的需求与汇率的关系正好相反。当1美元单位可以兑换较多的人民币时，以美元单位衡量，中国产品、劳务及资产价格较低，美元供给较大（根据这一关系，可以画出美元供给曲线）。图9-1中，美元的供给曲线S与对美元的需求曲线D相交于E点，E点对应的均衡水平是7（均衡汇率），它表示7元人民币等于1美元。这种以外国货币为基准，把一定整数单位的外币兑换成一定数额本币的标价方法叫直接标价法。这是目前国际上大多数国家采用的办法，也是我国采用的标价方法。

当实际汇率（如12）高于均衡汇率E时，对美元的需求小于供给，汇率会下降；当实际汇率（如6）低于均衡汇率E时，对美元的需求大于美元的供给，汇率会上升。在自由浮动汇率制度下，汇率会自动上升至均衡汇率水平。

当均衡变动时，比如均衡汇率下降到6时，就表示人民币升值，外币贬值；反之，人民币贬值，外币升值。

（三）汇率的变动

汇率的变动主要由货币购买力水平、国际收支状况、通货膨胀、利率、经济增长率、财政赤字及外汇储备等因素决定。这些因素不同程度地影响对外汇的需求和供给。假设r代表汇率（以本国货币表示的外币的价格）；D、S分别代表对外汇的需求和供给；Q代表外汇数量。如图9-2所示，观察供求变动引起的均衡变动（$E \to E' \to e$）。外汇供求相互作用决定的均衡汇率为r_1。均衡水平Q_1为均衡外汇数量。当需求增加时均衡汇率和均衡外汇数量分别增加了r_2和Q_2。当供给增加右移后，均衡汇率回到r_1，但均衡外汇数量继续增加到Q_3。

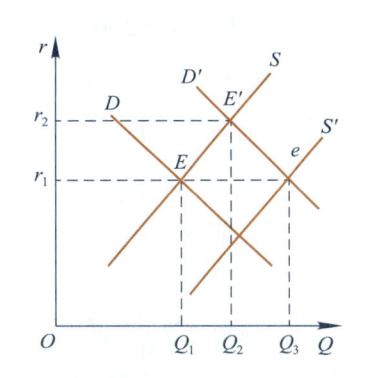

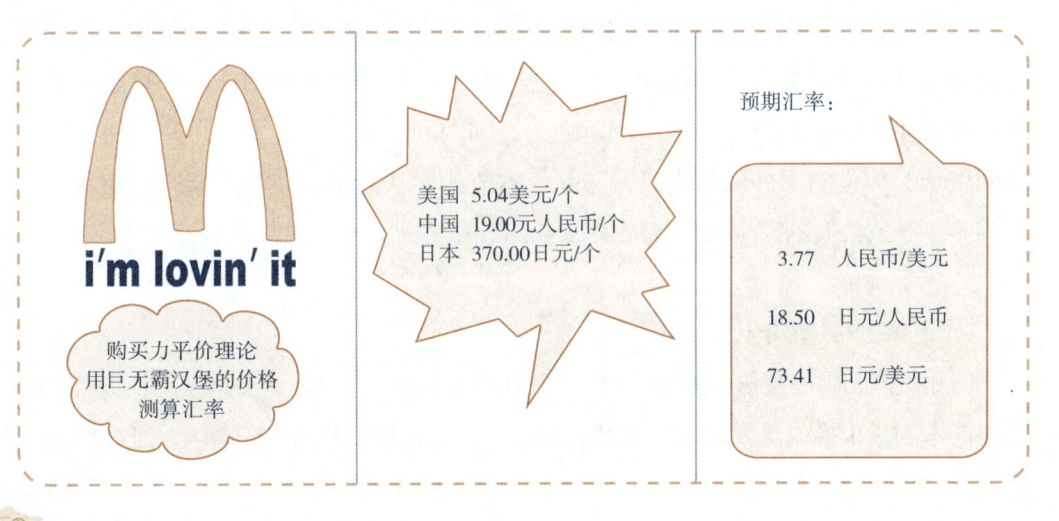

∠图9-2 供求变动对均衡的影响

购买力平价理论
用巨无霸汉堡的价格测算汇率

美国 5.04美元/个
中国 19.00元人民币/个
日本 370.00日元/个

预期汇率：

3.77 人民币/美元

18.50 日元/人民币

73.41 日元/美元

※ 巨无霸指数

知识点问答

汇率决定与变动的货币购买力平价理论

西方经济学者提出了货币购买力平价理论、国际借贷理论、利率平价理论、国际收支理论、资产市场理论来解释汇率的决定与变动。其中，货币购买力平价理论的要点是什么？请举例说明。

答：货币购买力平价理论的要点是，两国货币的购买力之比是决定汇率的基础，汇率的变动是由两国货币购买力之比变化引起的。由于货币购买力与价格水平成反比，价格水平的变化就会导致汇率的变动。

> "巨无霸指数"由英国《经济学人》杂志首创。《经济学人》杂志假定麦当劳在全球销售的巨无霸的成本是固定的，然后将其在各国的分店中销售的价格进行比较。根据2016年7月份《经济学人》公布的数据，一份巨无霸汉堡包的价格在中国为19元人民币，在美国为5.04美元，由此推算，人民币对美元的汇率应该为3.77∶1。这样，按照巨无霸购买力平价计算的人民币被低估43.56%。

（四）利率和汇率的传递作用

传递是指一个国家发生国民收入不均衡（失业、通货膨胀、滞胀）时，对其他国家发生影响，以致影响其国民收入均衡的过程。传递过程也就是价格机制作用的过程：世界市场价格波动→国内价格波动→产量与就业变动。

1. 利息率的传递作用

假如某国出现资本过剩，国内利息率大幅度下降，引起本国资本的流出，导致国际金融市场的利息率大幅度波动。这又进一步引起国际资本流动，并对其他国家的利息率发生影响。如果一国资本严重缺乏，国内利息率大幅度上升，并迫使从国外抽回资金，停止向国外供给信贷，国际资本流入，从而引起其他国家的企业发生支付困难，导致其他国家金融市场的紧张与混乱情况。

2. 汇率的传递作用

假如美国国内投资债券收益率11%，其他国家则低于10%，许多国家的投资者会把手中的本国货币换成美元，所有人都竞相购买美元，美元升值；在美国，进口产品价格便宜，出口产品价格上升，导致出口小于进口，就业机会减少。由于进口货便宜，许多人会购买进口货，国内通货膨胀率下降，但国内生产会下降，就业机会减少。这时，美国为了避免国外资本流入过多，将会扩大信贷，增加货币流通量，使国内通货膨胀率上升，降低债券投资的实际收益率，直到资本不再流入，本国货币贬值，汇率下跌，其他各国持有美元者会纷纷抛售美元，结果，美国出口产品价格下降，进口产品价格上升，出口大于进口，这等于把失业传递到了国外。

第四节　比较优势理论与国际贸易的成因

比较优势理论较好地解释了国际贸易的成因。比较优势理论认为，各国专门生产该国最擅长、最有效率的产品，然后换取它们无法生产或生产效率不高的产品，最终大家都有利可图。比较优势理论又可分为相对成本优势理论和机会成本优势理论。

> **比较优势理论：**
> 各国专门生产该国最擅长、最有效率的产品，然后换取它们无法生产或生产效率不高的产品，最终大家都有利可图。

一、相对成本优势理论

相对成本优势理论认为，各国生产自己相对成本低的产品与别国进行交换，对双方都是有利的。

例如，英国与葡萄牙两国生产呢绒与葡萄酒的成本情况如表9-1所示。

表9-1　英国与葡萄牙生产呢绒与葡萄酒成本

国家	产品	
	呢绒	葡萄酒
英国	100	120
葡萄牙	90	80

动画：
比较优势理论

动画：
神奇的发明

如表9-1所示，葡萄牙生产这两种产品都比英国有利。在这种情况下，双方贸易的基础就不是绝对成本而是相对成本。

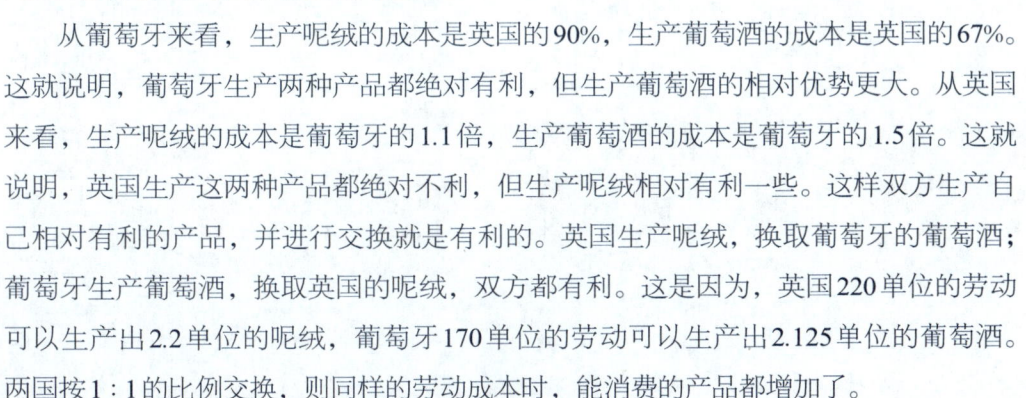

从葡萄牙来看，生产呢绒的成本是英国的90%，生产葡萄酒的成本是英国的67%。这就说明，葡萄牙生产两种产品都绝对有利，但生产葡萄酒的相对优势更大。从英国来看，生产呢绒的成本是葡萄牙的1.1倍，生产葡萄酒的成本是葡萄牙的1.5倍。这就说明，英国生产这两种产品都绝对不利，但生产呢绒相对有利一些。这样双方生产自己相对有利的产品，并进行交换就是有利的。英国生产呢绒，换取葡萄牙的葡萄酒；葡萄牙生产葡萄酒，换取英国的呢绒，双方都有利。这是因为，英国220单位的劳动可以生产出2.2单位的呢绒，葡萄牙170单位的劳动可以生产出2.125单位的葡萄酒。两国按1∶1的比例交换，则同样的劳动成本时，能消费的产品都增加了。

相对成本优势理论在国际贸易理论中具有重要的地位，成为自由贸易政策的依据。以后的各种国际贸易理论都是由此而发展来的。

二、机会成本优势理论

现实中,要衡量生产某种商品的资源成本是相当困难的,为此,经济学家用机会成本差异来解释贸易可以带来的利益。

假定在A国,一个资源单位可生产10千克小麦或6件衣物,这意味着,1千克小麦的机会成本是 $0.6\left(\frac{6}{10}\right)$ 件衣物,而每件衣物的机会成本是 $1.67\left(\frac{10}{6}\right)$ 千克小麦。

在B国,一个单位资源可生产出10千克小麦或20件衣物,也就是说,1千克小麦的机会成本是 $2.0\left(\frac{20}{10}\right)$ 件衣物,而每件衣物的机会成本是 $0.5\left(\frac{10}{20}\right)$ 千克小麦。见表9-2。

根据表9-2,A国为增加1千克小麦而需要放弃的衣物数量小于B国(0.6＜2.0);B国为增加一件衣物而需要放弃的小麦数量小于A国(0.5＜1.67)。如果由A国生产小麦而由B国生产衣物,其产量为10千克小麦、20件衣物,其总产量组合优于分别由A国和B国生产两种商品的其他选择(如A国生产10千克小麦,B国生产10千克小麦;A国生产6件衣物,B国生产20件衣物;A国生产6件衣物,B国生产10千克小麦)。

表9-2　A、B两国小麦和衣物的机会成本

国家	小麦/千克	衣物/件
A国	0.6件衣物	1.67千克小麦
B国	2.0件衣物	0.5千克小麦

除此之外,关于国际贸易成因还有许多其他的理论,如偏好差异理论、规模经济优势理论、要素禀赋理论、绝对优势理论、技术缺口和产品生命周期贸易理论等。

※ 偏好与国际贸易

> **案例分析**
>
> **克林顿为什么限制进口墨西哥西红柿**
>
> 美国、加拿大和墨西哥在1993年签署了《北美自由贸易协定》，但是1996年克林顿政府却限制进口墨西哥西红柿。
>
> 美国西红柿质次价高，墨西哥西红柿质高价低。无论从哪一个角度看，美国进口墨西哥西红柿都受益。西红柿进口受损的主要是佛罗里达州的种植者，他们的损失总体上小于消费者的受益。但他们人少，分摊到每个人身上受损失并不小。因此，他们就会组织起来反对西红柿进口。消费者虽然人多，但分散，他们无法组织起来支持西红柿进口。
>
> 那么，克林顿为什么不支持消费者而支持生产者呢？因为消费者不会由于西红柿进口少了而不支持他，但生产者会由于西红柿进口而反对他。1996年正值总统大选，克林顿担心支持进口西红柿会失去佛罗里达州的支持，所以限制进口墨西哥西红柿。
>
> 这个例子说明，决定国际贸易的不仅有经济利益，还要考虑政治与其他社会问题。国际贸易对一些人有利，也对另一些人不利。决策者在考虑自由贸易时通常要考虑各集团利益的冲突与平衡。这正是自由贸易受到限制，保护贸易经常抬头的原因所在。

第五节　国　际　收　支

一、国际收支平衡表

国际收支是一国在一定时期内（通常是一年内）对外国的全部经济交往所引起的收支总额的对比。这是一国与其他各国之间经济交往的记录。国际收支集中反映在国际收支平衡表（见表9-3）中，该表按复式记账原理编制。

> **国际收支：**
> 一国在一定时期内（通常是一年内）对外国的全部经济交往所引起的收支总额的对比。

表9-3　某国国际收支平衡表　　　　　　　　单位：亿美元

项目 （a）	+贷方 （b）	-借方 （c）	净额 （d）
Ⅰ.经常项目			
1. 货物品贸易额	9 090	-16 900	-7 810
2. 劳务和其他	3 721	-3 025	+696
3. 经常项目平衡差额			-7 114
Ⅱ.资本项目			
4. 资本流量	12 473	-5 466	+7 007
5. 资本项目平衡差额			+131
Ⅲ.统计误差			-24
6. 需要清偿的总额			
Ⅳ.官方结算差额			
（美国官方储备资产变动净额）			+24
7. 形式上的总计净额			0

二、国际收支平衡表分析

（一）编制国际收支平衡表的基本原则

（1）只有国内外经济单位间的经济交易才计入国际收支中，其中包括居民、企业与政府。区分国内与国外的概念十分重要。例如，一家企业在国内的部分算作国内，而在外国的子公司被算作国外。

（2）要区分借方和贷方两类不同的交易。借方是国内单位付给国外单位的全部交易项目，是一国资产减少或负债增加；贷方是国外单位付给国内单位的全部交易项目，是一国资产增加或负债减少。在国际收支平衡表上，最后借方与贷方总是平衡的。

（3）国际收支平衡表是复式簿记。

（二）国际收支平衡表的内容

国际收支平衡表中的项目分为三类：

1. 经常项目

经常项目又称商品和劳务项目，包括：第一，商品（进出口）；第二，劳务，如运输、保险、旅游、投资劳务（利息、股息、利润）、技术专利使用费及其他劳动；第三，国际单方转移，如宗教、慈善、侨汇、非战争赔款等。

2. 资本项目

资本项目是指一切对外资产和负债的交易活动，如各种投资、股票与债券交易等。

3. 官方储备项目

官方储备项目是国家货币当局对外交易净额，包括黄金、外汇储备等的变动。如果一国贷方大于借方，则这一项会增加；反之，如果一国借方大于贷方，则这一项会减少。

最后的误差项是在借方与贷方最后不平衡时，通过这一项调整使之平衡。

（三）国际收支的均衡与不均衡

在不考虑官方储备项目的情况下，国际收支有平衡与不平衡两种情况，不平衡又分为国际收支顺差与逆差两种情况。

当经常项目与资本项目的借方与贷方相等，也就是在国际经济活动中一国的总支出与总收入相等时，就称为国际收支平衡。这里要注意的是，国际收支平衡指经常项目与资本项目的总和平衡。这就是说，如果经常项目的顺差（或逆差）与资本项目的逆差（或顺差）相等，则国际收支就还是平衡的。当国际收支平衡时官方储备项目不变。

> **学无止境**
>
> ### 到底什么是国际收支不平衡？
>
> 在国际收支平衡表上，借方与贷方总是平衡的。只有在不考虑官方储备项目的情况下，才有国际收支不平衡一说。
>
> 当经常项目与资本项目的借方与贷方不相等时，就是国际收支不平衡。如果是贷方大于借方，即总收入大于总支出，则国际收支顺差，或者说国际收支有盈余。如果是借方大于贷方，即总支出大于总收入，则国际收支逆差，或者说国际收支有赤字。就经常项目与资本项目来说，如果经常项目和资本项目都有盈余，则国际收支有盈余；如果经常项目和资本项目都

> 为赤字，则国际收支为赤字。如果经常项目的盈余大于资本项目的赤字，则国际收支有盈余；如果经常项目的盈余小于资本项目的赤字，则国际收支有赤字。如果经常项目的赤字大于资本项目的盈余，则国际收支为赤字；如果经常项目的赤字小于资本项目的盈余，则国际收支有盈余。
>
> 当国际收支顺差，即有盈余时，会有黄金或外汇流入，即官方储备项增加；当国际收支逆差，即有赤字时，会有黄金或外汇流出。这也就是说，当国际收支中的经常项目与资本项目之和不相等，即国际收支不平衡时，要通过官方储备项目的调整来实现平衡。

本 章 简 评

第二次世界大战后，经济增长理论受到经济理论界的空前重视，这主要是由于国际政治格局中，社会主义和资本主义两大阵营的对峙与竞争。正如多马描述的，增长之所以受到关注并非偶然，增长成为生存的条件，快速发展就能解决失业问题。

哈罗德—多马经济增长模型把经济增长条件归结为社会储蓄率和资本—产量比，显然过于简单，后来的西方学者关于经济增长源泉的分析，纳入了技术、教育、知识应用，这更符合实际。

本 章 小 结

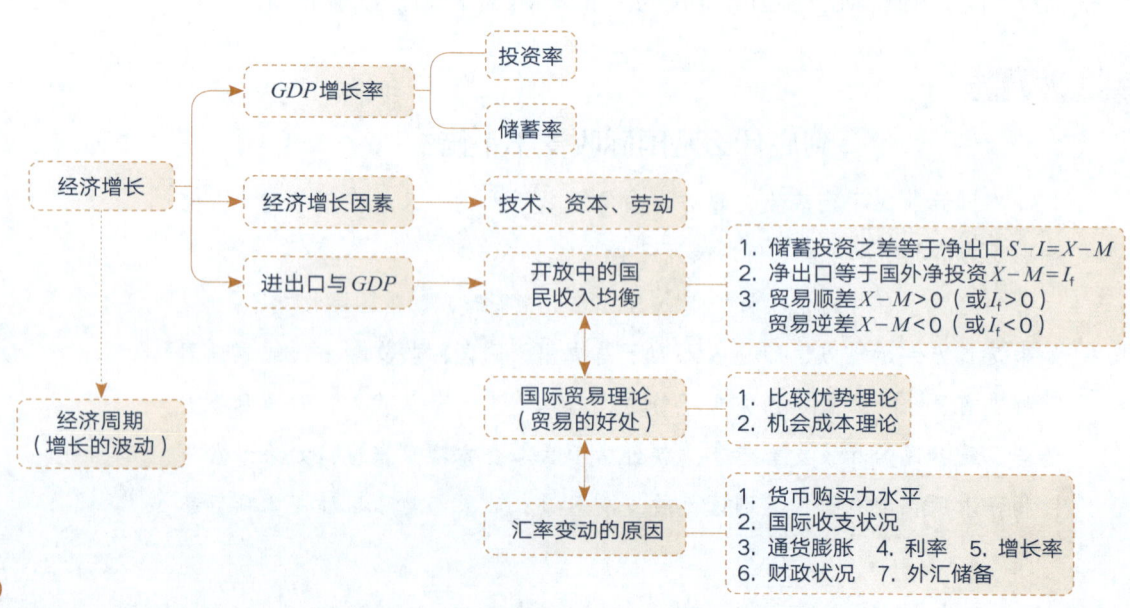

```
                    ┌─ GDP增长率 ─┬─ 投资率
                    │             └─ 储蓄率
                    │
经济增长 ──────────┼─ 经济增长因素 ── 技术、资本、劳动
         │          │
         │          │                          ┌─ 1. 储蓄投资之差等于净出口 S−I=X−M
         │          └─ 进出口与GDP ─ 开放中的国 ─┤ 2. 净出口等于国外净投资 X−M=I_f
         │                            民收入均衡  │ 3. 贸易顺差 X−M>0（或 I_f>0）
         │                                ↑      └    贸易逆差 X−M<0（或 I_f<0）
         │                                │
         │                         国际贸易理论 ── 1. 比较优势理论
         │                         （贸易的好处）   2. 机会成本理论
         │                                ↑
         │                                │      ┌─ 1. 货币购买力水平
         └─ 经济周期               汇率变动的原因 ─┤ 2. 国际收支状况
            （增长的波动）                         │ 3. 通货膨胀  4. 利率  5. 增长率
                                                 └─ 6. 财政状况  7. 外汇储备
```

讨论及思考题

1. 保持国际收支顺差对一国的经济发展会不会更有意义？（提示：国际收支顺差总是比国际收支逆差好，因为顺差意味着收入高于支出，该国国外净投资为正，或者该国官方储备增加，这都表明国家的实力上升。但长期的巨额顺差会引起本币供应增加，引发通胀。如果顺差源于出口过多，则会影响本国经济发展。）

2. 仔细思考下列观点："尽管比较优势学说过于简单化，但却很深刻。忽视比较优势理论的国家会在生活水平和经济增长方面付出沉重的代价。""西方经济学者在货物和技术贸易方面极力推销他们的比较优势、自由贸易学说，却闭口不谈发达国家在劳动力国际流动方面设置种种障碍和限制。试想，连人力这样重要的资源都不能自由流动，还谈何贸易自由？"（提示：比较优势理论深刻而重要，但自由贸易是有条件的。）

3. 体育明星姚明自己洗衣服和粉刷房屋的代价与普通人相比怎么样？（提示：比较优势理论，机会成本理论。）

4. 完全自由的国际贸易会使实际工资像两个相互连接的管道里的水一样趋于相同水平吗？为什么不会？（提示：劳动市场实际上是不完全竞争市场，由于个人自然天赋和非经济因素等不同程度地存在垄断。）

5. "高关税可以给政府带来较多财政收入，高关税还可以使国内免受竞争。"这样说对吗？（提示：在短期可能如此，但长期却并非如此；免受竞争的代价是国内企业越来越缺乏竞争力。）

6. 保护"幼稚行业"往往是不发达国家提出的一种观点，是说在国内产业"年幼无知"的时期，没能力与国外成熟的生产者相竞争，需要保护。请判断这种说法含有多少正确的成分。（提示：19世纪德国经济学家李斯特的国民生产力理论，提出了保护"幼稚行业"，因为它有利于一国长远利益，但真正需要保护而且应该保护的行业是极其有限的。）

7. 如果一国突然发现了新的油田并进入国际市场，该国的贸易收支会出现顺差还是逆差？该国自由浮动的货币会增值还是贬值？（提示：顺差，增值。）

练习题或案例题

根据哈罗德—多马经济增长模型，当资本—产量比率为4，储蓄率为20%时，试计算经济增长率。（提示：$g = \frac{1}{v} \cdot s = \frac{1}{4} \cdot 20\% = 5\%$。）

第十章
宏观经济政策

> 相机抉择很难。宏观政策要找准重心。加油!

关键概念

- ⊙ 挤出效应
- ⊙ 政府支出乘数
- ⊙ 税收乘数
- ⊙ 平衡预算乘数
- ⊙ 法定准备率
- ⊙ 货币乘数
- ⊙ 公开市场业务
- ⊙ 贴现率
- ⊙ 准备率
- ⊙ 内在稳定器

第十章　宏观经济政策

> **引导案例**
>
> ## 里根的经济政策
>
> 　　20世纪70年代末期，美国经济出现了前所未有的"滞胀"，也就是通胀率与失业率同时居高。凯恩斯主义经济学家束手无策，因为按照凯恩斯主义的理论，失业率和通胀率具有交替关系，此消彼长。里根完全否定了凯恩斯主义的信念。他采纳了两套全新的经济理论：一是弗里德曼的货币理论；二是曼德尔和拉弗等人的供给学派理论。
>
> 　　弗里德曼的货币理论认为，通货膨胀的唯一原因是货币发行量过大、政府干预过多。里根上任当天，就签署法令，立即解除了全国的汽油价格管制。加油站外排了10年的长队，一个礼拜就消失了。
>
> 　　供给学派理论认为，政府要增加收入，边际税率并非越高越好。据说拉弗在一块餐巾上画出了著名的"拉弗曲线"：如果税率是零，政府的收入是零；如果政府的税率是100%，导致人们不想从事任何工作，政府的收入也是零。只有适当调节税率，政府才能取得最大的收入。
>
> 　　美国当时的边际税率高达70%，为刺激总供给，里根主张减税，从而鼓励企业增加生产，把经济带出困境。

问题

凯恩斯的宏观财政政策与里根的经济政策有什么不同？

目标

理解和掌握政府会利用哪些财政、货币政策调控手段实现经济目标。

要点

1. 宏观调控一般包括四大目标：充分就业、物价稳定、经济增长和国际收支平衡。
2. 财政政策调节经济时，一般采用扩张性财政政策和紧缩性财政政策进行逆向调节。
3. 货币政策工具包括改变法定准备率、调整再贴现率和进行公开市场业务。
4. 政府在调节政策干预经济活动时，应进行相机抉择。

知识点：了解财政政策和货币政策及其局限性，掌握如何运用财政和货币政策调控经济。

能力点：理解货币政策的作用机制：货币量→利率→总需求。

注意点：相机抉择的基础和理论核心是 $IS-LM$ 模型。

第一节 财政政策

财政政策是指国家为达到既定经济目标而变动财政收支和公债的决策。财政收入主要是税收和公债，财政支出包括政府购买和转移支付。公债是政府弥补财政赤字的经常性手段，也是借以调整经济活动的重要工具。

一、财政收入

政府财政收入主要是个人所得税、公司所得税和其他税收。

个人所得税和公司所得税是以收益、利润和报酬等形式的所得作为课税对象，向取得所得的纳税人和公司征收的税。个人所得税的课税范围包括：工人和雇员的工资、薪金、退休金；经营取得的商业利润；利息收入、股息收入、租金收入和特许使用费收入等各种收入。公司所得税的课税对象是本国公司来源于国内外的收入和外国公司来源于本国境内的收入。尽管各国的税收制度不尽相同，但所得税多采用累进税制。

销售税是指对生产、批发和零售商品进行的课税，其主要特征是税负转嫁，即间接税。销售税主要由消费税组成，其课税对象是特定的消费品。

财产税是指对承担纳税义务者的财产进行的课税，其征税范围包括土地、房屋、资本、遗产和馈赠等。

社会保险税是指对大多数职业的雇工和被雇人征收的所占薪金和工资额一定百分比的税，其用途包括失业救济、养老、伤害补助。社会保险税或工薪税在美国由联邦保险税、铁路公司退职税、联邦失业税和个体业主税四种税组成，其中联邦失业税的税率为3.2%。

西方各国，目前最常见的税种是增值税。增值税是在每一经济活动水平上，即价值增值的每一阶段征收的一种税，涉及的商品和劳务范围非常广泛。

直接税和间接税。所得税、财产税等都属于直接税，而销售税、增值税则属于间接税。直接税是直接就个人纳税者征收的，负担是个人的，规避不了。直接税的优点是稳定性强、征收成本低、收入较高、公平。直接税是调节经济非常有效的手段，它的累进性可以消除收入和财富的严重不均，促进社会协调。直接税的缺点是对劳动的抑制。较高的直接税率会引起移民、阻碍个人加班或担负额外工作，甚至导致强化逃税倾向、降低生产率、投资降低等现象发生。间接税不是就个人直接征收的，而是就个人的活动征收的。间接税可以通过不参加经济活动来规避，也可以通过各种途径转嫁给他人，即间接税存在一个税赋归属问题。间接税除了前面提到的销售税、增值税外，实际上还包括印花税、关税、货物税等。间接税包括从量税，即按实物单位征收一定金额（如汽油税、烟草税、葡萄酒税等），还包括从价税，即按商品批发或零售的价格征税。

二、财政支出

政府支出或财政支出包括政府公共工程支出（政府投资兴建铁路、公路、桥梁、水利工程等基础设施以及航空航天空间技术、邮电广播电视、体育、文化、卫生、教育、医疗等公共产品和半公共产品）、政府购买（政府对各种产品和劳务的购买，又叫政府订货或政府采购）以及转移支付（政府对居民的各项福利支出，如失业救济、困难补助、特殊救助、生活必需品补助等支出）。

政府支出分为中央政府支出和地方政府支出。中央政府支出主要包括购买和转移支付。而购买又主要用于外交和国防支出项目。过去40年，美国联邦政府支出了GDP的23%，从支出的构成来看，社保福利、国际外交、其他支出各占1/3。州、市、县、镇政府的支出则主要是教育和医疗。公共服务和行政支出只占16%。

转移支付是指把资金转移给政府以外的个人，资金来源主要是个人所得税、社会保险税。转移支付一般以家庭津贴的形式支付出去，包括退休、伤残、医疗、失业等社会保险金支出。

中央政府的支出除了政府购买和转移支付外，还有给地方政府的拨款（科研、医疗、体育、卫生及公共工程建设等）和债务利息（政府公债到期利息支付）。

地方政府支出包括购买（商品和劳务）、转移支付、净利息支付、补贴减企业利润。在地方政府支出中，购买占的比重最大，美国地方政府购买支出占其总支出的89%，而转移支付只占11%，没有净利息支付和补贴。进一步观察，地方政府购买支出中，最大项目是教育经费支出，占购买支出总额的40%。所以，同国防开支是联邦政府支出（中央政府支出）中的主要购买支出项目一样，教育经费是地方政府支出中的主要购买支出项目。

三、财政政策的运用——财政收入与支出的变化

无论政府支出的变化还是政府收入的变化，都会影响总需求，进而对经济增长和国民收入水平产生影响。

在运用财政政策（政府支出与收入的变化）来调节经济时，要根据宏观经济状况，即是处于萧条状态还是膨胀状态。当出现失业、萧条、需求不足时，应采用扩张性财政政策；反之，当出现通货膨胀、需求过度时，应采用紧缩性财政政策。

具体来说，在经济萧条时期，总需求小于总供给，经济中存在失业，政府就要通过扩张性财政政策来刺激总需求，以实现充分就业。扩张性财政政策包括增加政府支出与减税。政府公共工程支出、政府购买支出、政府转移支付、个人所得税、公司所得税等的变动，都会有乘数效应，有利于刺激私人投资、个人消费增加，这样就会刺激总需求，使得国民收入倍增。

在经济繁荣时期，总需求大于总供给，经济中存在通货膨胀，政府则要通过紧缩性财政政策来抑制总需求，以实现物价稳定。紧缩性财政政策包括减少政府支出与增税。政府公共工程支出与购买的减少有利于抑制投资，转移支付的减少可以减少个人消费，这样就抑制了总需求，加速国民收入的下降。增加个人所得税（主要是提高税率）可以使个人可支配收入减少，从而消费减少；增加公司所得税可以使公司收入减少，从而投资减少，抑制总需求。

20世纪50年代，美国等西方国家采取了这种"逆经济风向行事"的财政政策，其目的在于实现既无失业又无通货膨胀的经济稳定。20世纪60年代以后，为了实现充分就业与经济增长，财政政策则以扩张性财政政策为基调，强调通过增加政府支出与减税来刺激经济。特别是在1962年肯尼迪政府时期，曾进行了全面的减税。个人所得税减少20%，最高税率从91%降至65%，公司所得税率从52%降到47%，还采取了加速折旧、投资减税优惠等变相的减税政策。这些对经济起到了有力的刺激作用，创造了20世纪60年代美国经济的繁荣。20世纪70年代之后，在财政政策的运用中又强调了微观化，即对不同的部门与地区实行不同的征税方法，制定不同的税率，个别地调整征税范围，以及调整政府对不同部门与地区的拨款、支出政策，以求得经济的平衡发展。20世纪80年代里根政府上台之后，制定了以供给学派理论为依据的经济政策，其中最主要的一项也是减税。但应该指出的是，供给学派的减税不同于凯恩斯主义的减税。凯恩斯主义的减税是为了刺激消费与投资，从而刺激总需求，而供给学派的减税是为了刺激储蓄与个人工作积极性，以刺激总供给。20世纪90年代克林顿总统上台后，又采用增加税收的政策，以便利用国家的力量刺激经济。

动画：
里根的经济政策

四、政府财政政策实施中的困难

政府在实施税收政策时，会遇到以下困难：① 减税容易，但增税会遭到选民的反对；② 萧条时期减税，达不到刺激需求的目的，税少了，储蓄多了，而没有增加消费或投资；③ 税收政策的滞后性，从方案设计、立法机关通过、税务机关执行，有一个较长过程，到其发生作用时，情形可能已经改变。

政府在实施财政支出政策时，会遇到以下困难：① 减少政府购买（如减少军事订货、公共工程项目订货），会遭到大企业的反对；② 政府削减转移支付会遇到选民的反对；③ 政府增加转移支付也会导致人们储蓄增加而消费、投资不变；④ 政府兴办公共工程或基础设施，增加支出时，也会遭到大公司（私营公司）的指责和反对，这被认为是"与民争利"，干了不该由政府干的事情；⑤ 政府支出对经济的影响也有一个时滞，从决定建设公共工程，到开工兴建，并使之在经济中起到调节总需求的作用，有一个过程，短期内不能见效，而一旦过程完成时，情况可能已经发生变化。

五、赤字财政政策和挤出效应

（一）赤字财政政策

按照凯恩斯学派经济学家的主张，为了克服萧条，消灭失业，政府必须减少税收增加支出（双管齐下），其结果是出现财政赤字。

凯恩斯认为，财政政策应该为实现充分就业服务，因此，必须放弃财政收支平衡的旧信条，实行赤字财政政策。20世纪60年代，美国的凯恩斯主义经济学家强调把财政政策从害怕赤字的框框下解放出来，以充分就业为目标来制定财政预算，而不管是否有赤字。这样，赤字财政就成为财政政策的一项重要内容。

凯恩斯主义经济学家认为，赤字财政政策不仅是必要的，而且是可能的。这是因为：第一，债务人是国家，债权人是公众。国家与公众的根本利益是一致的。政府的财政赤字是国家欠公众的债务，也就是自己欠自己的债务。第二，政府的政权是稳定的，这就保证了债务的偿还是有保证的，不会引起信用危机。第三，债务用于发展经济，使政府有能力偿还债务，弥补赤字。这就是一般所说的"公债哲学"。

政府实行赤字财政政策是通过发行公债来进行的。公债并不是直接卖给公众或厂商的，因为这样可能减少公众与厂商的消费和投资，使赤字财政政策起不到应有的刺激经济的作用。公债由政府财政部发行，卖给中央银行，中央银行向财政部支付货币，财政部就可以用这些货币来进行各项支出，刺激经济。中央银行购买的政府公债，可以作为发行货币的准备金，也可以在金融市场上卖出。

（二）挤出效应

挤出效应是指政府增加某一数量的公共支出，就会减少相应数量的私人投资和消费，从而总需求仍然不变。具体讲，政府财政支出增加，市场上商品购买竞争加剧，物价上涨，市场对资金需求增加，货币供给量相对下降，引起利率上升，而利率上升会导致私人投资与消费减少。可用图10-1来说明财政政策的挤出效应。

图10-1是 $IS-LM$ 模型，当 IS 曲线为 IS_0 时，IS_0 与 LM 相交于 E_0，决定了国民收入为 Y_0 利率为 i_0。政府支出增加，即自发总需求增加，IS 曲线从 IS_0 向右平行移动为 IS_1，IS_1 与 LM 相交于 E_1，国民收入为 Y_1，利率为 i_1。在政府支出增加，从而国民收入增加的过程中，由于货币供给量没变（也就是 LM 曲线没有变动），而货币需求随国民收入的增加而增加，所以引起利率上升。这种利率上升就减少了私人的投资与消费，即一部分政府支出的增加，实际上只是对私人支出的替代，并没有起到增加国民收入的作用。这就是财政政策的挤出效应。从图10-1中还可以看出，如果利率仍为 i_0 不变，那么国民收入应该增加为 Y_2。Y_2-Y_1 就是由于挤出效应所减少的国民收入增加量。

挤出效应：
增加某一数量的公共支出，就会减少相应数量的私人投资，从而总需求仍然不变。

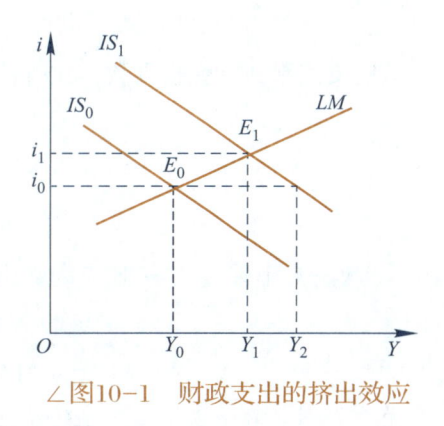

∠图10-1 财政支出的挤出效应

财政政策挤出效应的大小取决于多种因素。在实现了充分就业的情况下，挤出效应最大，即挤出效应为1，也就是政府的支出增加等于私人支出的减少，扩张性财政政策对经济没有任何刺激作用。在没有实现充分就业的情况下，挤出效应一般大于0而小于1，其大小主要取决于政府支出增加所引起的利率上升的大小。利率上升高，则挤出效应大；反之，利率上升低，则挤出效应小。

主张国家干预的凯恩斯主义者认为，财政支出的挤出效应必须具体分析：① 在萧条时，有效需求不足，私人宁愿把货币保留在手中而不愿支出，或者商业银行的钱根本贷不出去，这才需要政府支出去填补支出不足。只有在充分就业时，才存在挤出效应。② 影响私人投资的因素除了利率，还有预期利润率，如果财政支出增加能提高预期收益率，那么，私人投资不仅不会被挤出，反而会增加。萧条时期，私人投资者对利润前景缺乏信心，裹足不前，增加公共支出，既能增加政府对私人的订货，又能增加消费者的收入，从而扩大市场需求。这样私人投资者对市场前景也就增强了信心，投资需求将上升。③ 财政支出上升，对利息率的影响有两种情况：当货币供给量能随支出的增加而增加时，则利率不会上升，私人投资也不会减少；当货币供给量不变或很少增加，则会出现利率上升情况，但是，如果利率上升相对于预期利润率的上升微不足道（私人投资因利率和预期利润率的同步变化不受影响），挤出效应就不会发生。

六、财政政策乘数作用

财政支出和税收对国民收入的影响程度大小可用财政政策乘数来描述。就是说，财政收支对国民收入的影响具有乘数作用，或者说，由于经济中的连锁反应，因政府支出 G 和税收 T 引起的国民收入变动的幅度往往几倍于政府支出 G 和税收 T 变动的幅度。这种政府财政政策变动而引起的国民收入变动的倍数即被称为财政政策乘数（政府支出乘数、税收乘数、政府转移支付乘数、平衡预算乘数）。

（一）政府支出乘数

政府支出乘数是指政府的支出引起的国民收入增加倍数。由于支出都会引起国民收入的倍数变化，所以，政府支出乘数=政府购买乘数=对外贸易乘数=投资乘数。在这里，可以把政府的支出看成政府投资，即：$G=I$，以 K_G 代表政府支出乘数，b 为边际消费倾向。

> **政府支出乘数：**
> 政府的支出引起的国民收入增加倍数。

$$K_G = \frac{\Delta Y}{\Delta G} = \frac{1}{1-\frac{\Delta C}{\Delta Y}} = \frac{1}{1-b}$$

（二）税收乘数（赋税乘数）

税收乘数是指政府增加或减少税收所引起的国民收入变动的程度。由于税收增加，国民收入减少；税收减少，国民收入增加，所以，税收乘数是负值。税收变动影响可支配收入变动，进而影响消费及支出。说明相对于政府支出，税收乘数小些，因为它通过收入和消费变化间接影响总支出。以 K_T 表示税收乘数，ΔT 表示赋税变动额，则：

$$K_T = \frac{\Delta Y}{\Delta T} = -\frac{b}{1-b}$$

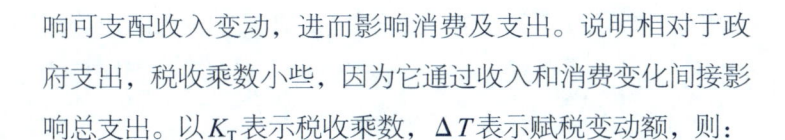

> **税收乘数：**
> 政府增加或减少税收所引起的国民收入变动的程度。

（三）政府转移支付乘数

政府转移支付乘数与税收乘数的值相等，只是符号相反。政府转移支付乘数也是通过消费支出来影响国民收入的。其公式为：

$$K_Z = \frac{\Delta Y}{\Delta T} = \frac{b}{1-b}$$

（四）平衡预算乘数

<mark>平衡预算乘数</mark>是指政府支出和税收的等量变动而引起的国民收入变动的倍数，一般表示为政府支出乘数和税收乘数之和。由于等量的政府支出和税收的变动不影响财政预算的平衡关系，这种乘数可以说明在不改变政府的预算盈余或赤字的情况下，变动政府支出和税收对国民收入的影响。

> **平衡预算乘数：**
> 政府支出和税收的等量变动而引起的国民收入变动的倍数，一般表示为政府支出乘数和税收乘数之和。

因为政府支出乘数 $K_G = \frac{1}{1-b}$，税收乘数 $K_T = -\frac{1}{1-b}$，所以平衡预算乘数为：

$$K_B = \frac{1}{1-b} + \left(-\frac{b}{1-b}\right) = \frac{1-b}{1-b} = 1$$

$$K_B = 1$$

如果政府支出增加400亿元，同时税收也增加400亿元，均衡国民收入将增加400亿元，即如果政府支出和税收均按同等数额增加，由此引起的国民收入的增量等于政府支出（自发支出）的增量。平衡预算乘数说明，当经济萧条时，政府可以通过适当增税来弥补等量的政府增支，这样既可以提高国民产出和就业水平，又可以避免财政赤字。经济萧条时，政府支出应扩大多少，税收应减少多少，都要考虑政府支出乘数、税收乘数和平衡预算乘数。当经济膨胀，需要抑制通货膨胀时，政府支出减少和税收增加的程度也应根据 K_G、K_T、K_B 而定。

现实经济生活中，平衡预算乘数往往不等于1。但理论上，假定纳税人的边际消费倾向与政府支出接受人的边际消费倾向相等，则 $K_B=1$。

> **例题**
>
> ### 乘数与财政政策
>
> 已知 $b=0.8$，求：（1）政府收支增加4万亿元时对国民收入的影响；（2）政府支出增加4万亿元，税收增加1万亿元时的国民收入增量以及财政状况。
>
> 解：（1）根据公式，投资乘数和税收乘数分别为5和-4，$\Delta Y=4\times 5+4\times(-4)=4$（万亿元），即国民收入增加4万亿元。（2）$\Delta Y=5\times 4+(-4)\times 1=16$（万亿元），财政收支状况＝收入－支出＝$T-G=1-4=-3$（万亿元），即财政赤字3万亿元。

第二节 货币政策

货币政策又称金融政策。凯恩斯的宏观货币政策是指通过中央银行增加或减少货币供给量，影响利息率，通过利息率的升降来间接影响投资和消费，实现宏观政策目标。

一、货币供给量

（一）货币

货币政策的实施是通过货币供给量的变化来实现的，即货币政策作用机制是：货币量→利率→总需求。货币供给量有狭义与广义之分。狭义货币包括硬币、纸币、银行活期存款。其中银行活期存款比纸币和硬币更重要，因为大部分交易是用支票偿付的。广义货币是在狭义货币的基础上再加上储蓄和定期存款。

动画：
货币的历史

（二）货币创造

货币政策调节经济要依靠银行体系创造货币的机制。这一机制与法定准备金制度、商业银行的活期存款以及银行的贷款转化为客户的活期存款等制度相关。

商业银行资金的主要来源是存款。为了应付存款客户随时取款的需要，确保银行的信誉与整个银行体系的稳定，银行不能把全部存款放出，必须保留一部分准备金。<u>法定准备率</u>是中央银行以法律形式规定的商业银行在所吸收存款中必须保留的准备金的比例。商业银行在吸收存款后，必须按法定准备率保留准备金，其余的部分才可以作为贷款放出。例如，如果法定准备率为20%，那么，商业银行在吸收了100万元存款后，就要留20万元准备金，其余80万元方可作为贷款放出。

> **法定准备率：**
> 中央银行以法律形式规定的商业银行在所吸收存款中必须保持的准备金的比例。

商业银行的活期存款就是货币，它可以用支票在市场上流通。所以，活期存款的增加就是货币供给量的增加。因为活期存款就是货币，所以客户在得到商业银行的贷款以后，一般并不取出现金，而是把所得到的贷款作为活期存款存入同自己有业务往来的商业银行，以便随时开支票使用。所以，银行贷款的增加又意味着活期存款的增加、货币供给量的增加。这样，商业银行的存款与贷款活动就会创造货币，在中央银行货币发行量并未增加的情况下，使流通中的货币量增加。而商业银行所创造货币的多少，取决于法定准备率。我们可用一个实例来说明这一点。

假设法定准备率为20%，最初某商业银行（A）所吸收的存款为100万元，该商业银行可放款80万元，得到80万元贷款的客户把这笔贷款存入另一商业银行（B），该商业银行又可放款64万元，得到这64万元贷款的客户把这笔贷款存入另一商业银行（C），该商业银行又可放款51.2万元……这样继续下去，整个商业银行体系可以增加500万元存款，即100万元的存款创造出了500万元的货币。

如果以 R 代表最初存款，D 代表存款总额即创造出的货币，r 代表法定准备率（$0<r<1$），则商业银行体系所能创造出的货币量的公式是：

$$D = \frac{R}{r} = \frac{1}{r} \cdot R$$

由这一公式可以看出，商业银行体系所能创造出来的货币量与法定准备率成反比，与最初存款成正比。

（三）货币乘数公式

银行创造货币的机制说明了中央银行发行1元钞票，但实际的货币增加量并不是1元，因为，在这1元钞票被存入商业银行的情况下，还会创造出新的货币量。<u>货币乘数</u>就是表明

> **货币乘数：**
> 表明中央银行发行的货币量所引起的实际货币供给量增加的倍数。

中央银行发行的货币量所引起的实际货币供给量增加的倍数。中央银行发行的货币称为基础货币（高能货币），基础货币具有创造出更多货币量的能力，用 H 来代表。货币供给量，即增加1单位基础货币所增加的货币量，用 M 来代表，则货币乘数 K_m 的公式为：

$$K_m = \frac{M}{H}$$

假如中央银行发行了1单位基础货币 H，社会货币供给量增加了3单位，即货币乘数为3。同理，根据已知的中央银行发行的基础货币量与货币乘数也可以计算出货币供给量会增加多少。

二、凯恩斯主义的货币政策

（一）货币政策发生作用的前提

当货币供给量发生变化时，利息率也会发生相应的变化，这样就可以通过利率变动影响需求，进而调节经济。但是，通过货币供给量调节利息率，是以债券是货币的唯一替代物的假定为条件的：① 如果货币供给量增加，人们就要以货币购买债券，债券的价格就会上升；反之，如果货币供给量减少，人们就要抛出债券以换取货币，债券的价格就会下降。货币供给量变化引起的利息率变化与债券的价格呈反方向变动。② 债券的价格与债券收益成正比，而与利息率成反比。其公式为：

$$债券价格 = \frac{债券收益}{利息率}$$

根据以上公式，债券价格与债券收益的大小成正比，与利息率的高低成反比（如果把债券换为资产，则资产定价模型可以表示为资产价格＝资产年收益/利率或有价证券价格＝年收益/利率）。这样，货币量增加，债券价格上升，利息率就会下降；反之，货币量减少，债券价格下降，利息率就会上升。如果没有人们以债券和货币形式保持财富的假定，比如人们货币多了，倾向于购买房屋、珠宝、藏品、股票、保险、耐用品等，那么，货币政策的效力将大打折扣。

（二）货币政策工具

凯恩斯主义的货币政策工具主要包括：公开市场业务、贴现政策、准备率政策。

1. 公开市场业务

公开市场业务就是中央银行在金融市场上买进或卖出有价证券。其中主要有国库券、其他政府债券、机构债券和银行承兑汇票。买进或卖出有价证券是为了调节货币供给量。买进有价证券实际上就是发行货币，从而增加货币供给量；卖出有价证券实际上就是回笼货币，从而减少货币供给量。公开市场业务是一种灵活而有效地调节货币量，进而影响利息率的工具，因此，它成为最重要的货币政策工具。

> 公开市场业务：
> 中央银行在金融市场上买进或卖出有价证券。

2. 贴现政策

贴现是商业银行向中央银行贷款的方式。当商业银行资金不足时，可以用客户借款时提供的票据到中央银行要求再贴现，或者以政府债券或中央银行同意接受的其他"合格的证券"作为担保来贷款。再贴现与抵押贷款都称为贴现，目前以后一种方式为主。贴现的期限一般较短，为一天到两周。商业银行向中央银行进行这种贴现时所付的利息率就称为贴现率。贴现政策包括变动贴现率与贴现条件，其中最主要的是变动贴现率。中央银行降低贴现率或放松贴现条件，使商业银行得到更多的资金，这样就可以增加它对客户的放款，放款的增加又可以通过银行创造货币的机制增加流通中的货币供给量，降低利息率。相反，中央银行提高贴现率或严格贴现条件，使商业银行资金短缺，这样就不得不减少对客户的放款或收回贷款，贷款的减少也可以通过银行创造货币的机制减少流通中的货币供给量，提高利息率。此外，贴现率作为官方利息率，它的变动也会影响一般利息率水平，使一般利息率与之同方向变动。

> 贴现率：
> 商业银行向中央银行进行贴现时所付的利息率。

3. 准备率政策

准备率是商业银行吸收的存款中用作准备金的比率，准备金包括库存现金和在中央银行的存款。中央银行变动准备率则可以通过对准备金的影响来调节货币供给量。假定商业银行的准备率正好达到了法定要求，这时，中央银行降低准备率就会使商业银行产生超额准备金，这部分超额准备金可以作为贷款放出，从而又通过银行创造货币的机制增加货币供给量，降低利息率。相反，中央银行提高准备率就会使商业银行原有的准备金低于法定要求，于是商业银行不得不收

> 准备率：
> 商业银行吸收的存款中用做准备金的比率。

回贷款,从而又通过银行创造货币的机制减少货币供给量,提高利息率。

除此之外,货币政策工具还有道义劝告(中央银行对商业银行的业务指导)、垫头规定、利息率上限、控制分期付款与抵押贷款条件等政策。

(三)货币政策工具的运用

货币政策工具的运用主要通过中央银行进行,针对不同经济状况,中央银行分别采取"紧"或"松"的货币政策。

在繁荣时期,总需求大于总供给,为了抑制总需求,就要运用紧缩性货币政策。其中包括在公开市场上卖出有价证券,提高贴现率并严格贴现条件,提高准备率等。这些政策可以减少货币供给量,提高利息率,抑制总需求。

在萧条时期,总需求小于总供给,为了刺激总需求,就要运用扩张性货币政策。其中包括在公开市场上买进有价证券,降低贴现率并放松贴现条件,降低准备率等。这些政策可以增加货币供给量,降低利息率,刺激总需求。

凯恩斯主义者承认,货币政策实施中也会遇到困难:① 萧条时期,商业银行要考虑放款风险,尽管贷款需求因利率变化出现回升,但商业银行仍会惜贷;② 萧条时期,因为企业预期利润率较低,企业也不愿意向银行贷款,尽管利率较低;③ 根据流动偏好理论,利息率的下降总有一个最低限度,超过此限,货币供给量无论怎样增加都不会使利息率降低;④ 在通货膨胀期间,尽管中央银行采取措施来提高利息率,但企业感到这时借款有利可图,仍继续借款,置较高的利息率于不顾。正是由于这样一些原因,凯恩斯主义者更多地重视财政政策。

案例分析

格林斯潘与美国货币政策

美联储前主席格林斯潘在任期间,其一言一行都备受关注。他在任时被认为是美国仅次于总统的第二号人物,在经济方面,甚至比总统地位还高。他知道自己"一言可以兴邦,一言可以废邦",说话格外谨慎,习惯于用一种故意让人不明其意的"美联储语言",以至于用这种语言向女友求婚,女友没听懂,导致婚事拖了好几年。

格林斯潘为什么有如此大的影响力呢?这来自两个方面:一是货币政策在美国经济中的重要性及美国经济在世界上的地位;二是美联储的独立性及决策权。

美国政府一直运用财政政策与货币政策调节经济。但总的趋势是货币政策的作用在不断加强，而财政政策的作用相对下降。这是因为，美国经济学家芒德尔证明了在资本自由流动和浮动汇率的情况下，货币政策对国内宏观经济的影响要大于财政政策。在20世纪90年代，克林顿政府就是主要靠货币政策实现了经济繁荣与物价稳定。这种政策的主要制定者正是格林斯潘。由于美国经济是世界经济的领头羊，"美国感冒，全世界打喷嚏。"这样，对美国经济影响重大的人，必定也是对世界经济影响重大的人。

格林斯潘的地位还与美联储的独立性相关。美联储的最高领导机构由总统任命，并由得到议会批准的7名理事会成员组成，每位成员任职14年，每2年更换一位。理事会主席，即美联储主席由总统任命并得到议会批准，任期4年。决定货币政策的机构是美国联邦公开市场委员会，由美联储7位理事和12个地区联邦储备银行总裁组成（其中5位有投票权，除纽约联邦储备银行总裁外，其他4位轮流担任），这些地区联邦储备银行总裁并不是由政府任命的，而是由选举产生的。格林斯潘也是联邦公开市场委员会的主席。货币政策由美联储的联邦公开市场委员会决定，不受议会和政府干预。从而美联储的这种独立性也加强了格林斯潘的地位。

格林斯潘自1987年以来先后由老布什、克林顿和小布什任命为美联储主席，可见他在美国货币政策的决定中起了至关重要的作用。

三、货币主义的政策主张

货币主义的代表人物是米尔顿·弗里德曼，他反对凯恩斯主义的干预政策，主张把市场从政府干预中解脱出来。

（一）自然失业率

弗里德曼提出"自然失业率"概念，认为适当的失业是可以忍受的，是市场经济的正常现象，政府没必要去想尽办法减少失业。政府干预只会导致极其有害的通货膨胀，政府在失业与通货膨胀左右为难的政策选择中，破坏了市场功能，因而，他主张货币供给量的变化应遵循"单一规则"。货币主义的政策主张对1979年以来的英国撒切尔政府和美国里根政府的经济政策有很大影响。

微课：
干预与反干预大师

（二）现代货币数量论

货币主义的货币政策在传递机制上与凯恩斯主义的货币政策不同。货币主义的基础理论是现代货币数量论，即认为影响国民收入与价格水平的不是利息率而是货币量。货币量直接影响国民收入与价格水平这一机制的前提是：人们的财富具有多种形式，包括货币、债券、股票、住宅、珠宝、耐用消费品等。这样，人们在保存财富时就不仅是在货币与债券中作出选择，而是在这各种财富的形式中进行选择。在这一假设之下，货币供给量的变动主要并不是影响利息率，而是影响各种形式的资产的相对价格。在货币供给量增加后，各种资产的价格上升，从而直接刺激生产，在短期内使国民收入增加，以后又会使整个价格水平上升。相反，减少货币供给量则减缓投资、生产及价格水平上升。

货币主义者反对把利息率作为货币政策的目标。因为货币供给量的增加只会在短期内降低利息率，而其主要影响还是提高利息率。这首先在于，货币供给量的增加使总需求增加，总需求增加一方面增加了货币需求量，另一方面提高了物价水平，货币实际供给量减少了，结果，利息率提高。另外，货币供给量增加，会提高人们的通货膨胀预期，从而也提高了名义利息率。

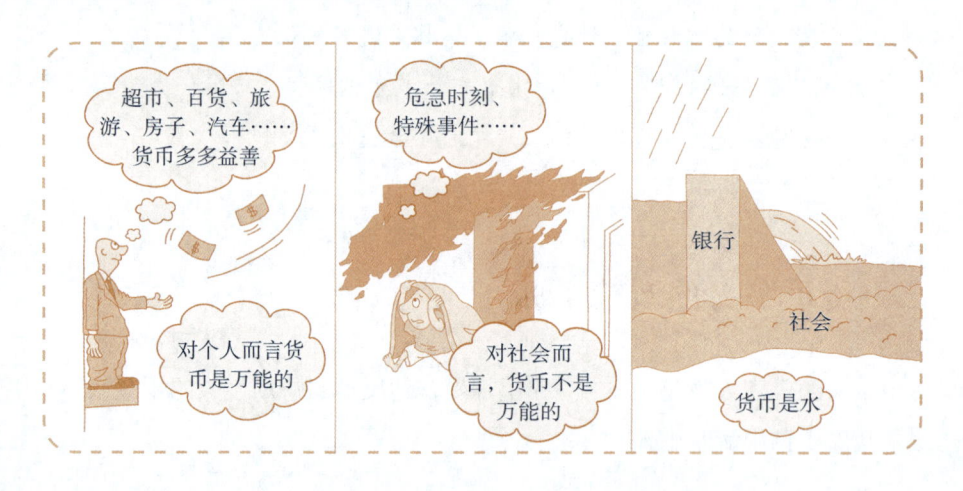

※ 货币供给量

第三节 经济中的自动稳定因素

一、财政制度中的自动稳定器

某些财政政策由于其本身的特点，具有自动调节经济，使经济稳定的机制，被称

为 内在稳定器，或者自动稳定器。具有内在稳定器作用的财政政策，主要是个人所得税、公司所得税，以及各种转移支付。个人所得税与公司所得税有其固定的起征点和税率。当经济萧条时，由于收入减少，税收也会自动减少，从而抑制了消费与投资的减少，有助于减轻萧条的程度。当经济繁荣时，由于收入增加，税收也会自动增加，从而就抑制了消费与投资的增加，有助于减轻由于需求过大而引起的通货膨胀。失业补助与其他福利支出这类转移支付，有其固定的发放标准。当经济萧条时，由于失业人数和需要其他补助的人数增加，这类转移支付会自动增加，从而抑制了消费与投资的减少，有助于减轻经济萧条的程度。当经济繁荣时，由于失业人数和需要其他补助的人数减少，这类转移支付会自动减少，从而抑制了消费与投资的增加，有助于减轻由于需求过大而引起的通货膨胀。

> **内在稳定器：**
> 某些财政政策由于其本身的特点，具有自动地调节经济，使经济稳定的机制，也被称为自动稳定器。

内在稳定器自动地发生作用和调节经济，无须政府作出任何决策。但是，内在稳定器调节经济的作用是十分有限的。它只能减轻萧条或通货膨胀的程度，并不能改变萧条或通货膨胀的总趋势；只能对财政政策起到自动配合的作用，并不能代替财政政策。因此，尽管某些财政政策具有内在稳定器的作用，但仍需要政府有意识地运用财政政策来调节经济。

二、农产品价格维持制度

农产品价格维持制度是指政府为调动农场主积极性就某些农产品采取的支持价格政策，或允许农场主以农产品作为抵押，从有关的信用部门取得贷款。实行这一制度，在经济萧条时，农场主能从政府那里得到补贴，以弥补农产品价格下降造成的损失；在通货膨胀时期，农产品价格上升，政府可以抛出手中的农产品，从而抑制了农产品价格攀升。

三、调节通货膨胀的自动因素

（一）凯恩斯效应（利息率效应）

根据凯恩斯的灵活偏好规律，对货币的需求由日常交易需求、预防需求、投机需求三部分组成。假定货币供给量不变，当出现通货膨胀时，必将增加货币的日常需求而减少货币的投机需求。又因为投机需求与利息率存在反向变化关系，即投机用的货币减少，利息率将上升，投资需求因此下降，总需求下降，这就抑制了通货膨胀。相反，物价下降，当货币供给量不变时，日常交易用的货币减少了，投机用的货币增加了，利息率就会随之下降。利率下降，投资增加，总需求扩大，会阻止物价下跌。

（二）庇古效应（实际货币余额效应）

按照庇古的观点，通货膨胀发生后，实际货币（人们手中名义货币实际的购买力）余额少了，货币持有人财富减少，于是人们将减少消费，消费需求减少，总需求下降，从而通货膨胀得到抑制。反之，物价下降，实际货币上升，人们将增加消费，需求扩大，这会阻止物价继续下跌。

（三）累进所得税效应

通货膨胀时，人们收入（名义货币收入）增加，较多的人进入较高的纳税等级或达到纳税起征点，纳税的人多了，投资和消费需求受到抑制，从而遏制通货膨胀。反之，物价下跌后，人们收入下降，有些人将远离纳税起征点或降入纳税较低的等级，纳税下降，收入增加，消费和投资增加，总需求上升，阻碍物价进一步下降。

第四节　财政政策与货币政策的配合——相机抉择

一、相机抉择

相机抉择是指政府在进行需求管理时，可以根据市场情况和各项调节措施的特点，机动地决定和选择一种或几种措施。

财政政策措施与货币政策措施的特点是不同的。财政政策措施较直接，而货币政策较间接（通过利息率起作用），在猛烈程度、时延程度、影响范围、政策阻力等方面各项措施都不一样。

（1）猛烈程度。例如，政府支出的增加与法定准备率的调整作用都比较猛烈；税收政策与公开市场业务的作用都比较缓慢。

（2）时延程度。例如，货币政策可以由中央银行决定，作用快一些；财政政策从提案到议会讨论、通过，要经过一段相当长的时间。

（3）影响范围。例如，政府支出政策影响面就大一些，公开市场业务影响的面则小一些。

（4）政策阻力。例如，增税与减少政府支出的阻力较大，而货币政策一般说来遇到的阻力较小。

因此，在需要进行调节时，究竟应采取哪一项政策，或者如何对不同的政策手段进行搭配使用，并没有一个固定不变的程式，政府应根据不同的情况，灵活地决定。

这种对政策的配合在于要根据不同的经济形势采取不同的政策。例如，在经济发生严重的衰退时，就不能运用作用缓慢的政策，而是要运用作用较猛烈的政策，如紧急增加政府支出，或举办公共工程；相反，当经济开始出现衰退的苗头时，不能采用作用猛烈的政策，而要采用一些作用缓慢的政策，如有计划地在金融市场上收购债券以便缓慢地增加货币供给量，降低利息率。

相机抉择的实质是灵活地运用各种政策，所包括的范围相当广泛。例如，在什么情况下不用采用政策措施，可以依靠经济本身的机制自发地调节；什么情况下必须采用政策措施等。这些都属于运用政策的技巧。

二、$IS-LM$模型分析

$IS-LM$模型是说明产品市场和货币市场同时均衡时国民收入与利息率决定的模型。在$IS-LM$模型中，可以显示储蓄（S）、投资（I）、货币需求（L）与供给（M）如何影响国民收入和利息率（Y和i），利用$IS-LM$模型还可以分析财政政策和货币政策及其效果。所以，$IS-LM$模型是宏观经济分析的核心。

IS曲线的导出。根据$C=C(Y)$；$I=I(i)$；$S=S(Y)$；国民收入均衡条件$S=I$，可以得出：$S(Y)=I(i)$，即储蓄（S）是国民收入（Y）的递增函数，投资（I）是利息率的递减函数。IS曲线是描述商品（产品）市场达到均衡的曲线，当$S(Y)=I(i)$时，国民收入与利息率之间存在反方向变动关系的曲线。IS曲线上的任一点，$S=I$，即总供给与总需求相等,它表明,利息率高则国民收入低,利息率低则国民收入高。之所以如此,是因为利息率与投资呈反方向变动,如图10-2所示。

LM曲线的导出。根据$L_1=L_1(Y)$,$L_2=L_2(i)$,货币市场均衡条件$M=L$,可以得到$M=L_1(Y)+L_2(i)$。也就是说,当货币供给(M)不变时,由于L_1(对货币的交易需求和预防需求)与国民收入同方向变动(递增函数),L_2(对货币的投机需求)与利息率反方向变动(递减函数),L_1上升(因国民收入Y上升),M既定,为了使$M=L$成立,货币的投机需求L_2必须减少。L_2的减少是利息率上升的结果,L_1的增加是国民收入增加的结果。因此,当货币市场实现均衡时,国民收入与利息率之间必然是同方向变动的关系,即$M=L_1(Y)+L_2(i)$,$i\uparrow$,$L_2\downarrow$,$L_1\uparrow$,$Y\uparrow$,也就是当M不变,且$M=L$时,$i\uparrow$,$Y\uparrow$。如图10-3所示,LM曲线上的任一点,$M=L=L_1(Y)+L_2(i)$。

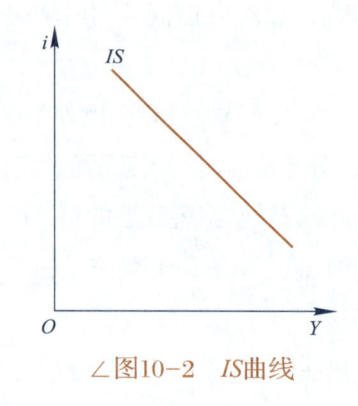

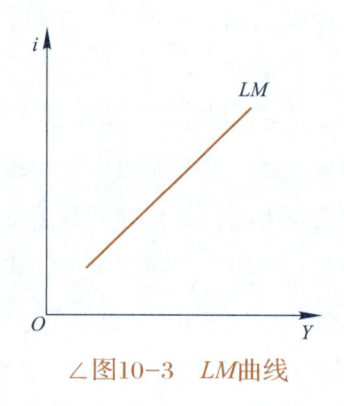

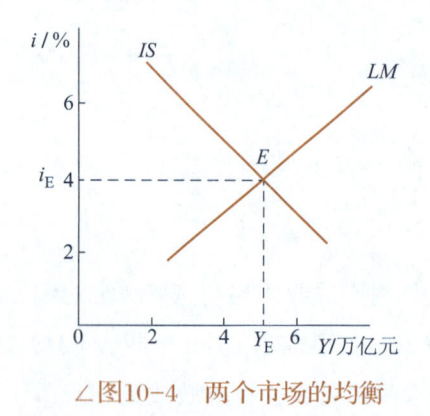

∠图10-2　IS曲线

∠图10-3　LM曲线

IS-LM模型及运用。把IS曲线与LM曲线放在一个图上就可以得出两个市场(商品市场和货币市场)均衡时,国民收入和利息率的决定。如图10-4所示,两条曲线相交的E点,是两个市场同时均衡的点,此时$I=S=L=M$,这时决定了均衡的利息率水平为i_E,均衡的国民收入为Y_E,如图10-4所示,当$i=4\%$,$Y=5.6$万亿元。而在E点以外,则不能实现两个市场的均衡。

∠图10-4　两个市场的均衡

> **即问即答**
>
> **IS-LM模型**
>
> 已知货币供给量$M=220$,货币需求方程为$L=0.4Y+1.2/r$,投资函数为$I=195-2\,000r$,储蓄函数为$S=-50+0.25Y$。设价格水平$P=1$,求两个

第四节 财政政策与货币政策的配合——相机抉择

市场同时均衡时的国民收入水平和利率水平。（答：$IS-LM$ 模型的经济含义是 $I=S=L=M$ 时国民收入与利率的关系。令 $S=I$ 得到 IS 曲线方程；货币市场均衡：$L=M/P$ 得到 LM 曲线方程；联立解得：$Y=500$，$r=0.06$。）

总供求变动效应。从 $IS-LM$ 模型可以看出：总需求（自发总需求 I）的变动引起利息率和国民收入的同方向移动（见图10-5）；货币量的变动引起 LM 曲线的移动，从而引起利息率反方向移动，引起国民收入同方向移动（见图10-6）。

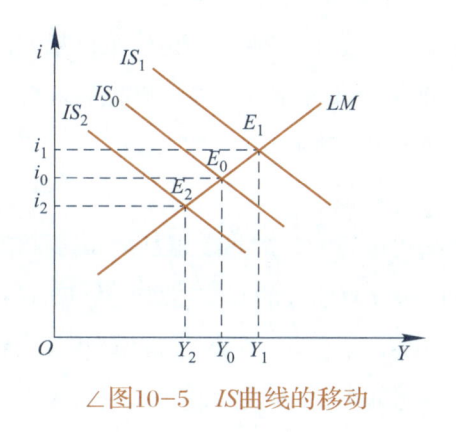

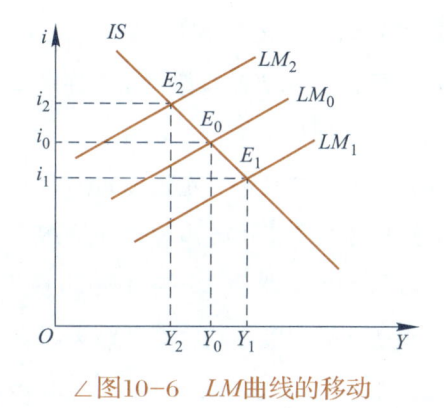

∠图10-5 IS 曲线的移动

∠图10-6 LM 曲线的移动

实际的均衡国民收入是由 LM 和 IS 曲线共同（交点）决定的，所以实际的收入变化要比单独考察 IS 曲线或 LM 曲线移动所引起的收入变化小，因为：当 IS 曲线单独移动时，需求增加，收入会增加，对货币的需求增加，而货币供给不变，利率会上升，抑制了投资，这样，需求的增加使收入上升的同时又抵消了一部分收入（挤出效应），所以，收入增加的幅度要小于单独考察的 IS 曲线中收入增加的幅度；当 IS 曲线不变时，LM 曲线右移，货币增加，利率下降，投资和收入增加，利率下降，又使对货币的需求上升，从而抵消一部分货币供给的增加，也抵消了一部分收入的增加。所以，在两个市场模型中，任何一个市场的变动都会引起另一个市场发生变化并使收入的变化相对地减弱了。

财政政策与货币政策的配合。在图10-7中，IS_0 与 LM_0 相交于 E_0，决定了国民收入为 Y_0，利息率为 i_0。实行扩张性财

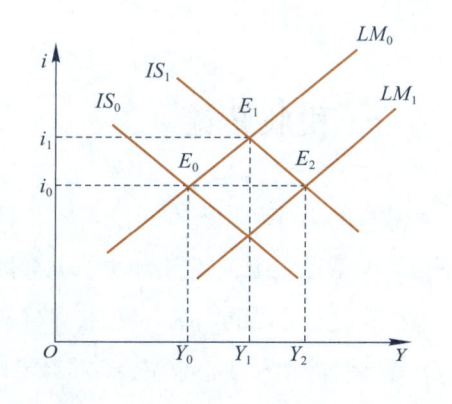

∠图10-7 财政政策与货币政策的配合

动画：
财政政策与货币政策的配合

政政策，IS曲线从IS_0移动到IS_1，IS_1与LM_0相交于E_1，决定了国民收入为Y_1，利息率为i_1。这说明实行扩张性财政政策使国民收入增加，利息率上升，而利息率的上升产生挤出效应，不利于国民收入的进一步增加。这时，再配合以扩张性货币政策，即增加货币量使LM曲线从LM_0移动到LM_1，LM_1与IS_1相交于E_2，决定了国民收入为Y_2，利息率为i_0。这说明，在用扩张性货币政策与扩张性财政政策配合时，可以不使利息率上升，而又使国民收入有较大的增加，从而可以有效地刺激经济。

在繁荣时期，也可以同时使用紧缩性财政政策与紧缩性货币政策，以便更有效地制止通货膨胀。有时还可以把扩张性财政政策与紧缩性货币政策配合，以便在刺激总需求的同时，又不至于引起严重的通货膨胀。或者把扩张性货币政策与紧缩性财政政策配合，以便在刺激总需求的同时，不增加财政赤字等。还可以把需求管理政策与供给管理政策配合。例如，在运用扩张性需求管理政策的同时，运用收入政策，把通货膨胀率控制在一定程度之内。

财政政策和货币政策效果。从IS-LM模型可以看出，IS曲线或LM曲线的移动对国民收入和价格水平的影响程度取决于IS曲线或LM曲线的斜率。IS曲线或LM曲线的平坦或陡峭程度不同，财政政策和货币政策效果就不同。在IS-LM模型中，LM曲线越陡峭，财政政策效果越弱，货币政策效果越显著；LM曲线越平坦，财政政策效果越显著，货币政策效果越弱。

在IS-LM模型中，LM曲线呈水平状时，财政政策有效，货币政策无效；LM曲线呈垂直状时，财政政策无效，货币政策有效；LM曲线向右上倾斜时，财政政策和货币政策皆有效。判断LM曲线的状态是选择财政政策或货币政策的关键。

第五节　供给管理政策

一、税收政策

减税能给劳动和资本的投入带来影响。许多经济学家，如拉弗等人还指出，税收不但影响劳动供给，还影响对劳动的需求。提高税率（工薪税）会提高人工成本，从而减少企业对劳动的需求。反之，降低税率（工薪税）则会增加企业对劳动的需求。

许多经济学家担心减税会减少政府财政收入，从而削弱政府调控经济的能力。但拉弗认为，减税不一定减少财政收入。如图10-8所示，纵、横轴分别代表政府财政收入总额和税率。显然，当税率为0时，财政收入为0，当税率为100%时，财政收入仍然为0。拉弗曲线说明，税率高，政府财政收入不一定高。只有当税率为50%左右时，政府财政收入最高。拉弗认为，实际生活中的税率特别是边际税率已经超过50%，所以，减税不但不会减少政府财政收入，反而可以由于征税和税基面有较大幅度的扩大而提高政府财政收入。

减税在供给和需求方面的作用。减税对供求的影响在西方存在争论，但大多数西方经济学家认为，至少在短期内，减税对供给和需求都有影响，只不过对需求的影响更明显一些。如图10-9所示，开始时需求曲线和供给曲线为AD_0和AS_0，价格水平为P_0，国民收入为Y_0。减税后，总需求增加为AD_1，总供给增加为AS_1，总需求增加到AD_1使价格水平上升，国民收入也相应增加。而总供给增加会降低价格水平，国民收入也提高。并且，总需求曲线移动的幅度大于总供给曲线移动的幅度，所以减税会起到增加国民收入、提高价格的作用。

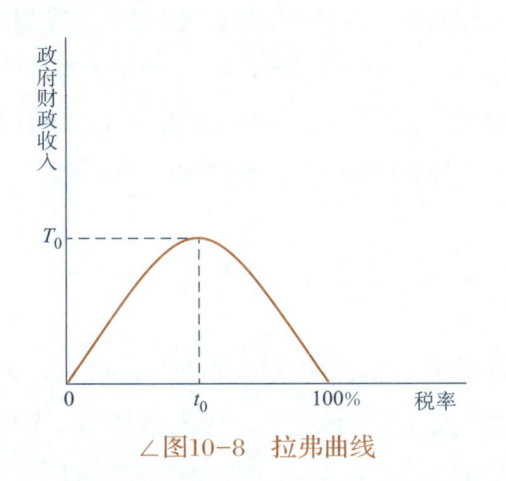

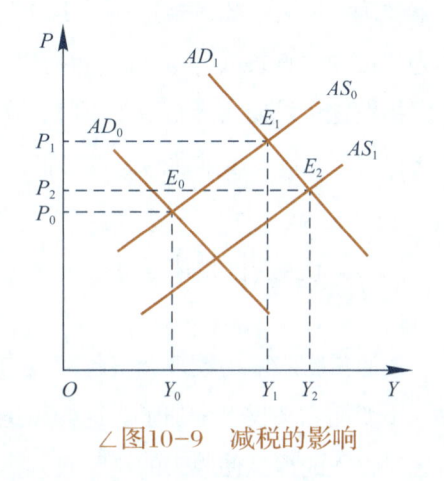

∠图10-8 拉弗曲线　　　　∠图10-9 减税的影响

微课：
里根经济学和拉弗曲线

二、收入政策

收入政策主要是通过控制工资与物价来抑制通货膨胀的政策。此政策的出发点是认为通货膨胀是由成本（工资）推动引起的。收入政策把工资与物价的调控作为对象，其办法是：①工资—物价冻结。冻结时间长则一年半载，短则三个月。经济学家认为，工资—物价冻结，短期或特殊时期可用，长期有害无益。②工资与物价指导线。政府规定工资增长率，要求企业、工会根据"工资指导线"确定工资增长率，企业要根据政府规定的工资、物价上涨的上限确定工人工资和产品涨价幅度，不执行者将受到惩罚（课以重税或法律惩治）。

295

三、指数化

通货膨胀会引起收入分配的变动，使一些人受害，另一些人受益，从而对经济产生不利的影响。指数化就是为了消除这种不利影响，以对付通货膨胀的政策。它的具体做法是，定期地根据通货膨胀率来调整各种收入的名义价值，以使其实际价值保持不变。主要的指数化措施有：

（一）工资指数化

工资指数是指按通货膨胀率指数来调整名义工资，以保持实际工资水平不变。在经济发生通货膨胀时，如果工人的名义工资没变，实际工资就下降了。这就会引起有利于资本家而不利于工人的收入再分配。为了保持工人的实际工资不变，在工资合同中就要确定有关条款，规定在一定时期内按消费物价指数来调整名义工资，这项规定称为"自动调整条款"。此外，也可以通过其他措施按通货膨胀率来调整工资增长率。工资指数化可以使实际工资不下降，从而维护社会的安定。但在有些情况下，工资指数化也引起工资成本推动的通货膨胀。与工资指数化相关的是其他的收入指数化。

（二）税收指数化

按通货膨胀率指数来调整起征点与税率等级。当经济中发生了通货膨胀时，实际收入不变而名义收入增加了。这样，纳税的起征点实际降低了。在累进税制下，纳税者名义收入的提高使原来的实际收入进入到更高的税率等级，从而使交纳的实际税金增加。如果不实行税收指数化，就会使收入分配发生不利于公众而有利于政府的变化，成为政府加剧通货膨胀的动力。只有根据通货膨胀率来调整税收，即提高起征点并调整税率等级，才能避免不利的影响，使政府采取有力的措施来制止通货膨胀。

此外，利息率也应该根据通货膨胀率来进行调整。

四、人力政策或就业政策

人力政策又称就业政策，是一种旨在改善劳动市场结构，以减少失业的政策。主要有以下三方面。

（一）人力资本投资

由政府或有关机构向劳动者投资，以提高劳动者的文化技术水平与身体素质，适应劳动力市场的需求。从长期来看，人力资本投资的主要内容是增加教育投资，普及教育；从短期来看，人力资本投资是对工人进行在职培训，或者对由于技术不适应而失业的工人进行培训，增强他们的就业能力。

（二）完善劳动市场

失业产生的一个重要原因是劳动市场的不完善，例如，劳动供求的信息不畅通，就业介绍机构的缺乏等。因此，政府应该不断完善和增加各类就业介绍机构，为劳动的供求双方提供迅速、准确而完全的信息，使求职者找到满意的工作，企业也能得到他们所需要的员工。这无疑会有效地减少失业，尤其是降低自然失业率。

（三）协助劳动力进行流动

劳动者在地区、行业和部门之间的流动，有利于劳动的合理配置与劳动者人尽其才，也能减少由于劳动力的地区结构和劳动力的流动困难等原因而造成的失业。对劳动力流动的协助包括提供充分的信息，以及必要的物质帮助与鼓励。

五、贸易政策和汇率政策

（一）保护贸易政策

保护贸易政策有三种：①关税保护；②进口限额和出口补贴；③进口特许。这几种方式都会起到保护本国工业的作用，有的措施是降低了国内市场产品的供给总量而提高了国内产品的价格，尤其是提高了进口产品的价格，使其缺乏竞争力（如关税方式）；有的措施直接限制国外产品的进口量，同样达到了提高进口产品价格的目的（如进口限额）；进口特许则是直接降低国内对进口品的需求。

保护贸易的副作用是显而易见的：第一，使国内产品价格高于国外产品；第二，国内消费者对同样产品支付较高的货币量，因此会减少消费量，减少消费者剩余；

第三，长期中使国内企业越来越依赖于保护政策，丧失国际竞争力。但是，也有的经济学家认为，保护政策可以改变一国的贸易条件，使国内生产者和消费者从中获益（如石油输出国组织从石油涨价中得到的巨额石油美元）；保护政策可以保护"幼稚工业"；保护政策还能减少失业，实现非经济目标等。

（二）汇率贬值政策

本国货币贬值会降低出口产品的相对价格，扩大出口，减少进口。贬值的益处通过一定时间才能显露出来。因为，汇率贬值后，绝大部分贸易按原来签订的合同交易，在按新汇率结算时，会使以本币计算的出口商品收汇减少，而以外汇支付的进口商品的数额却不变，于是就在短期内使国际收支状况恶化。只有过一段时间后，随着出口增加，进口减少，对经济才会有有利的影响。例如，从1976年底到1978年底，美元汇率平均下跌15%，但贸易赤字却从1976年第四季度的30亿美元增加到1978年第一季度的110亿美元，到1978年第四季度才下跌至60亿美元。

（三）汇率管制政策

在浮动汇率之下，政府也要运用买卖外汇的方法对汇率进行干预，避免汇率的大幅度波动。这是因为汇率的波动影响人们对未来的预期，使人们对经济持悲观态度，从而影响经济的稳定性。特别是汇率的过分贬值还会使国内通货膨胀加剧，不利于物价稳定的目标。有时为了经济与非经济目标，也需要通过干预，维持较低或较高的汇率。

> **案例分析**
>
> **宏观经济政策的最优组合是一门艺术**
>
> 在开放经济的条件下如何调节经济，以实现经济繁荣是各国都要面对的问题。在20世纪90年代克林顿政府成功地使美国经济保持了近10年之久的繁荣的经验，值得我们重视。
>
> 1993年，克林顿上任时，面临两个挑战：从1981年开始并一直增加的财政赤字已占GDP的4.9%，经济在衰退，失业率超过了7%。他的目标是减少赤字，实现充分就业。按传统理论这两个目标需要两种不同的政策。减少赤字要用紧缩性政策，实现充分就业要用扩张性政策。在美国这样一个

开放的经济中,应该用什么政策组合来同时实现这两个政策目标呢?

美国经济学家芒德尔证明了,在一个资本自由流动,而且实行浮动汇率的经济中,就对国内宏观经济的影响而言,财政政策的作用远远小于货币政策。因为在资本自由流动条件下,国内与国外利率,当实行扩张性货币政策使国内利率下降时,资本流出,汇率下降,可以促进出口与经济繁荣,而财政政策引起利率上升,对经济的刺激作用有限。于是克林顿采用紧缩性财政政策,减少支出,增加税收,结果财政赤字减少。美联储实行扩张性货币政策,刺激了投资,而投资增加,股市上扬,又增加了人们的消费信心,消费也增加,边际消费倾向从长期的 0.676 上升到 0.68。这就有力地刺激了美国的经济,实现了繁荣。

这种政策的最优组合说明运用政策调节经济是一门艺术。

原理运用

怎样刺激经济:消费还是投资?

如何实现经济增长?答案是应该增加需求,即消费、投资和出口。消费函数理论说明了消费的稳定性。它告诉我们,要刺激消费是困难的,因为消费是收入的函数,提高收入水平才能鼓励消费。20世纪末21世纪初前后几年中,中国8次降息,但对内需的拉动有限,居民储蓄一直增加,已达8万多亿元,这说明拉动消费不容易。

拉动投资,最近五年中国固定资产投资超过20%,投资增加引起总需求上升并引起利率上升,同时基础原材料、能源、钢铁等价格上涨,加速通货膨胀预期形成。

鼓励出口,国际收支不平衡加剧,外汇储备累积超过3万亿美元,央行被动发行基础货币引发流动性过剩,资产价格(股票和房地产)膨胀。

如何实现经济增长,问题又回到消费,回到衣、食、住、行、生、老、病、死、医疗、教育。其中,有的是消费,有的是投资,有的既是消费又是投资;有的需要市场解决,有的需要政府解决,有的需要市场和政府一起来解决;有的是需求问题,有的是供给问题。

第十章 宏观经济政策

本章简评

自20世纪30年代凯恩斯主义诞生以来，西方宏观经济政策经历了干预主义与自由主义反复交替的过程。这本身就说明了宏观经济政策的局限性：① 财政政策效果的时间滞后性，使经济运行更加不稳定，另外，财政政策实施会遇到减税容易增税难、利益集团干扰等诸多困难。② 货币政策失败，尤其是遇到严重衰退时期，极低的利率也不能刺激企业投资和居民消费。因为人们预期悲观，对经济前景信心不足导致投资和消费意愿不断下降。③ 流动偏好陷阱，货币供应量增加，但利率不再下降，债券价格停止上涨，货币政策失效。

本 章 小 结

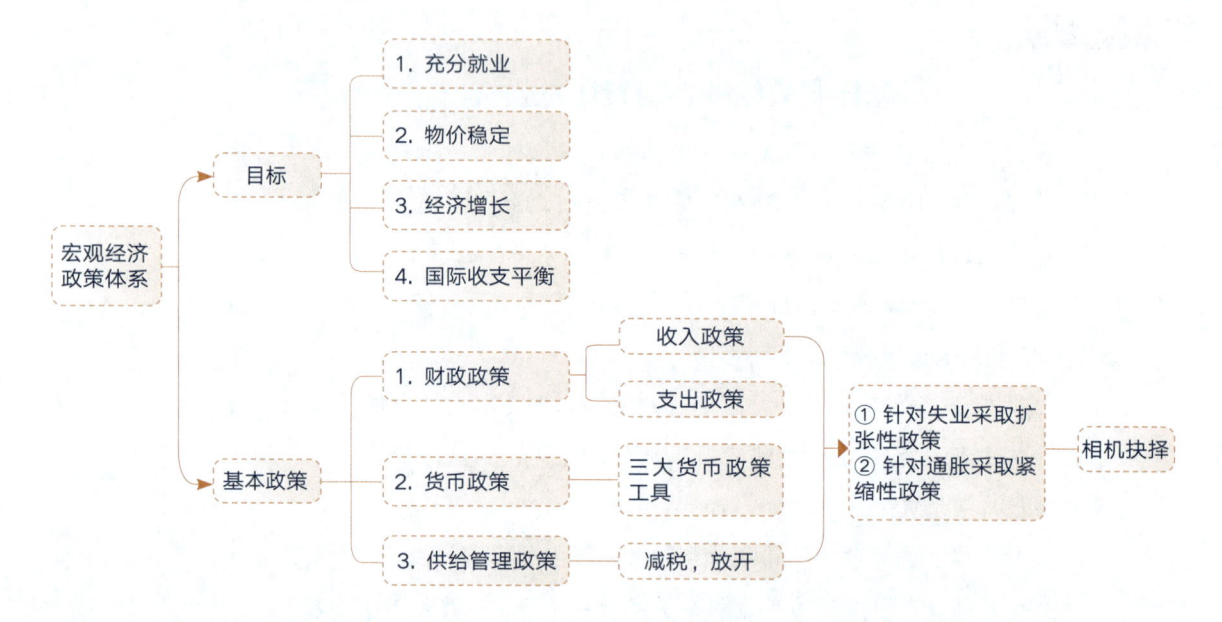

宏观经济政策体系
- 目标
  1. 充分就业
  2. 物价稳定
  3. 经济增长
  4. 国际收支平衡
- 基本政策
  1. 财政政策 —— 收入政策 / 支出政策
  2. 货币政策 —— 三大货币政策工具
  3. 供给管理政策 —— 减税，放开

① 针对失业采取扩张性政策
② 针对通胀采取紧缩性政策 —— 相机抉择

讨论及思考题

1. 简述宏观经济政策的目标。（提示：充分就业、物价稳定、经济增长、国际收支平衡。）

2. 财政政策的工具主要有哪些？（提示：包括收入政策工具和支出政策工具。具体来讲包括：国家预算、税收、财政投资、公债或财政信用、补贴和转移支付等。）

3. 中央银行控制货币供给的三大政策工具是什么？（提示：公开市场业务、准备率政策、再贴现政策。）

练习题或案例题

1. 已知 $M_d/P=0.3Y+100-15r$，$M_s=1\,000$，$P=1$。试推导出 LM 曲线。（提示：M 为名义货币，它除以价格水平 P 得到实际货币，因为 $P=1$，所以，M_d、M_s 就是实际货币需求和供给。令 $M_d=M_s$，$Y=3\,000+50r$。）

2. 已知 $C=100+0.7(Y-T)$，$I=900-25r$，$G=100$，$T=100$，$M_d/P=0.2Y+100-50r$，$M_s=500$，$P=1$。试求均衡的收入 Y 和利率 r。（提示：$Y=C+I+G$，得到 IS 曲线方程：$0.3Y+25r=1\,030$；$M_d/P=M_s/P$ 得到 LM 曲线方程：$0.2Y+100-50r=500$；联立解出：$Y=3\,075$，$r=4.3$。）

3. 已知货币供给量 $M=220$，货币需求方程为 $L=0.4Y+1.2/r$，投资函数为 $I=195-2\,000r$，储蓄函数为 $S=-50+0.25Y$。设价格水平 $P=1$，求两个市场同时均衡时的国民收入水平和利率水平。（提示：IS-LM 模型的经济含义是 $I=S=L=M$ 时国民收入与利率的关系。令 $S=I$ 得到 IS 曲线方程；货币市场均衡：$L=M/P$ 得到 LM 曲线方程；联立解得出：$Y=500$，$r=0.06$。）

4. 已知供求函数分别为：$S=2P$，$D=300-P$，如果政府对买者每单位征税 T 元，请写出政府的财政收入函数方程并说出该方程的几何形状及经济含义。【提示：① 政府征税后，需求函数改变为 $D'=300-(P+T)$，令 $D'=S$，得到"均衡价格方程" $P'=100-\frac{1}{3}T$。② 财政收入方程即税收方程 $T(Q)=T\times Q'$，又有 $S=D'=Q'=2\times P'=2\times(100-\frac{1}{3}T)$。所以，财政收入方程 $T\times Q'=T\times[2\times(100-\frac{1}{3}T)]$。③ 当 T 取 0、50、100、150、200、250、300 时，财政收入分别为 0、8 333、13 333、15 000、13 333、8 333、0，以 T 作横轴，财政收入为纵轴，可以画出如教材图 10-8 所示的拉弗曲线图。④ 拉弗曲线几何曲线图的经济含义是：征税并非越多越好，当征税 $T=300$ 时，财政收入为 0，合适的税收既可以激励供给（供给侧改革），又能保证政府的财政收入最大化——当 $T=150$ 时，财政收入 $T\times Q=15\,000$，为最大。】

结束语

一、西方经济学的含义与内容

从地域来源看，西方经济学是指来自西方国家特别是西方发达国家的经济学理论与方法。从内容看，西方经济学涵盖了企业管理方法和理论（有关企业的技术管理、人事管理、市场开拓等）、对行业运行的分析（贸易经济学、体育经济学、卫生经济学、科学经济学、农业经济学、石油经济学、资源经济学等）、有关西方经济制度和运行特征及政策的分析（微观经济学和宏观经济学等）。概括地讲，西方经济学内容包括企业经济学、部门经济学和理论经济学。本教材前面介绍的内容就属于理论经济学范畴，即微观经济学和宏观经济学。

二、西方经济学的二重性

西方经济学具有双重属性。它宣传资产阶级的意识形态，又是市场经济运行规律的总结与归纳。西方经济学的这种双重特性决定了我们既不能照搬西方经济学，也不能简单地否定它。

一方面，作为西方主流的经济学理论，其必然要对资本主义制度的合理性做出理论解释，要维护并宣扬西方价值观和意识形态。而西方经济学的意识形态属性与色彩，使之出现对于同一事件和经济现象，立场不同，结论各异的情况。正如英国经济学家罗宾逊夫人所言，重商主义者是海外贸易商的拥护者；重农主义者维护地主的利益；亚当·斯密和李嘉图站在上升时期的资产阶级立场上；马克思始终为工人辩护。我们在学习西方经济学时，需要在整个理论体系上识别它的思想倾向性质，在理论的整体倾向性上对西方经济学持否定态度。例如，我们认真分析就会发现西方经济学存在许多理论矛盾和不一致性：马歇尔以来的传统经济学认为市场能够自我调节，而且微观经济学专门讲市场一般均衡和市场出清，但在宏观经济学中，凯恩斯讲市场不能自我调节，三大心理规律导致有效需求不足，需要政府进行宏观干预与调节。我们不可照搬西方的意识形态，要多多了解西方经济理论的前提、背景和特定历史条件，借鉴时要考虑它是否符合国情，每个人要独立思考，要不断进行总结、归纳、推理、分析，得出自己的结论。

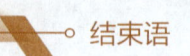

另一方面，西方经济学又是西方学者对西方市场经济运行和运行机制的理论分析与概述。这些分析有助于我们了解市场经济的运行规律。只要我们推行社会主义市场经济，只要让市场在资源配置中起决定性作用，只要采取市场化资源配置方式，就需要去认真把握市场经济运行的一些共同特征和一般规律。市场运行、价格机制、供求规律、消费和生产行为、市场结构、竞争与垄断、社会化大生产、外部性、公共物品、失业与通货膨胀、消费函数与投资函数、储蓄与净出口、经济周期与经济增长、税收乘数与投资乘数作用、货币乘数效应、福利陷阱、自动稳定器、财政政策挤出效应和自动稳定器作用等，许多问题与原理具有共性，我们要认真学习和研究。西方经济理论对许多问题的分析诊断以及政策主张，对我们具有启发和借鉴意义，参考西方管理市场经济的经验和教训对我们是有利的。

三、学习和运用西方经济学需要注意的问题

（一）使用数学但不迷信数学

数学是一种精确的研究工具。西方经济学使用最大（最小）化数学方法总结了消费者效用最大化、生产者利润最大化和成本最小化行为，计量经济学模型和投入产出分析也是值得我们学习的。数学方法包括数学方程、几何曲线和图形表格，它在说明变量之间的关系时，往往比较精确，也易于把用语言表达的经济理论简化成为数学符号或联立方程。用数学符号和公式来表述经济学中的概念和变量之间的关系，简洁明了，有利于学习与理解，不会引起误解和导致无聊的争论。

但是，西方经济学之所以强调采用数学工具、运用实证方法、排斥价值判断，更多的是为了隐藏其价值判断，给意识形态立场披上精确的数学外衣。西方经济学想超越意识形态，但在涉及具体的政策主张和建议时，则不得不脱下图表、数据、曲线、数学公式外衣，西方学者的政策建议尤其是再分配政策建议无不与意识形态有关。例如，在美国，偏向保守主义的经济学者都倾向于缩小政府涉及的范围，主张终止对收入的再分配，而倾向自由的经济学者则往往致力于扩大医疗保健福利范围，极力主张政府干预解决失业问题。所有的数学工具和数学模型都是为基于意识形态的成分、观点、态度和立场的政策主张服务的。

（二）利用市场但不迷信市场

市场配置资源是有条件的，当市场机制不健全，或者说，在特殊国情下，市场经济发生作用的程度和范围会受到限制。例如，在我国城乡二元体系特殊背景下，每年有大量农村劳动力到东南沿海和大城市打工，春节返乡过年，就会在很短的时间内瞬间增加"春运需求"。春节客流量的猛增几乎给我国的交通运输行业带来灾难性的后果，每年都会出现春运火车票"一票难求"的情况。按照西方经济学的理论和实践，像西方国家圣诞节期间的回家交通需求，可以通过自驾、汽车客运、飞机航运、火车客运多种交通工具以及灵活有弹性的价格杠杆来得到疏解。但是，我国短期出现的超大客流量迫使相关部门不得不事先作出计划安排，甚至动用行政命令的手段，各方疏导，才能缓解这一问题。究其原因，是因为"供给缺乏弹性"的限制，使得此问题不能通过市场的供求关系调节加以解决。随着近几年高速公路、铁路尤其是高铁的发展，人们收入水平的提高和私家车的逐步普及，春运"一票难求"的问题正在得到解决。所以，市场机制配置资源、发挥作用是需要条件的，市场发挥作用的范围和程度是需要时间和过程积累的。

（三）西方经济学有共识但分歧始终存在

西方学者在理论和政策上存在许多共同认识。例如，居民和企业会对激励做出反应；预期在决定经济行为方面举足轻重；供求变动决定均衡价格和均衡数量的变动，总供求的变动决定收入、经济增长及就业水平的变动；短期中，经济波动受消费者信心、财政和货币政策措施影响，长期中，总产出水平等于潜在总供给，潜在总供给和 GDP 的增长依赖于劳动、资本、土地和技术内在的生产要素等。

经济学家们在微观经济学部分共识更多，而在宏观经济学部分则莫衷一是、争论不休。传统的西方学说认为，根据萨伊定律，投资恒等于储蓄，总供给恒等于总需求，因此，国家没有必要对宏观经济的运行进行干预。

凯恩斯主义则认为，由于工资和价格的刚性和其他的原因，投资未必经常等于充分就业状态中的储蓄，从而总供给未必经常等于总需求，为了稳定宏观经济的运行，国家必须执行干预经济活动的财政政策和货币政策。

货币主义学派（新古典宏观经济学派的先驱）则认为，第二次世界大战以后，西方国家受凯恩斯理论的影响，忽视货币发行量过多的消极作用，用增加纸币发行量、增加政府投资来解决失业问题，造成西方经济出现滞胀。货币主义者反对凯恩斯主义的财政政策，主张采取单一规则的货币政策。

（四）既是建议又是背书的理论

作为资本主义的上层建筑理论，西方经济学企图宣扬其制度的合理性和优越性，这表现在关于失业和通货膨胀的解释上。失业和通货膨胀是西方经济学中一个不得不面对的问题。但西方学者却羞羞答答地选择了含糊与逃避。"自然失业率"就是一个意识形态色彩浓厚的概念。这个概念可以淡化和模糊失业的痛苦影响，隐晦地暗示失业是自然规律，不可避免，与社会制度无关。自然失业和充分就业并存，满足了理论为政治意识形态服务的需要。西方经济学扩大了"自然失业率"的内涵和外延，这样就可以弱化、降低失业率的消极影响。例如，自然失业包括摩擦失业、结构失业、季节失业、刚性失业、自愿失业、均衡失业和非均衡失业等，这样剩下的失业就只有需求不足的失业了。只要解决了少量的、区区有效需求不足的失业，就实现了充分就业。

宏观经济学的主要任务本来是消除失业和通货膨胀这两大弊端。但是，菲利普斯曲线却表明，失业和通货膨胀是此消彼长的替代关系，不可能同时解决。可以用失业来医治通货膨胀，也可以用通货膨胀来医治失业。菲利普斯曲线与自然失业率，实际上承认宏观经济理论和实践解决不了资本主义的顽疾，并认为这是"自然规律"，宏观调控所要做的仅仅是影响居民和企业预期、减少或熨平失业与通货膨胀交替波动幅度，抑制而非消除失业和通货膨胀这些宏观经济政策目标是西方政治家非常喜欢的，并被其照单全收。

总之，作为一门学科基础课，本课程必须以社会主义核心价值观为引领，培养学生开阔的视野和境界，要把"价值引领和方法创新"作为课程思政建设的实现路径，将西方经济学双重属性讲深讲透。在教学目标、教学宗旨及课程内容上，经济学课程要主动打破思政学科与经济学科的藩篱，强化课程设计中思政教学内容的设计，尤其是在宏观经济理论与政策的介绍、讲解和分析中，要注重培养学生的思考与分析能力、预测宏观经济未来发展趋势和判断决策的能力，坚持"寓德于教"与"学生主体性"的原则，注重培养学生树立正确的人生观、价值观和世界观，把思想政治教育元素贯穿于课程教与学的整个过程，深入挖掘与拓展"微观经济学与宏观经济学"课程蕴含的思政教育内容，采取灵活多样的教学方法，润物细无声地将"课程思政"融入经济学教学过程中。在教学方法上，"微观经济学与宏观经济学"的课程思政建设，宜以问题为导向，采用研讨式教学、启发式教学、案例教学、情境教学等多种方法，将理论知识点讲活讲精，通过教与学的充分互动和沟通交流，引导学生自主学习和自发思考，发挥学生的主观能动性，从而实现全过程育人、全方位育人，为学生加强个人修养和健康成长奠定扎实的基础。

参考文献

［1］ 保罗·A.萨缪尔森，威廉·D.诺德豪斯.经济学.18版.北京：人民邮电出版社，2008.
［2］ 凯恩斯.就业、利息和货币通论.高鸿业，译.北京：商务印书馆，2002.
［3］ 曼昆.经济学原理.6版.北京：清华大学出版社，2017.
［4］ 曼昆.经济学原理：微观经济学分册.7版.北京：北京大学出版社，2015．
［5］ 曼昆.经济学原理：宏观经济学分册.7版.北京：北京大学出版社，2015．
［6］ 缪代文.微观经济学与宏观经济学.6版.北京：高等教育出版社，2017.
［7］ 缪代文.西方经济学.北京：中国人民大学出版社，2016.
［8］ 缪代文.经济学基础.北京：北京师范大学出版社，2011.
［9］ 缪代文.经济学基础习题与实训.北京：北京师范大学出版社，2011.
［10］陈友龙，缪代文.现代西方经济学.2版.北京：中国人民大学出版社，2011.
［11］缪代文.经济学.北京：高等教育出版社，2018.
［12］高鸿业.西方经济学（微观部分）.7版.北京：中国人民大学出版社，2018.
［13］高鸿业.西方经济学（宏观部分）.7版.北京：中国人民大学出版社，2018.

郑重声明

高等教育出版社依法对本书享有专有出版权。任何未经许可的复制、销售行为均违反《中华人民共和国著作权法》，其行为人将承担相应的民事责任和行政责任；构成犯罪的，将被依法追究刑事责任。为了维护市场秩序，保护读者的合法权益，避免读者误用盗版书造成不良后果，我社将配合行政执法部门和司法机关对违法犯罪的单位和个人进行严厉打击。社会各界人士如发现上述侵权行为，希望及时举报，本社将奖励举报有功人员。

反盗版举报电话　　（010）58581999　58582371　58582488
反盗版举报传真　　（010）82086060
反盗版举报邮箱　　dd@hep.com.cn
通信地址　北京市西城区德外大街4号　高等教育出版社法律事务与版权管理部
邮政编码　100120

短信防伪说明

用户购书后刮开封底防伪涂层，利用手机微信等软件扫描二维码，会跳转至防伪查询网页，获得所购图书详细信息。用户也可将防伪二维码下的20位密码按从左到右、从上到下的顺序发送短信至106695881280，免费查询所购图书真伪。

反盗版短信举报
编辑短信"JB, 图书名称, 出版社, 购买地点"发送至10669588128
短信防伪客服电话
（010）58582300

资源服务提示

方式一：

欢迎访问职业教育数字化学习中心——"智慧职教"（http://www.icve.com.cn），以前未在本网站注册的用户，请先注册。用户登录后，在首页或"课程"频道搜索本书对应课程"经济学基础"进行在线学习。用户可以在"智慧职教"首页或下载"智慧职教"移动客户端，通过该客户端进行在线学习。

方式二：

授课教师如需获得本书配套辅教资源，可致电资源服务支持电话，或电邮至指定邮箱，申请获得相关资源。

本书编辑邮箱：liangmu@hep.com.cn
全国高职经管论坛QQ群：101187476